KB059610

도구적 이성 비판

막스 호르크하이머

박구용 옮김

Zur Kritik der instrumentellen Vernunft(Eclipse of Reason)
by Max Horkheimer

© Oxford University Press, Inc. New York, 1947
© S. Fischer Verlag GmbH, Frankfurt am Main, 1967

All rights reserved

Korean translation copyright © 2006, 2011, 2015, 2020 by Moonye Publishing Co., Ltd.
Korean translation rights arranged with S. Fisher Verlag GmbH
through Agency Chang, Daejeon

이 책의 한국어판 저작권은 창 에이전시를 통한 저작권자와의 독점계약으로
(주)문예출판사에 있습니다.
저작권법에 의해 한국 내에서 보호를 받는 저작물이므로 무단전재와 복제를 금합니다.

Zur Kritik der
instrumentellen
Vernunft

■● 문예인문클래식

도구적 이성 비판

이성의 상실

막스 호르크하이머

박구용 옮김

🐝 문예출판사

옮긴이의 말

하나의 비판 이론은 없다. 비판 이론은 누구의 소유가 아니다. 비판 이론을 형성해온 학자들의 수만큼 다채로운 색깔을 가진 것이 비판 이론이다. 철학, 미학, 문학, 문화학, 인류학, 역사학, 사회학, 정치학, 심리학, 교육학 등에서 비판 이론은 뚜렷한 계보를 형성하고 있지만 이들을 하나의 줄기로 묶을 수는 없다. 각기 다른 색깔과 관심을 가진 1세대 비판 이론가들 사이에서, 우리는 같은 것보다 다른 것을 찾기가 더 쉽다. 더구나 2세대를 대표하는 하버마스Jürgen Habermas나 3세대의 호네트Axel Honneth와 멘케Christoph Menke에 이르면 사회 비판의 지평 자체가 변화한다.

비판 이론의 지평과 지층이 이처럼 다원적이라면 어떻게 그들을 하나의 이름으로 부를 수 있을까? 이 물음 앞에서 우리는 항상 호르크하이머로 되돌아가게 된다. 무엇보다 그가 비판 이론이 탄생한 프랑크푸르트학파를 처음 만들고 이끌었기 때문이다. 특히 그가 1937년 출판한《전통 이론과 비판 이론Traditionelle und kritische Theorie》은 비판 이론의 정체성을 묻는 사람들에게 지침서와 같다. 호르크하이머에게 전통 이론은 과거의 이론이 아니라 지금 우리 시대를 지배하는 가장 일반적인 이론, 특히 인식 주체의 가치 중립화를 기반으로 지배적 현실을 긍정하고 확장하는 과학주의와 실증주의를 의미한다. 이와 반대로 비판 이론은 중립적 주체가 아닌 비판적 주체가 사회의 지배 질서를 부정하고 극복하는 과정에 이론적으로 참여한다.

현실 사회의 지배 질서를 비판하는 비판 이론은 이상적인 사회, 혹은 올바른 사회에 대한 전망을 가지고 있지 않다. 비판 이론은 좋은 것을 선전하는 이론이 아니라 나쁜 것을 점치고, 들추고, 줄이는 길을 찾는 이론적 실천이다. 따라서 비판 이론은 나쁜 것이 사라질 때까지 현재성을 가질 수밖에 없다.

부정적인 것은 사라질 때까지 부정적이라는 이론적 태도는 그 자체가 사회적 실천이다. 부정적인 것이 무엇인지는 시대와 맥락에 따라 다를 수 있다. 하버마스처럼 자본 시장과 관료 행정 체계의 논리가 생활 세계 내부를 깊숙이 식민지화하는 제도가 가장 부정적이라고 볼 수 있다. 호네트처럼 인정 질서의 교란과 붕괴가 부정적인 것이라고 말할 수도 있다. 그렇다면 1세대 비판 이론이 부정해야 할 것으로 주목한 것은 무엇일까? 대중을 기만하고 규율하며 사물이나 상품으로 만드는 문화 산업, 차이와 타자성을 억압하는 합리주의, 폭력을 정당화하는 반유대·반지성주의 등을 떠올릴 수 있다. 이처럼 다양한 문제를 단순화하는 것이 도구적 이성에 의한 자연의 억압이다. 따라서 비판 이론을 횡단하며 사회 비판의 이론적 가능성을 찾는 사람이라면 반드시 읽어야 할 책이 바로 호르크하이머의 《도구적 이성 비판》이다. 비판 이론을 대표하는 고전인 동시에 현재성이 강한 이 책을 다시 고치고 다듬어서 선보이는 이유다.

이 책을 가로지르는 철학은 두 명제로 압축할 수 있다. 이성이 도구로 전락한다. 그만큼 사람도 단순 도구로 추락한다. 이처럼 끝없이 추락하는 문명의 비탈길에서 벗어나게 해줄 날개를 찾을 수 있을까? 이 책에서 우리는 진정한 자유로 향하는 날갯짓을 찾을 수 없다. 다만 약간의 인내심을 발휘하면 날개가 떨어져 나간 자리의 상처를 제대로 응시할 수 있다. 이 상처는 우리에게 자연과의 화해, 사회와의 화해를 요구하고 있다.

2022년 8월
박구용

옮긴이의 말

독재의 긴 터널 속에서 어떤 희망도 간직할 수 없었던 어둠의 시절에도 우리는 지배와 억압, 폭력과 소외가 없는 사회, 자유와 정의가 살아 있는 사회, 개인이 자신의 삶을 자율적으로 기획하고 실현할 수 있는 사회, 인간이 자연화되고 자연이 인간화되는 참으로 인간적인 사회를 향한 열망을 간직하고 있었다. 기나긴 투쟁의 성과로 한국 사회는 형식적 민주주의가 정착되고, 유럽의 국가들을 따라 동남아시아 국가들의 민주주의 투쟁을 지원하는 수준에 이르렀다. 또한 민중의 경제적 삶이 전반적으로 향상되었으며, 생활 세계에서 개인들이 자신의 삶을 기획하고 선택할 수 있는 자유의 공간이 확대되었다. 그러나 어둠 속에서 열망했던 그 사회가 실현된 것은 아니다.

존재하는 모든 것들과 인간의 모든 활동이 오직 유용성이라는 기준에 따라 평가되면서 자연과 인간은 단순한 도구로 전락하고 있다. 그 과정에서 진정한 개인이 탄생하기란 불가능해 보인다. 더구나 자연에 대한 억압과 착취는 더욱더 심화되어 인간에 의한 인간 지배로 강화되고 있다. 가련한 안락 속에서 삶의 의미와 자유가 뿌리째 흔들리고 있는 것이다. 그러나 보다 근본적인 문제는 혁신과 개혁의 이름으로 끊임없이 제시되는 장밋빛 전망 속에서 억압적 현실에 대한 비판적이고 자유로운 생각, 즉 사유의 부정적 힘이 사라지고 있다는 것이다.

현실을 고민하는 사람들은 너무나 많으며, 현실로부터 사유를 시작해야만 한다고 공언하는 철학자들 역시 많지만, 그들에게 현실은 순응하고 적응함으로써 긍정되어야만 할 현실이거나, 역사적이고 정치적인 맥락이 탈취된 냉소와 급진성 앞에서 구체성이 사라진 현실일 뿐이다. 넘어서야 할 현실, 긍정과 부정의 긴장 위에서 끊임없이 부정되어야 할 현실과 맞서는 사유와 철학은 주변부로 내몰리고 있다. 구체적 억압을 억압으로 비판할 수 있는 정신이 설 자리를 잃어가고 있는 것이다. 참으로 인간적인 사회를 향한 희망은 도대체 어디서 이처럼 철저하게 왜곡되었는가? 어디에서 다시 희망을 찾을 수 있는가?

지금 우리의 현실이 직면한 이러한 문제는 1947년 미국에서 '이성의 상실Eclipse of Reason'이라는 제목으로 처음 세상의 빛을 보고, 다시 1967년 독일에서 약간의 수정을 거쳐 출판된 《도구적 이성 비판》이 제기한 문제와 크게 다르지 않다. 프랑크푸르트학파로 알려진 비판이론이 형성되고 발전해오는 과정에서 중추적 역할을 담당했던 호르크하이머는 《도구적 이성 비판》을 통해 비판 이론이 붙들고 씨름해야 할 현실, 즉 부정해야 할 현실을 철학적으로 분석, 진단하고 있다.

1895년 독일의 남부 도시 슈투트가르트에서 유대인 기업가의 아들로 태어난 호르크하이머는 1930년부터 1958년까지 사회조사연구소Institut für Sozialforschung 의 소장으로 있으면서 비판 이론을 탄생시켰다. 그러나 1933년 호르크하이머는 나치의 탄압을 피해 사회조사연구소의 구성원들과 함께 스위스를 거쳐 미국으로 망명할 수밖에 없었다. 그는 1949년 프랑크푸르트 대학교로 돌아올 때까지 망명하던 중에도 구성원들과 함께 뉴욕에서 사회조사연구소를 이끌면서 〈권위와 가족Autorität und Familie〉(1936), 《전통 이론과 비판 이론》(1937) 등을 통해 비판 이론의 정체성을 확립했다. 또한 이 시기에 그는 《도구적 이성 비판》을 집필함과 동시에 비판 이론을 상징하는 저서가 된 《계몽의 변증법Dialektik der Aufklärung》을 평생의 동지였던 아도르노와 함께 〈철학적 단상들Philosophische Fragmente〉(1944)이라는 이름으로 발표했다. 인류 역사상 가장 야만적인 권력인 전체주의적 폭력이 전 세계를 지배하던 그 시기에 호르크하이머는 현대적 야만의 뿌리를 파헤쳤다. 독일로 돌아온 후 1973년 세상을 뜰 때까지 그는 지속적으로 현대적 이성의 기획이 왜 폭력과 억압의 전면화로 왜곡되었는가를 추적했다.

현대 사회를 진단하기 위해 호르크하이머는 먼저 자신에게 사상적 동력을 제공했던 마르크스Karl Marx와 거리 두기를 시도한다. 마르크스는 경제 위기가 점차 심화됨에 따라 자본주의 사회가 프롤레타리아 혁명으로 전복될 것이라고 예견했다. 그런데 호르크하이머는 이와 같은 마르크스의 관점이 몇 가지 근본적 변화를 예측하지 못했다고 비판한다. 호르크하이머에 따르면 마르크스는 ①프롤레타리아의 경제적 삶의 조건이 혁명에 대한 그들의 의지를 근본적으로 약화할 만큼 향상될 것이라는 사실, ②자본주의가 경제 공황과 같은 위기를 극복할 수 있을 만큼 자정 능력을 가지고 있다는 사실, ③현실 사회주의가 관리되는 사회로 전락할 것이라는 사실, 그리고 ④사회 정의와 자유의 변증법적 관계를 올바로 파악하지 못했다. 호르크하이머는 이러한 진단을 기초로 자본주의 사회뿐만 아니라 사회주의 사회조차도 '총체적으로 관리되는 사회'로 추락했다고 말한다. 히틀러와 스탈린의 전체주의는 이와 같이 관리되는 사회의 병리적 현상을 드러낸다.

호르크하이머의 비판 이론은, 현대 사회를 지배하는 총체적 관리 체계의 야만성이 자연과 인간 모두를 유용성을 산출하기 위한 대상으로만 파악하는 형식화되고 도구화된 주관적 이성의 전면화에서 비롯되었다고 파악한다. 현대 사회를 지배하는 폭력적 문화, 즉 동일성의 문화는 '이성=도구적 이성'의 공식에서 표현되는 것처럼 이성이 자신을 협소화하고 궁극적으로는 자신을 파괴하는 과정에서 비롯된 것이다. 이 과정에서 전면화한 도구적 이성은 정의, 평등, 자유, 행복, 관용과 같은 이념들조차도 유용성이 입증되지 않는 한 의미 없는 허구적 관념으로 치부한다. 도구적 이성이 전면화한 세계에서는 어떠한 이성적 원칙도 정당화될 수 없다. 원칙이 없는 곳에서는 모든 것이 원칙이 될 수 있지만, 모든 것이 원칙이 될 수 있는 곳에서는 오직 유용성의 척도인 돈과 권력만이 유일한 원칙이 될 수밖에 없다. 그런데 돈과 권력이 유일한 원칙인 세계에서 이성은 현실의 지배 원칙을 비판할 힘을 상실하고, 오히려 그것에 순응하고 적응하는 것에만 몰두하는 나머지 현실 긍정의 이데올로기로 전락하고 만다. 이처럼 억압적 현실을 부정할 수 있는 비판적 이념과 원칙이 폐기되고, 심지어 최후의 버팀목이 되어야 할 이성조차 도구화된 세계에는 어떠한 희망도 없는 것처럼 보인다.

호르크하이머의 《도구적 이성 비판》은 세계에서 가장 어두운 책이라는 《계몽의 변증법》과 마찬가지로 이성과 계몽이 지칠 줄 모르는 자기 파괴의 과정을 통해 다시 신화로 전복된다는 입장을 제시한다. 엄밀한 의미에서《도구적 이성 비판》과《계몽의 변증법》사이의 차이를 규정하는 것은 거의 불가능하다. 그럼에도《도구적 이성 비판》에 대한 면밀한 독해는,《계몽의 변증법》에서 유기적으로 통합되어 있는 호르크하이머의 철학과 아도르노의 철학을 구별할 수 있는 경계선을 제공한다. 물론 이를 위해서는 위의 두 책과 비슷한 시기에 쓰인 아도르노의《미니마 모랄리아*Minima Moralia*》(1944)에 대한 연구를 병행해야만 한다. 아도르노 철학이 총체성과 동일성의 모든 체계에 대해 급진적으로 비판하는 데서 출발한다면, 총체성에 대한 호르크하이머의 비판은 다소 유화적이라고 볼 수 있다. 이는 아도르노가 객관적 이성에 대해 거의 언급하지 않는 것과는 달리, 호르크하이머는 객관적 이성과 주관적 이성의 조화를 통해 도구적 이성의 전면화에서 비롯되는 계몽의 퇴행을 극복하려고 한다는 점에서 드러난다. 이러한 차이는 아도르노의 관심을 예술과 미학으로 이끌었던 반면, 호르크하이머의 관심을 철학에 머물게 했다.

일반적으로 알려진 것과는 달리, 이들은 마지막 희망조차 버린 허무주의자가 아니었다. 이들은 자연과 이성의 조화, 혹은 미메시스적 충동과 합리성의 조화에 대한 희망을 버리지 않았다. 그러나 이들은 총체적으로 관리되는 사회에서 긍정의 유토피아를 제시하는 것은 억압적 현실을 재생산할 수밖에 없다고 보았다. 따라서 이들은 현실의 끊임없는 부정 속에서 피어나는 부정의 유토피아를 암호문처럼 제시하는 것에 만족할 것을 제안한다. 그렇지만 다른 한편으로 그들은 진리와 정의로 간주되는 것을 실천하기 위해 최선을 다할 것을 주문한다. 이런 맥락에서 호르크하이머는 자기 철학의 제1원칙을 다음과 같이 설명한다. "이론적 염세주의자이면서 실천적 낙관주의자가 되자."

《도구적 이성 비판》은 현대 사회와 문명 그리고 그것을 이념적으로 지탱하는 이데올로기를 비판하기 위한 규범적 근거를 제시하고 있다. 호르크하이머에 따르면 비판 이론의 과제는 도구적 이성이 전면화한 사회에서 일반적으로 표현될 수 없는 것을 표현하는 것이다. 비판 이론의 이름으로 예술과 문학 그리고 철학은 사물과 생명의 의미를 표현하고, 현실을 그것의 올바른 이름으로 부르고, 말하지 못하는 모든 것들의 목소리가 되어야 한다. 그러나 이를 위해 비판 이론은 이성을 전면적으로 폐기해서는 안 된다. 현대성의 상징적 기호인 도구적 이성에 대한 호르크하이머의 비판은 결코 이성의 타자를 실체화하는 방식으로 추진되지 않는다. 도구적 이성 비판은 결코 전-합리성, 반-합리성, 탈-합리성과 결탁하지 않는다. 호르크하이머는 오히려 너무 자주 날을 간 면도날처럼 지나치게 얇아진 이성을 두터운 이성, 즉 자연과의 조화를 지향하는 큰 이성을 통해 비판한다. 호르크하이머의 철학은 이성에 대한 전면적 부정이 아니라, 이성의 끊임없는 자기부정을 통해 도구적 이성으로 왜곡된 계몽을 계몽하려는 철학이다.

이와 같은 이해의 토대 위에서 《도구적 이성 비판》의 현재적 가치를 크게 두 가지 측면에서 논의할 수 있을 것이다. 첫째, 독자들은 실천적 측면에서 《도구적 이성 비판》이 제시하고 있는 현대 사회와 문명에 대한 진단과 비판의 현재성을 고려할 필요가 있다. 경제적으로 안락해지고 정치적 민주주의가 실현됐음에도 불구하고 오늘날 우리 사회는 철저한 기능적 연관 관계하에서 총체적으로 관리되는 사회로 발전하고 있다. 또한 자연뿐만 아니라 인간조차도 유용성을 산출해야 할 단순한 도구로 전락하는 과정에서 삶의 의미와 자유가 상실되고 있다. 이러한 진단에 동의하는 독자에게《도구적 이성 비판》의 실천적 현재성은 명확하게 다가올 것이다. 현대 사회가 독자에게 생각 없는 안락을 제공한다면,《도구적 이성 비판》은 자유로운 생각, 현실을 부정하는 생각을 요구할 뿐이다.

둘째, 독자들은《도구적 이성 비판》의 현재성을 이론적 측면에서 확인할 수 있다.《도구적 이성 비판》은 이성을 도구화하는 실증주의와 실용주의뿐만 아니라, 이성을 실체화하는 토마스주의와 본질 형이상학에도 적대적이다. 이 점에서 호르크하이머는 도구화된 주관적 이성뿐만 아니라 실체화된 객관적 이성의 기획에도 비판적이다. 그러나 호르크하이머는 포스트구조주의자들처럼 이성의 전면적 해체를 주장하지는 않는다. 호르크하이머의 비판 이론이 계몽과 이성의 기획에 근본적인 비판을 제기한다는 측면에서 해체주의자들과 연대할 수는 있겠지만, '도구적 이성=이성'의 공식을 인정하지 않고 이성과 이성의 타자 간의 조화를 지향한다는 면에서는 적대적일 수 있다. 여기서 독자는 이성, 주체, 개인, 인간, 계몽, 정의, 인권, 자연 등에 관한 오늘날의 철학적 담론에서 호르크하이머의 비판 이론이 이성주의자들뿐만 아니라, 탈이성주의자들의 관점과도 차별화된다는 것을 의식할 수 있을 것이다.《도구적 이성 비판》은 이성을 실체화하거나 역으로 이성의 타자를 실체화하지 않는 방식으로 현대 사회의 야만적이고 폭력적인 문화를 고발함과 동시에 그것을 넘어설 가능성을 제시한다.

비판 이론은 해방과 민주화를 향한 열망을 담은 깃발의 그림자처럼 마르크스의 사상과 함께 우리에게 소개되었다가 마르크스 사상의 퇴출과 더불어 사라졌다. 그 후 현대 사회에 대한 비판은 오로지 탈현대성을 지향하는 포스트구조주의 철학을 통해서만 가능한 것으로 여겨지고 있다. 이 거센 포스트주의의 바람 속에서 이성은 모든 악의 화신으로 지목된다. 이런 분위기에서 과연 우리가 경험하는 폭력의 근원이 너무 작은 이성에서 비롯된 것인지, 아니면 너무 큰 이성에서 비롯된 것인지에 대한 반성은 무의미한 것으로 보인다. 그러나《도구적 이성 비판》은 독자에게 자연과 인간을 도구화하는 야만적 폭력의 뿌리를 이성이 아니라 도구적 이성의 전면화에서 찾으라고 권고한다. 이성 없는 비판은 정치적 맥락을 벗어나 심미적 향연으로 고양될 수도 있지만, 전체주의적 현실에 너무나 쉽게 굴복할 수 있기 때문이다. 이성에 대한 고발은 이성의 타자가 홀로 수행할 수 없다. 이성 비판은 이성과 이성의 타자 사이의 긴장 위에서 자기비판의 형식으로 수행되어야만 한다.

《도구적 이성 비판》은 각 장이 유기적으로 체계화된 구조가 아니라, 독자적인 성격을 가진 짜임 관계의 형식을 취하고 있기 때문에, 독자의 관심에 따라 특별한 장을 중심으로 읽을 수 있다. 먼저 비판이론이 현대 사회를 어떻게 진단하는가에 관심을 가진 독자는 1장을 꼼꼼하게 읽을 필요가 있다. 특히 주관적 이성과 객관적 이성에 대한 호르크하이머의 관점을 명확하게 이해할 필요가 있다. 나아가 현대의 문화적 위기의 뿌리를 이데올로기 비판과 연관시키는 데 관심을 가진 독자는 2장을 섬세하게 읽기 바란다. 또한 최근 관심이 고조되고 있는 자연의 문제에 관해서는 3장이 큰 도움을 줄 것이다. 특히 이 장에서 독자는 인간 중심주의자들뿐만 아니라 생태주의자들의 관점과도 차별화된 호르크하이머의 고유한 관점을 찾을 수 있을 것이다. 그리고 개인과 사회의 관계에 관심 있는 독자는 4장을, 철학의 역할에 대한 비판 이론의 관점을 알고자 하는 독자는 5장을 주목할 필요가 있다.

이 작은 책이 세상의 빛을 보도록 도와주신 분들이 많다. 무엇보다 독해 과정에서 열의를 다해 도와준 류도향, 황순철, 최송아의 학문적 열정이 크게 성취되길 바라며 진정 어린 고마움을 전한다. 그리고 처음부터 끝까지 영어본과 대조하는 교정 작업을 해주고 상세한 조언을 아끼지 않은 노양진 교수님께 큰 감사를 드린다. 끝으로 이 책의 가치를 알고 기꺼이 출판을 맡아주신 문예출판사에 감사드린다.

2006년 9월
무등의 빛고을에서
박구용

차례

일러두기
본문의 각주는 독자의 이해를 돕기 위한 옮긴이주이며, 원주는 각주 끝에 '원주'라고 표기했다.

책머리에

인간에게 중요한 목적으로 여겨졌던 영구적 이념들을 듣고 이해해
자신의 것으로 수용하는 것은 오래전부터 이성이 하는 일이었다. 반
면 오늘날에는 그때그때 주어진 목적을 달성하기 위한 수단을 찾는
것이 이성의 임무가 되었을 뿐만 아니라, 심지어 이성의 고유한 본질
이 되어버렸다. 일찍이 달성되었지만 스스로가 수단으로 변하지 않
은 목적들은 미신으로 여겨진다. 오래전부터 신에 대한 복종은 그의
은총을 받기 위한 수단으로 작용했으며, 다른 한편으로는 모든 형태
의 지배와 정복 그리고 테러리즘을 합리화하는 데 기여했다. 이렇듯
홉스Thomas Hobbes 이후 유신론적 혹은 무신론적 계몽주의자들은 계
율들을 사회적으로 유용한 도덕 원칙으로 해석했다. 이 도덕 원칙들
은 가능한 한 마찰 없는 삶과 동등한 사람들 사이의 평화로운 교제
그리고 존립하는 규칙에 대한 존중을 장려하는 것이어야만 했다. 이
성적인 태도를 취한다는 것은 신학적인 것을 벗어던지는 것을 의미
하며, 이는 곧 단순히 순간만을 생각하지 않고, 전체와 개별자가 살
아가는 데 꼭 필요한 규칙들을 존중해야 함을 의미한다. 이성은 자신
의 고유한 절대성, 즉 강렬한 의미를 갖는 이성으로서의 특징을 부정

하고 스스로를 단순한 도구로서 이해하는 가운데 자기 자신의 모습
을 갖춘다. 그렇다고 해서 이성의 진리에 관한 주장을 이론적으로 보
장하려는 어떤 진지한 노력도 없었다는 것은 아니다. 데카르트René
Descartes 이후 보다 새로워진 거대한 현대 철학은 신학과 과학의 타
협을 시도했다. 그 중재자는 '지성적 이념의 능력(이성)'이었다.[1] "이
성이 이념의 자격을 가졌다는 것은 우리의 영혼에 신적인 면이 깃
들어 있다는 것이다"라고 칸트의 유고는 전하고 있다.[2] 니체Friedrich
Nietzsche는 자율적 이성에 대한 그와 같은 믿음이 후진성의 증후군이
라고 고발한다. '독일적인 가치 감각에 비추어볼 때' '로크John Locke
와 흄David Hume은 자체로 (…) 너무 분명하고, 너무 명확'했기 때문
이다.[3] 니체가 보기에 칸트는 "느림보"였다.[4] "이성은 단지 도구에 불
과하며, 데카르트는 피상적이었다."[5] 20세기는 붕괴에 직면했던 다
른 문화적 현상들이 보였던 것과 유사한 역사 과정을 되풀이했다. 니
체가 세상을 떠난 1900년에 후설Edmund Husserl은 《논리 연구Logische
Untersuchungen》를 출간하는데, 이 책에서 그는 정신적인 존재의 지
각과 본질 직관을 다시 한번 학문적으로 엄밀하게 정립하려고 시도
한다. 후설이 무엇보다도 논리적인 범주들에 관해 사유했다면, 셸러
Max Scheler와 다른 학자들은 후설의 학설을 도덕적인 구조로 확장했
다. 이러한 노력에는 처음부터 복구라는 표지가 붙어 있었다. 정신적

---

1   Kant, *Kritik der Urteilskraft*, Ak. Ausg. V, 315쪽(원주).
2   같은 책, XVIII, 130쪽(원주).
3   Friedrich Nietzsche, *Nachlaß*, Werke, Kröner Ausg. XV, 217쪽(원주).
4   같은 책(원주).
5   Friedrich Nietzsche, *Jenseits von Gut und Böse*, III, 191쪽(원주).

실체로서 이성의 자기 해소는 내적 필연성에 기초하고 있다. 오늘날 이론은 신실증주의를 지향하고 사상을 도구화하는 경향, 즉 사회적으로 조건지어진 이러한 경향들에 대해 그리고 이를 구제하려는 헛된 노력에 대해 반성하고 발언해야만 한다.

  그동안 쓴 글들을 모아서 출판하고 싶은 바람에서 나는 먼저 1940년대 중반 이후에 썼던 논문들을 골라냈다. 이 글들은 '편견에 대한 연구'라는 조직이나 대학 학술원과 연관된 실천적인 활동의 테두리 안에서, 그리고 '사회조사연구소' 재건과 교육 개혁을 위한 노력의 일환으로 쓴 것들이다. 물론 내가 이 책의 출판을 희망한 시점이 비판 이론이 형성된 시기라는 것을 분명하게 의식하고 있다. 무엇보다도 내가 편집하고 파리의 알캉Alcan 출판사에서 발간한 학술지에 게재된 에세이들과 인쇄되지 않은 글들, 그리고 특히 나의 친구인 아도르노Theodor Wiesengrund Adorno와 함께 발표했으나 이미 오래전에 절판된《계몽의 변증법》이 같은 시기에 해당한다. 나치가 멸망할 당시 나는 진보적인 국가들에서, 개혁을 통해서든 혁명을 통해서든, 새로운 날이 밝아오고 참된 인간의 역사가 시작되리라고 믿었다. 과학적 사회주의의 기초를 세운 학자들과 더불어 나는 시민사회가 축적한 문화적 성과들, 특히 능력의 자유로운 발휘와 더 이상 폭력이나 착취로 물들지 않은 정신적 생산성 등이 이 세계에 확장되어야만 한다고 생각했다.
  그런데 앞에서 언급한 시기 이후로 내가 경험해온 것들이 내 생각에 영향을 미쳤다. 적어도 지금까지는 개인의 자유가 아직 소멸하지 않은 국가들과 비교해볼 때, 스스로를 공산주의 국가라 명명하고, 나의 이론적 열망과 노력에 크게 영향을 끼친 마르크스적 범주들을 사용하는 국가들에서, 오늘날 저 새날의 여명이 확실히 더 가까워 보이지는 않는다. 이와 같은 상황을 고려하여 몇몇 다른 글들과 함께 우선 이성에 관하여 반성하는 글들을 먼저 출간하려고 한다. 이성에 대한 반성은 물론 이미 오래전에 이루어진 연구들에도 내재되어 있다. 그리고 이러한 반성은 오늘날 이론적으로 가장 의미심장한 의심, 즉 일찍이 실현된 바 있었던 자유의 왕국이 필연적으로 자신과 대립되는 것인 사회와 인간 행동의 자동화를 불러올 수밖에 없는 것은 아닌지에 대한 의심을 정당하게 제시한다. 여기서 하나로 묶인 개별적인 글들은 그와 같은 분열의 의식 속에서 반성을 시도하지만 다른 것들에 관한 사상을 포기하는 것은 아니다.

편집과 교열을 맡아준 알프레드 슈미트Alfred Schmidt 박사에게 감사를 전한다. 여기 처음 독일어로 출판되는《도구적 이성 비판》은《이성의 상실》을 슈미트 박사가 번역한 것이다. 그의 이해와 헌신 없이 이 책은 출간되지 못했을 것이다.

1967년 5월
막스 호르크하이머

서론

이 책에서 숙고된 생각들은 철학적 사유가 처한 현재적 상황을 사실 세계의 미래에 관한 암울한 전망과 연관시키려고 시도한다.

현재의 경제, 사회적인 문제들은 그것을 전문으로 하는 학자들이 이미 상세하게 연구하였다. 이 책의 연구 방향은 다른 길을 타진한다. 이 책의 목적은 현대 산업 사회 문화의 저변에 놓여 있는 합리성 개념을 연구하는 것이다.

이 글이 쓰인 시점에서 민주 국가의 국민은 자신들의 군사적 승리를 어떻게 완결지어야 하는지에 관한 문제에 직면해 있다. 그들은 전쟁을 위한 희생에 명분을 제공했던 인본주의적 원칙들을 정비하고 실천에 옮겨야만 한다. 그것이 사회적으로 완결될 수 있는 현재적 가능성은 언젠가 유토피아적 계획으로 진정 인간적인 사회의 이념을 도안했던 모든 철학자와 정치 지도자의 기대를 능가한다. 그럼에도 불구하고 막연한 두려움과 환멸의 감정이 널리 퍼져 있다. 인류의 희망은 그것이 여전히 불확실하게 다루어지던 시대, 즉 인본주의자들이 그 희망을 처음으로 공식화했던 때보다 오늘날에 더 실현되기 어려워 보인다. 확실한 것은 기술적 지식을 통해 사유 지평과 행위 지평이 확장되면서 개별 주체의 자율, 증가하는 대중 조작 기구에 저항하는 주체의 능력, 주체의 상상력 그리고 주체의 독립적 판단이 퇴보하는 것처럼 보인다는 점이다. 수단으로서 기술의 발전적 진보는 반인간화Entmenschlichung의 과정을 동반했다. 진보는 그것이 실현해야 할 목표인 인간의 이념을 파괴하려는 위협을 가한다. 이러한 상황이 사회의 일반적 발전 과정 대부분에서 나타나는 필연적 국면인지의 여부, 또는 전쟁터에서 최근에 정복된 새로운 야만의 승리에 찬 부활로 발전될 것인지의 여부는 적어도 부분적으로 공공 의식과 인간 본성의 심연에서 이루어진 변화들을 해석하는 이론적 능력과 관련이 있다.

본문의 글들은 방금 언급한 변화가 품고 있는 철학적 함의를 몇 가지 측면에서 명확히 밝히려는 노력이다. 이를 위해 몇 개의 지배적인 사상적 조류들을 문명의 특정한 측면들이 굴절된 것으로 설명할 필요가 있어 보인다. 여기서 필자는 그 어떤 행동 강령이나 계획 따위를 제안하려고 시도하지 않는다. 반대로 필자는 모든 사상을 행동으로 또는 행동을 적극적으로 저지하는 것으로 전환시키려는 현대의 경향이 현재적 문명의 위기를 보여주는 한 증후군이라고 믿는다. 행동을 위한 행동은 사고를 위한 사고보다 결코 우월할 수 없으며, 심지어 열등하기까지 하다. 그러한 행동이 우리의 문명 안에서 이해되고 실제로 적용되는 방식에서 볼 수 있듯, 진보적 합리화는 진보를 보증하는 그와 같은 이성의 실체를 파괴하는 경향을 갖는다.

이 책은 1944년 초 컬럼비아대학교에서 했던 일련의 공개 강의에 근거하고 있다. 이 책의 서술은 원 자료의 정확한 구성보다는 원래의 강의안을 더 많이 반영하고 있다. 이 글은 필자가 전쟁이 끝나갈 무렵 아도르노와 함께 발전시켰던 포괄적인 철학 이론들의 몇 가지 관점들을 선명하게 하려는 의도를 가지고 있다. 어떤 사상이 아노르노에게서 또는 필자에게서 비롯된 것인지를 말하기란 어렵다. 우리의 철학은 하나다. 뢰벤탈Leo Löventhal의 지속적인 협력은 귀중한 도움을 주었다.

마지막으로 최근 이십 년간 사회조사연구소가 배려해준 물질적 안정과 정신적 연대 없이는 나의 이 모든 연구가 불가능했다는 점을 밝힌다.

1946년 3월

컬럼비아대학교 사회조사연구소

막스 호르크하이머

주관적 이성과 객관적 이성

평범한 사람에게 그가 이성이라는 개념을 어떻게 이해하고 있는지 설명해달라고 요구한다면 대부분의 사람들은 머뭇거리며 혼란스러워할 것이다. 이러한 현상을, 마치 이성이란 말로 표현하기엔 너무 심오한 지혜나 혹은 너무 복잡한 사유임을 암시하는 것으로 해석하는 것은 잘못이다. 실제로 이 현상이 주는 인상은 특별한 연구가 필요 없다는 것, 이성 개념 자체가 스스로를 설명한다는 것, 따라서 물음 자체가 불필요하다는 것이다. 질문에 대한 성급한 답변을 요구할 경우 평범한 사람은 이성적인 것은 분명히 유용한 것들이며, 모든 이성적인 인간은 자신에게 유용한 것이 무엇인지를 결정할 수 있어야 한다고 말할 것이다. 물론 법, 관습 그리고 전통 등과 관련된 각각의 상황들이 고려되어야만 한다. 그러나 결국 이성적 행위를 가능케 하는 힘은, 그것의 특수한 내용이 무엇이든 간에, 사유 구조의 추상적 기능, 즉 가르기 능력과 추론 및 연역의 능력이다. 우리는 이러한 종류의 이성을 '주관적 이성'이라고 부른다. 이러한 이성은 본질적으로 목적과 수단의 문제에 관련된 것이며, 어느 정도 당연시될 뿐만 아니라 소위 자명한 것으로 이해되는 목표에 도달하기 위한 절차적 방법의 적합성과 관련된 것이다. 주관적 이성은 목표 그 자체가 이성적인가라는 질문에 대해서는 거의 의미를 부여하지 않는다. 만약 주관적 이성이 조금이라도 목적을 문제 삼는다면, 이는 다음과 같은 확신을 전제한다. 즉 이때의 이성 또한 주관적 의미에서 합리적이라는 것, 다시 말해 주관적 이성이 자기보존이라는 주체의 관심에 기여한다고 확신한다는 것이다. 이때 자기보존은 개별적 개인의 자기보존일 수 있으며 혹은 공동체의 자기보존일 수도 있는데, 이는 후자의 존속에 전자가 의존하고 있기 때문이다. 목표가 어떤 종류의 주관적 이익이나 이득에도 관련되지 않고 그 자체로 이성적일 수 있다는 사상은 ── 목표가 주관적 이성을 포함하고 있다는 것을 통찰케 하는 특권을 근거로 제시한다고 할지라도 ── 주관적 이성에게는 너무나도 낯선 것이다. 이는 주관적 이성이 직접적으로 유용한 가치를 고려하는 데서 벗어나고 또한 전체로 이해되는 사회 질서를 반성하는 데 전념하는 곳에서조차도 역시 마찬가지다.

이성에 대한 이와 같은 정의가 단순하고 피상적인 것으로 보일지라도, 주관적 이성은 지난 세기 서양의 사유에서 나타난 사고방식의 근본적 변화를 보여주는 중요한 징후다. 오랫동안 이성에 대해 지금과는 정반대의 관점이 지배적이었다. 그 관점은 개인적 의식 안에뿐만 아니라, 객관적 세계 속에도 있는 하나의 힘으로서 이성의 현존을 주장했다. 여기서 객관적 세계란 인간 사이의 관계와 사회 계급 사이의 관계들, 사회 제도와 기관들 그리고 자연과 그것의 발현을 가리킨다. 플라톤, 아리스토텔레스, 스콜라 철학 그리고 독일 관념론 같은 거대한 철학적 체계들은 객관적 이성 이론의 토대 위에서 건립된 것들이었다. 객관적 이성 이론은 인간과 인간의 목적들을 포함하여 존재하는 모든 것들의 위계질서 또는 포괄적 체계를 발전시키려는 목표를 가지고 있었다. 한 인간의 삶이 얼마나 합리적인지는 이러한 총체성과의 조화에 따라 규정될 수 있었다. 단순히 인간과 인간의 목적뿐만이 아니라 총체성의 객관적 구조가 개인적인 사상과 행위의 척도로 작용해야만 했다. 이러한 이성 개념은 주관적 이성을 결코 배제하지 않았으며, 오히려 그것을 모든 사물과 생명체에 대한 기준을 제공했던 포괄적인 합리성의 부분적이고 제한된 표현으로 간주했다. 객관적 이성 개념은 수단보다는 목적을 더 많이 강조했다. 이러한 종류의 사유가 가장 관심을 갖는 것은 철학이 개념적으로 파악했던 것처럼, '이성적인 것'의 객관적 질서를 자기의 이익 관심과 자기보존을 포함한 인간적 현존재와 화해시키는 것이었다. 예를 들어 플라톤은 그의《국가론》에서 객관적 이성의 빛 속에서 살아가는 사람이 또한 성공적이며 행복한 삶을 영위하게 된다는 것을 보여주려고 했다. '객관적 이성' 이론의 초점은 행위와 목표를 조정하는 데 있는 것이 아니라, 개념들 ── 그것이 오늘날 아무리 우리에게 신화적인 느낌을 불러일으킬지라도 ── 다시 말하면 최고선의 이념과 인간을 규정하는 문제 그리고 최고의 목표를 실현하기 위한 방법을 다루는 개념들에 맞추어져 있다.

이성을 현실에 내재하는 원칙으로 간주하는 이론과 이성이란 정신의 주관적 능력이라고 주장하는 이론 사이에는 근본적인 차이가 있다. 후자에 따르면 유일하게 주체만이 본래적 의미의 이성을 가질 수 있다. 어떤 제도 혹은 어떤 다른 현실이 이성적이라고 말할 때, 우리가 일상적으로 생각하는 것은 인간이 그 제도와 현실을 이성적으로 조직했다는 것과 인간이 어느 정도 기술적인 방식을 통해 자신의 논리적이고 계산적인 능력을 제도와 현실에 적용했다는 점이다. 결국 주관적 이성은 개연성을 추정하고 이를 통해 주어진 목적에 합당한 수단을 계산하는 능력으로 드러난다. 이러한 정의는 많은 빼어난 철학자들의 이념, 특히 로크[1] 이후 영국 사상가들의 이념과 일치하는 것으로 보인다. 물론 로크가 동일한 범주로 포섭될 수 있는 다른 정신적 기능들, 예를 들어 분별 능력과 반성을 간과한 것은 아니다. 그러나 이러한 기능들은 또한 의문의 여지 없이 목적과 수단의 조정에 기여하는데, 그것은 결국 학문의 사회적 관심이며 그리고 어떤 의미에서는 사회적 생산 과정 속에 있는 모든 이론의 존재 이유raison d'être다.

'이성'이 행위보다는 사물이나 사상을 가리키는 데 보다 많이 사용되는 주관주의적 관점 안에서 이성은 대상이나 개념 자체가 아니라, 오직 그와 같은 대상이나 개념이 목적과 맺는 관계만을 문제 삼는다. 이것은 특정한 사물 혹은 사상이 다른 어떤 것에 유용하다는 것

---

1 존 로크(1632~1704)는 계몽주의 철학과 영국 경험론을 대표하는 철학자로 자유주의적 사회계약론을 제창함으로써 오늘날에도 여전히 영미 정치철학에 가장 많은 영향력을 행사하고 있다. 그에 따르면 모든 지식은 경험에 근거를 두고 있으며, 궁극적으로는 경험에서 지식이 도출된다. 따라서 경험을 근거로 사유가 이루어지며, 이 사유의 대상이 바로 '관념'이다. 이런 맥락에서 로크는 경험에서 비롯되지 않는 본유관념을 부정하고, 오히려 경험 이전의 마음을 아무것도 쓰이지 않은 백지tabula rasa에 비유한다. 다른 한편 자연법론자로서 로크는 정치 공동체의 의무를 자연법 준수로 규정한다. 그에 따르면 자연법의 목적은 인류의 보존이며, 정부의 목적은 공공복지Gemeinwohl의 유지. 로크의 대표적 저서로는《인간의 지적 능력에 관한 시론*An Essay concerning Human Understanding*》(1689)과《정부에 관한 두 논고*Two Treatises of Government*》(1690)가 있다.

을 의미한다. 그 자체로 이성적인 목표는 없으며, 이성의 관점하에서 어떤 한 목표가 다른 목표들에 대해 가지는 우선성을 토론하는 것은 무의미한 것이 된다. 주관적 접근 방식으로부터 그와 같은 토론이 가능한 경우는 오직 두 가지 목표가 제3의 보다 높은 목표에 기여할 때, 다시 말해 두 목표가 목적이 아니라 수단일 때뿐이다.[2]

이성의 형식화

이성의 이러한 두 가지 개념 간의 관계는 단순한 대립 관계가 아니다. 역사적으로 이성의 두 가지 측면, 즉 주관적 측면과 객관적 측면은 처음부터 있어왔으며, 객관적 이성에 대한 주관적 이성의 우세는

2 이러한 의미의 이성과 객관주의적 이성 이해 사이의 구별은 막스 베버Max Weber 학파가 사용한 개념들인 기능적 합리성과 실체적 합리성의 구별과 어느 정도 유사하다. 그럼에도 불구하고 베버는 주관주의적 경향을 전폭적으로 지지함으로써, 결단코 합리성, 특히 하나의 목적을 다른 목적과 구별할 수 있게 해주는 '실체적 합리성'을 제대로 해명하지 않았다. 만약 우리의 본능과 의도 그리고 우리의 마지막 결정마저도 선험적으로 비합리적일 수밖에 없다면, 실체적 이성은 단순한 상호 작용이 이루어지는 장소가 될 것이며, 그 때문에 이성은 본질적으로 '기능적'인 것이 된다. 분명 베버 자신의 묘사뿐만 아니라 인식의 관료화와 일원화를 고려한 그의 제자들의 묘사는 객관적 이성에서 주관적 이성으로의 이행에 관한 사회적 관점을 명확하게 제시하고 있다(특히 카를 만하임의 분석을 참조할 것. Karl Mannheim, *Man and Society*, London, 1940). 그러나 베버 스스로가 자신의 철학 안에서 표현하고 있는 것처럼, 합리적 통찰과 합리적 행위의 가능성을 고찰하는 과정에서 비롯된 베버의 염세주의 자체는 인간의 목표를 규정하는 데 전력을 다했던 철학과 과학의 포기를 알리는 이정표의 역할을 수행했다(Max Weber, "Wissenschaft als Beruf", in *Gesammelte Aufsätze zur Wissenschaftslehre*, Tübingen, 1922(이상률 옮김, 《직업으로서의 학문》, 《직업으로서의 정치》, 문예출판사, 1999) 참조).(원주)

오랜 진행 과정에서 비로소 나타났다. 로고스logos 혹은 합리성ratio이라는 본래적 의미에서 이성은 언제나 본질적으로 주체 또는 주체의 사고 능력과 연관되었다. 이성을 가리키는 모든 전문 용어들은 한때 주관적 표현들이었다. 이성을 나타내는 그리스 낱말도 '말하다λε´γειν'에서 유래했으며, 또한 주관적 언어 능력을 가리켰다. 주관적 사고 능력은 미신을 해체한 비판의 동력이었다. 그러나 신화를 잘못된 객관성으로, 다시 말해 주체의 산물로 고발하는 가운데 주관적 사고 능력은 주체 스스로가 정합적인 것으로 승인했던 개념들을 사용해야만 했다. 이러한 과정을 통해 주관적 사고 능력은 지속적으로 독자적인 객관성을 발전시켜왔다. 별자리 신화에서 비롯된 피타고라스의 산술 이론이 플라톤주의에서는 이데아론으로 변형되었다. 플라톤의 이데아론은 가장 높은 사고의 내용을 절대적 객관성으로 규정하려고 시도했는데, 이 객관성은 비록 사고의 내용과 연결되어 있음에도 불구하고, 궁극적으로는 사고 능력을 넘어서 있다. 오늘날 이성의 위기는 일정한 단계에 이른 사고가 그 같은 절대적 객관성 일반을 개념화할 수 있는 능력을 상실했다는 사실에서 혹은 절대적 객관성을 허상으로 몰아붙이기 시작했다는 사실에서 근본적으로 비롯된다. 이러한 과정은 점차 모든 합리적 개념의 객관적 내용에까지 확대되었다. 결국 어떤 특정한 실재도 더 이상 그 자체로는 이성적인 것으로 보이지 않게 되었다. 내용 없이 공허해진 모든 기본 개념들은 단순히 형식적인 껍데기가 되어버렸다. 이성은 주관화되면서 또한 형식화되었다.[3]

---

3 주관화와 형식화라는 두 개념이 비록 많은 부분에서 동일한 의미를 갖지는 않지만, 이 책에서는 항상 실천적으로 동일한 의미를 갖는 것으로 사용된다(원주).

이성의 형식화는 이론과 실천에서 심대한 결과를 초래했다. 주관주의적 관점이 거부할 수 없을 만큼 확고하다면, 사고는 이제 어떤 목표가 그 자체로 바람직한 것인지를 결정하는 데 도움을 줄 수 없다. 이상적인 것의 수용 가능성, 우리 행위와 신념에 대한 기준들, 윤리학과 정치학을 이끌어가는 원칙들, 이 모든 것과 관련된 우리의 최종 결정은 이성이 아닌 다른 요인들에 의존해서 이루어진다. 그것은 이제 기호와 선택의 문제가 될 것이며, 실천적, 도덕적 또는 미학적 결정 과정에서 진리에 관해서 말한다는 것은 무의미한 일이 되었다. 주관주의자들 중에서 가장 객관주의적인 사상가의 한 사람인 러셀Bertrand Russell은 다음과 같이 말한다. "사실 판단은 '진리'라고 불리는 속성을 가질 수 있는데, 이때 진리는 사람들이 생각할 수 있는 것과는 전적으로 무관하게 사실 판단에 부과되기도 하고 혹은 그렇지 않기도 하다. (…) 그러나 나는 '진리'와 유사한 속성 중에서 윤리적인 판단에 속하거나 혹은 속하지 않는 속성을 알지 못한다. 이 사실이 윤리학을 과학과는 전혀 다른 범주에 귀속시킨다는 것에 동의할 수밖에 없다."[4] 그럼에도 불구하고 러셀은 다른 철학자들보다 그러한 이론이 필연적으로 연루될 수밖에 없는 어려움을 더 잘 인식하고 있다. "일관성이 없는 체계가 일관성 있는 체계보다 전반적으로 더 적은 잘못을 포함할 수도 있다."[5] "최상의 윤리적 가치는 주관적이다"[6]라고 주장하는 그의 철학에도 불구하고 러셀은 인간 행위의 객관적이고 도덕적인 성질과 우

---

4   Bertrand Russell, "Reply to Criticisms", in *The Philosophy of Bertrand Russell*, Chicago, 1944, 723쪽(원주).

5   같은 책, 720쪽(원주).

6   같은 곳(원주).

리가 그것을 지각하는 방식을 (다음의 인용문에서처럼) 구별하는 것으로 보인다. "끔찍한 것을 나는 끔찍한 것으로 보려고 한다." 러셀은 논리적 비일관성을 감내할 수 있는 용기를 가졌으며, 또한 반反변증법적인 논리학의 특정한 관점들로부터 거리를 유지하는 가운데 실제로 철학자인 동시에 휴머니스트로 남아 있었다. 만약 러셀이 일관되게 자신의 과학주의적 이론을 고집했다면, 그는 어떠한 형태의 끔찍한 행위나 비인간적인 관계도 존재하지 않으며 그가 목격한 악은 단지 상상에 지나지 않는다는 것에 동의할 수밖에 없었을 것이다.

이러한 이론들에 따르면 사고는 그것의 좋고 나쁨에 관계없이 각각의 파편화된 계획과 노력에 기여한다. 사고는 모든 사회적 행위들을 위한 도구다. 그러나 사고는 사회적 삶과 개인적 삶의 구조를 규정하려고 해서는 안 된다. 그것은 다른 힘들에 의해 규정되어야만 한다. 학문적 토론에서와 똑같이 비전문적 토론에서도 역시 이성이 일반적으로 지성적 조정 능력으로 여겨진다는 결론이 나온다. 이 능력의 효력은 방법적 사용을 통해 그리고 의식적이거나 또는 무의식적인 감정들과 같은 비지성적인 요소들을 배제함으로써 향상될 수 있다. 이성은 결코 사회적 현실을 실질적으로 이끌어오지 않았지만, 이제는 모든 특수한 경향성과 취향으로부터 스스로를 근본적으로 정화함으로써, 결국 인간의 행위와 삶의 방식을 판단하는 자신의 과제조차도 포기하는 결과를 가져왔다. 이성은 자신의 과제에 대한 최종 인준을 충돌 상태에 있는 이익 관심들에 떠넘긴다. 우리의 세계는 실제로 이러한 관심에 내맡겨진 것처럼 보인다.

이런 방식으로 이성에 낮은 자리를 지정하는 것은 상승 기류에 있는 중류층의 정신적, 정치적 대표자가 갖는 이념과 시민사회 문명의 선구자들이 갖는 이념에 철저하게 맞서는 것이다. 그들은 모두 이성이 인간 행위에서 선도적 역할을, 심지어 지배적 역할을 수행한다고 설명했다. 그들은 지혜로운 입법화 과정을 이성과 일치하는 법을 수립하는 과정으로 정의했다. 국내 정치와 국제 정치는 그것이 얼마만큼 이성의 원칙에 충실한지에 따라 평가되었다. 이성은 우리의 결정과 우리가 다른 사람들 또는 자연과 맺는 관계를 규율해야만 하는 것이었다. 이성은 본질적인 것으로, 즉 모든 인간에 내재하는 정신적 힘으로 생각되었다. 이 힘은 최종 심급으로, 나아가 우리의 삶을 바쳐야만 하는 이념들과 사물들의 뒤편에 있는 창조적 힘으로 간주되었다.

오늘날 누군가가 교통사고 때문에 법정에 설 때, 재판관이 그에게 이성적으로 운전했는지를 묻는다면, 그때 재판관이 실제로 묻는 것은 운전자가 자신과 다른 사람의 생명과 재산을 보호하기 위해, 그리고 법률을 지키기 위해 그가 할 수 있는 모든 것을 했는지의 여부다. 재판관은 암암리에 이러한 가치들이 존중되어야 한다는 것을 가정하고 있다. 그가 묻는 것은 단지 운전자의 행위가 이처럼 보편적으로 승인된 기준 척도에 충실했는지의 여부다.

대부분의 경우 이성적인 것은 자기 마음대로 하는 것을 의미하지 않으며, 이것은 다시 본래적 현실과의 일치를 암시하는 것이다. 적응의 원리Prinzip der Anpassung는 자명한 것으로 수용된다. 이성의 이념이 구상될 때, 그 이념은 단순히 목적과 수단의 관계를 규율하는 일보다 많은 것을 실현해야만 했다. 이성의 이념은 목적들을 이해하고, '목적들을 규정하기 위한' 도구로 관찰되었다. 소크라테스는 자신의 공동체와 나라에서 최고의 신뢰를 받았던 가장 신성한 이념을 다이몬daimon 또는 플라톤이 말하는 변증법적 사유의 비판에 예속시켰기 때문에 죽었다. 이 일을 통해 그는 이데올로기적 보수주의와 상대주의에 맞서 싸웠다. 이때 상대주의나 보수주의는 스스로를 진보로 치장했지만, 실제로는 사적 관심과 신분의 이익에만 종사했다. 달리 말해 소크라테스는 다른 소피스트들이 변호했던 주관적이고 형식주의적인 이성에 맞서 싸웠다. 그는 그리스의 신성한 전통과 아테네의 생활 방식을 전복했으며, 근본적으로 다른 개인적·사회적 삶의 형식을 위한 기초를 다졌다. 소크라테스는 보편적 통찰로 이해된 이성이 신념을 규정하고 인간과 인간 그리고 인간과 자연 사이의 관계를 규율해야만 한다고 보았다.

비록 소크라테스의 학설이 선과 악에 대한 최고 심판자로서 주체를 철학적으로 개념화한 최초의 시도로 간주될 수도 있지만, 그는 이성과 이성의 판단은 단순한 이름과 인습이 아니라, 사물의 참된 본성을 반영하는 것이라고 말했다. 그의 학설은 소극적이었을 수도 있지만 절대적 진리의 이념을 함축하고 있었으며, 거의 계시와 같은 객관적 통찰로 보였다. 그의 다이몬은 정신적 신이었지만, 사람들이 다른 신들에 관하여 믿었던 것만큼은 실제적인 신이었다. 그의 이름은 살아 있는 힘을 가리켰다. 직접적 인식 또는 양심이 갖는 소크라테스적 힘, 즉 개별적 주체 안의 새로운 신은 플라톤 철학 안에서 그리스 신화 속에 있는 그의 경쟁자들이 폐위시키거나 적어도 변형시켰다. 그것들은 이념이 되었다. 그것들이 단순히 인간의 피조물, 생산물 또는 내용일 뿐이라고 말할 수 없으며, 주관적 관념론의 입장에 따라 주체의 감각적 인상들과 유사한 것이라고 말해서도 안 된다. 반대로 그것들은 여전히 옛 신들이 누렸던 몇 가지 특권을 보유하고 있다. 그들은 인간 존재보다 더 높고 고귀한 영역을 차지하고 있다. 그들은 모범적인 것이며 또한 불멸한다. 다이몬은 다시 영혼으로 변형되었다. 이제 영혼은 이념을 지각할 수 있는 눈이다. 영혼은 진리의 통찰로 또는 사물의 영원한 질서를 이해하는 개별 주체의 능력으로 나타난다. 이로써 영혼은 시간의 질서 안에서 따라야만 할 행위의 원칙으로 나타나는 것이다.

객관적 이성의 역사

객관적 이성의 개념은 이렇듯 한편으로 현실에 내재하는 구조를 자신의 본질로 나타낸다. 이때 현실의 구조는 그 자체로 각각의 특정한 상황에 맞는 실천적으로나 이론적으로 특수한 행동 양식을 요구한다. 이러한 구조는 전력을 다해 변증법적 사고를 감내하는 사람, 또는 그와 동일한 의미에서 에로스의 능력[7]을 갖춘 사람만이 접근할

---

7 호르크하이머는 여기서 플라톤 철학에서 고유한 의미를 갖는 에로스 개념을 사용하고 있다. 전쟁의 신 마르스와 미의 여신 아프로디테 사이에서 태어난 사랑의 신 에로스를 플라톤은 아름다움을 성취하려는 노력 또는 이데아의 통찰을 가리키는 개념으로 사용한다. 플라톤에 의하면 에로스란 좋음의 이데아를 영원히 소유하려고 하는 차원 높은 충동적 생명력이다. 따라서 에로스는 인식을 확장하도록 철학자를 추동하는 힘으로서, 동굴의 비유에서처럼 쇠사슬을 끊고 어두운 현상의 세계를 벗어나 이데아의 세계에 이르게 하는 추동력인 것이다. 그러나 다른 한편 플라톤 철학에서 에로스는 교육학적 의미를 갖는 것으로 표현된다. 동굴 밖에서 좋음의 이데아를 깨달은 철인이 현상의 세계로 돌아가서 이데아의 세계를 현실화하는 힘 또한 에로스적 힘이다. 이처럼 플라톤 철학에서 에로스는 한편으로는 몸과 마음의 아름다움에서 출발하여 사회 제도와 교육 및 예술과 철학에서의 아름다움을 거쳐 아름다움 자체의 이데아를 깨달아가는 도덕, 즉 진리에 대한 인식의 확장을 가능하게 하는 힘이지만, 다른 한편으로는 인식된 진리의 현실적 실현을 가능하게 하는 힘이기도 하다. 이런 맥락에서 플라톤의 에로스는 동굴 밖으로 나아가는 상승과 동굴로 다시 돌아오는 하강을 동시에 규정하는 생명력을 가리킨다.

수 있는 것이다. 다른 한편으로 객관적인 이성의 개념은 전력을 다해 그러한 구조의 객관적 질서를 반성하는 노력과 능력을 가리킬 수 있다. 모든 사람은 어떤 상황, 즉 전적으로 상황의 본성에 따라, 그리고 주체의 관심과는 전적으로 무관하게 확정적인 행위 방식을 요구하는 상황이 있다고 확신한다. 예를 들어 익사 위험에 처한 어린이나 동물, 기아 상태의 국민, 또는 개인적 질병 등이 그것이다. 이러한 상황들은 모두 소위 각자의 고유한 언어로 말을 한다. 그러나 이 상황들은 오직 현실의 단면들일 뿐이기 때문에, 그중에서 어떤 상황은 무시되어야만 할 수도 있다. 왜냐하면 행위의 다른 방침을 요구하는 보다 포괄적인 상황이 있을 수 있기 때문인데, 이때의 행위 방침 역시 사적인 희망이나 관심과는 무관한 것이다.

객관적 이성의 철학적 체계는 일체를 포괄하는 근본적인 존재 구조를 발견하고, 그것에서 인간적 규정의 개념적 복안을 이끌어낼 수 있다는 확신을 함축하고 있다. 그 체계는 학문을 —— 그것이 학문으로 불릴 가치가 있다고 할 때 —— 그러한 반성 또는 사변을 입증하는 것으로 이해했다. 이러한 철학적 체계는 우리가 통찰한 것의 객관적 토대를 정돈되지 않은 자료들의 혼돈chaos으로 환원시키고, 우리의 학문적 노력을 그러한 자료들을 단순하게 편성하고 분류하거나 계산하는 것으로 규정하려는 모든 인식론에 반대했다. 이러한 활동들 안에서는 주관적 이성이 학문의 중심 기능을 찾으려고 했는데, 객관적 이성의 고전적 체계의 관점에서 보면 이런 활동들은 사변에 종속되는 것이다. 객관적 이성은 전통적 종교를 철학적 방법의 사유와 통찰로 대체하고, 그처럼 철저하게 스스로가 전통의 원천이 되려고 노력했다. 신화에 대한 객관적 이성의 공격은 주관적 이성의 공격보다 더 진지하다. 스스로가 파악하고 있는 것처럼, 추상적이고 형식주의적인 주관적 이성은 종교와의 투쟁을 포기하려는 경향을 보인다. 이러한 경향은 주관적 이성이 한편으로는 학문과 철학을 위해, 그리고 다른 한편으로는 제도화된 신화를 위해 두 가지 상이한 범주를 설정한 다음, 두 가지 모두를 승인하는 과정에서 드러난다. 객관적 이성의 철학에는 그러한 종류의 탈출구가 없다. 객관적 이성의 철학은 객관적 진리 개념을 고집하기 때문에, 이미 확고한 위치를 차지한 종교의 내용에 대해 긍정적이거나 부정적인 입장을 가져야만 한다. 따라서 객관적 이성의 이름으로 행해지는 사회적 견해의 비판은 —— 비록 이 비판이 종종 덜 직접적이고 덜 공격적이라고 할지라도 —— 주관적 이성의 이름으로 제기된 비판보다 훨씬 더 날카롭고 투철하다.

현대에 와서 이성은 자신의 고유한 객관적 내용을 폐기하는 경향을 드러냈다. 물론 16세기 프랑스에서는 최고의 활동으로서 이성이 지배하는 삶의 개념이 다시 진보를 이루었다. 몽테뉴[8]는 그 개념을 개인적 삶에, 보댕[9]은 민중들의 삶에 대응시켰다. 그리고 로피탈[10]은 그 개념을 정치에서 실천했다. 그들이 제기하는 일정한 회의적 설명

---

8 몽테뉴Michel Eyquem de Montaigne(1533~1592)는 프랑스의 철학자로 체계 철학을 비판하고 개별적 삶의 실재성을 강조했다. 그는 근본적으로 절대적 존재, 영원한 진리 그리고 보편적으로 타당한 형식 등에 의심을 제기하는 가운데, 인식의 우연성과 그것의 불확정성을 강조했다. 에피쿠로스의 자연주의에서 영향을 받은 그는 있는 그대로의 인간과 변하는 대로의 인간을 묘사하고, 그런 자연에 단순히 몸을 맡기는 것에서 삶의 지혜를 추구했다. 그러나 그는 정치적 혁명에 반대하고 오히려 현존하는 결혼 및 가족 제도, 교회와 국가 제도에 순응할 것을 주장했다. 대표적 저서로는《수상록Essais》(3권, 1586)이 있다. 호르크하이머는 특히 〈몽테뉴와 회의의 기능〉(Max Horkheimer, *Gesammelte Schriften*, Bd. 4, Ffm.: Fischer, 1988)에서 그의 철학을 자세하고 다루고 있다.

에도 불구하고 그들의 작품은 최고의 정신적 권위를 갖는 이성의 편에서 종교의 폐위를 촉진했다. 그럼에도 불구하고 이성은 이 시기에 하나의 새로운 의미를 획득했는데, 그 의미는 프랑스 문학에서 가장 잘 표현되었으며, 어느 정도는 현대의 일상 언어 속에 여전히 남아 있다. 이성은 점차 유화적 태도를 가리키게 되었다. 중세 교회의 몰락 이후 대립된 정치적 경향들을 전달하는 가장 우선적인 지반이었던 종교에 대한 의견 차이는 더 이상 진지하게 받아들여지지 않았다. 어떤 사람도 특정 종교나 이데올로기를 죽음을 불사하고 수호할 가치가 있는 것으로 여기지 않았다. 이러한 이성의 개념은 확실히 더 인간적이지만, 그러나 동시에 종교적인 진리 개념보다 더 허약한 것이었고, 지배적 이익 관심에 더 쉽게 굴복했으며, 있는 대로의 현실에 적응하는 능력이 더 뛰어났고, 그 때문에 '비합리적인 것'에 굴복할 수 있는 위험에 처음부터 노출되어 있었다.

9 보댕Jean Bodin(1529~1596)은 몽테뉴와 비슷한 시기에 활동한 프랑스의 법학자이자 정치철학자다. 프랑스적 인본주의를 대표하는 그는 무엇보다 종교 전쟁을 강하게 비판했으며, 마키아벨리Niccolò Machiavelli나 홉스와는 달리 종교법을 자연권이나 국민 권리의 하위에 둘 것과 신민의 재산권을 보호할 것을 군주에게 요구했다. 대표적 저서로는《국가론 *Les Six livres de la République*》(6권, 1576)이 있다.

10 로피탈Michel de L'Hôpital(1504~1573)은 프랑스 법관이자 정치가로 활동했으며, 종교 개혁 시기 신앙의 자유를 강조함으로써 신교와 구교 사이의 격화된 대립을 해소하려고 노력했다. 1560년에는 나바르 드 메디시스Navarre de Medicis에 의해 수상에 지명됨으로써 신구 양파의 화해를 위해 적극 노력했으나 큰 성과를 거두지 못하고 정치 일선에서 물러났다. 로피탈은 또한 르네상스 시기에 프랑스를 대표했던 플레야드파를 적극적으로 옹호했다. 플레야드파는 서정시인 롱사르Pierre de Ronsard(1524~1585)를 중심으로 프랑스에서 구성된 일곱 명의 르네상스 시인 그룹을 가리키며, 일명 칠성파라고 불린다. 로피탈의 대표적 저서로는《개혁론 *Traité de la réformation*》이 있다.

이성은 이제 지식인, 국가 지도자 그리고 휴머니스트들의 입장을 가리켰는데, 그들은 종교적 교의 자체와 관련된 충돌을 다소간 무의미한 것으로 간주했으며, 그것을 단지 상이한 정치적 당파성을 드러내는 구호나 선전 도구로 보았다. 휴머니스트들의 입장에서 볼 때 하나의 국민이 주어진 경계 안에서 하나의 정부 아래 살아가면서도 상이한 종교를 신봉하는 것은 전혀 불합리한 것이 아니었다. 그처럼 정부는 순전히 세속적인 목적만을 가지고 있었다. 정부는 루터Martin Luther가 생각한 것처럼 야수적 인간을 훈육하고 길들여야 할 필요가 없었다. 오히려 정부는 무역과 산업을 위해 좋은 조건을 만들고, 법과 질서를 확고히 하고, 나아가 시민들에게 나라 안에서는 평화를, 나라 밖에서는 안전을 보장해야만 했다. 국가는 국민 복지를 달성하고 광신과 내전에 맞서 싸우는 역할을 했다. 주권국가가 정치적으로 수행하는 이러한 역할과 동일한 역할을 이제 이성이 개인적 차원에서 수행했다.

종교에서 이성이 분리됨에 따라 이성의 객관적 국면은 한층 더 두드러지게 약화의 길로 들어섰고 보다 강도 높은 형식화가 나타났는데, 이는 추후 계몽주의 시대에 더 분명하게 드러났다. 그러나 17세기에는 아직 이성의 객관적 국면이 우세했다. 왜냐하면 당시 합리주의 철학의 주요 과제가 인간과 자연에 대한 학문적 이론을 구성하는 것이었기 때문이다. 이 이론은 최소한 사회의 선택받은 분야에서만이라도 예전에 종교가 충족해주었던 정신적 기능을 채워줄 수 있어야 했다. 르네상스 시대 이후로 인간은 그들의 최고의 목표와 가치를 정신적 권위에서 빌려 오는 대신에, 철저하게 자립적으로 신학에 버금가는 포괄적인 이론을 만들려고 시도했다. 철학은 사물의 참된 본성과 올바른 삶의 태도를 반영하는 이성의 내용을 도출해내고,

설명하고, 계시하기 위한 도구라는 사실에 자부심을 가졌다. 예를 들어 스피노자[11]는 현실의 본질에 대한 통찰과 영원한 우주의 조화로운 구조에 대한 통찰이 필연적으로 이 우주에 대한 사랑을 일깨운다고 생각했다. 스피노자가 볼 때 윤리적 태도는 전적으로 자연에 대한 그러한 통찰에 의해 규정되는데, 이는 마치 한 인격체에 대한 우리의 헌신이 그의 위대함과 천재성에 대한 통찰에 의해 규정되는 것과 같다. 로고스 자체인 우주를 향한 웅대한 사랑을 가로막는 두려움과 사소한 격정은 스피노자가 보기에 현실에 대한 우리의 이해가 충분히 깊어지는 순간 사라지게 된다.

과거의 다른 거대한 합리주의적 체계들 역시 이성이 사물의 본성

---

11 스피노자Benedictus de Spinoza(1632~1677)는 네덜란드의 철학자로 반유태적 관점 때문에 유태인 공동체에서 추방되었던 비운의 인물이다. 스피노자 철학은 '실체=자연=신'이라는 등식으로 잘 알려진 범신론이다. 그러나 이때의 신은 전통 유태교나 기독교에서 말하는 인격적 창조주로서의 신이 아니라 철저하게 자연화된 신을 가리킨다. 따라서 그의 신 존재 증명은 엄밀한 의미에서는 전통적 신 존재에 대한 부재 증명이라고 할 수 있다. 스피노자는 자기 철학의 핵심 개념인 실체를 무한하고 자기 산출적이며 자립적인 것으로 규정함으로써, 실체란 무엇인가를 무한히 산출하는 '능산적 자연natura naturans'임과 동시에 산출된 결과로서의 '소산적 자연natura naturata'이라고 말한다. 따라서 실체는 모든 사물의 존재 가능성의 원천인 동시에 인식 가능성의 원천이기도 하다. 스피노자에 따르면 실체 또는 신은 유한자 안에서 '코나투스conatus'로 표현된다. 코나투스는 존재 보존을 향한 능동적 추구와 노력을 뜻하는 것으로서 사물의 본질에 해당한다. 그리고 코나투스의 인간학적 표현이 바로 자신의 존재 역량을 증대시키려는 충동과 욕망이다. 이런 맥락에서 스피노자는 오직 자신에게만 복종하는 은둔 상태에서보다 공동의 결정에 따라 살아가는 국가 속에서 더욱 자유롭다는 정치철학적 입장을 취한다. 그 밖에도 그는 선악의 기원에 관하여 전통적 입장에 반대하는 입장을 제시한다. 그에 따르면 우리는 어떤 것을 선이라고 판단하기 때문에 그것을 추구하고 의욕하고 원하고 욕망하는 것이 아니다. 반대로 우리가 그것을 추구하고 의욕하고 원하고 욕망하기 때문에 바로 그것을 선이라고 판단한다. 스피노자의 대표적 저서로는 《에티카Ethica ordine geometrico demonstrata》(1675)가 있다.

속에서 스스로를 재인식한다는 것과 그러한 통찰에서 인간의 올바른 태도가 발원한다는 것을 강조한다. 이러한 태도는 각각의 모든 개인이 처한 상황이 모두 유일무이하기 때문에 각자에게 필연적으로 동일한 것은 아니다. 지리적이고 역사적인 차이, 나이, 성, 능력, 사회적 지위 등의 차이가 있다. 그럼에도 불구하고 그러한 통찰이 인륜적 태도와 논리적 연관을 맺는 것이 가능하고 또한 그 연관이 지성 능력이 있는 모든 주체에게 명백하다면, 그런 한에서 그 통찰은 보편적이다. 이성 철학은 예를 들어, 노예화된 민중이 처한 고통스러운 상황을 통찰한 젊은이를 민중 해방 투쟁으로 끌어들일 수 있지만, 그의 아버지에게는 집에 남아서 땅을 일굴 수 있도록 허용할 것이다. 통찰의 귀결에서 나타나는 이러한 차이에도 불구하고 사람들은 이 통찰의 논리적 본성을 일반적으로 납득할 수 있는 것으로 받아들인다.

이러한 합리주의적 철학 체계가 비록 종교가 요구했던 것처럼 그렇게 광범위한 굴종을 요구하지 않았음에도, 그것은 실재성의 의미와 요구 사항을 기록 정리하고, 모두에게 구속력 있는 진리를 제시하려고 노력했다는 인정을 받았다. 이 철학 체계의 창시자들은 자연적 빛lumen naturale, 자연적 통찰 또는 이성의 빛이 외적 세계에서뿐만 아니라 인간 자신의 존재 안에서도 인간적 삶을 자연과 일치시킬 열쇠를 손에 넣기에 충분할 만큼 깊숙한 곳까지 창조물을 꿰뚫어 볼 수 있다고 믿었다. 그들은 신을 놓지는 않았지만 은총은 버렸다. 그들은 인간이 초자연적 빛lumen supranaturale이 전혀 없어도 이론적 인식과 실천적 결단의 목적을 세워나갈 수 있다고 생각했다. 그들의 우주에 대한 사변적 모방은 감각주의적 인식론 ── 텔레시오[12]나 로크가 아닌 브루노[13]와 스피노자 ── 이 아닌 바 전통적 종교와 직접적으로 충돌했다. 왜냐하면 형이상학자의 지적 열망은 경험주의자들의 이론들보다 더 긴밀한 관계를 신과 창조물 그리고 삶의 의미를 문제 삼는 이론들과 맺고 있기 때문이다.

종교와 철학의 논쟁

기독교 윤리는 합리주의의 철학적·정치적 체계 속에서 세속화되었다. 개인적이고 사회적인 활동에서 추구된 목표들은 현존하는 특수한 토착적 이념들과 직접 받아들인 명백한 인식을 수용하는 과정에서 만들어진 것이며, 또한 그런 방식으로 객관적 진리 개념과 결합되어 있다. 이는 객관적 진리가 비록 더 이상 사고 자체의 요구에서 벗어난 어떤 도그마를 통해 보증되는 것으로 간주되지 않는다고 해도

---

12 텔레시오Bernardino Telesio(1509~1588)는 일관된 자연주의적 입장을 취한 이탈리아의 철학자로 르네상스 사상에 큰 영향을 미쳤다. 그는 자연 외적인 힘을 부정하고 오직 물질에 내재하는 두 가지 활동 원리인 '냉'과 '열'을 가지고 모든 자연현상뿐만 아니라 윤리까지도 설명하려고 시도했다. 그 결과 인간의 인식이나 윤리 생활도 이두 가지 원리로 설명하였다. 대표적 저서로는《고유의 원리로 본 사물의 본성에 관하여De rerum natura juxta propria principia》(9권, 1565, 1586)가 있다.

13 브루노Giordano Bruno(1548~1600)는 산 채로 화형을 당한 이탈리아의 철학자다. 그에 따르면 세계 혼Weltseele은 모든 것을 최고의 능력, 즉 보편적 이성을 통해 충족시킨다. 보편적 이성은 자연 속에서 모든 사물의 원인이다. 또한 이 이성의 원리는 다름 아닌 세계 혼이다. 따라서 세계의 모든 부분은 세계 혼이 깃든 것이다. 이런 맥락에서 브루노는 범신론자로 불린다. 브루노의 범신론은 근본적으로 형이상학적 공리로부터 도출된 것으로서, 물리적 경험 세계를 위한 토대로서 경험적 명증성을 요구한 갈릴레이의 경험적 논증과 경쟁적 관계를 형성했다. 대표적 저서로는《무한자와 우주의 세계에 관하여Dell' infinito universo e mondi》(1584)가 있다.

마찬가지다. 교회도, 새롭게 형성된 철학 체계들도 지혜, 윤리, 종교 그리고 정치를 분리하지 않았다. 그러나 공동의 기독교적 존재론에 뿌리를 둔 모든 인간적 확신의 근본적 통일은 점차 와해되었다. 그리고 부르주아 사회의 이데올로기를 선구적으로 이끈 몽테뉴 같은 이론가들에게서는 분명하게 등장하지만, 후에 일시적으로 합리주의적 형이상학을 통해 뒷전으로 내몰리기도 했던 상대주의적 경향들은 모든 문화적 활동 속에서 승전고를 울리며 확고하게 관철된다.

위에서 지적한 것처럼 철학이 종교를 대체하기 시작했을 때, 철학은 물론 객관적 진리를 폐기하려고 의도했던 것이 아니라, 다만 진리에 새로운 합리적 토대를 마련해주려고 시도했을 뿐이다. 절대적인 것의 본성과 관련된 철학의 주장들은 형이상학자들을 탄압하고 고문했던 주된 근거가 아니었다. 실제로 중요한 것은 계시Offenbarung 또는 이성 그리고 신학 또는 철학이 최고의 진리를 규정하고 표현하는 매체일 수 있는지였다. 어떻게 세계가 창조되었는지, 무엇이 세계의 목적인지, 그리고 인간이 어떤 태도를 취해야만 하는지를 민중에게 가르치는 종교의 능력과 권리, 그리고 의무를 교회가 보호했던 것과 마찬가지로, 철학 역시 사물의 본성을 발견하고, 그러한 통찰로부터 올바른 행위 방식을 이끌어 내는 정신의 능력과 권리 그리고 의무를 옹호했다. 가톨릭의 이념과 유럽 합리주의 철학은 그러한 통찰을 가능케 한 실재성의 실존에 관한 한 전적으로 동일한 입장을 가졌다. 물론 이러한 실재성의 수용 때문에 양 진영 사이에 충돌들이 발생했다.

이러한 특수 전제에 동의하지 않고 세력을 형성한 두 개의 지적 진영이 있었는데, 먼저 칼뱅주의는 숨은 신deus absconditus[14] 문제에 관한 이론을 가지고 있었으며, 경험주의는 처음에는 암묵적이었지만 나중에는 명시적으로 표현한 입장, 즉 형이상학은 전적으로 사이비 문제들만을 취급한다는 입장을 가지고 있었다. 그러나 새로운 형이상학적 체계가 인간의 도덕적이고 종교적인 결정까지도 규정할 수 있는 통찰의 가능성을 보장한다는 바로 그 이유 때문에 가톨릭교회는 철학에 대항했다.

결국 종교와 철학의 격렬한 논쟁은 막다른 골목에서 끝났는데, 이는 두 진영이 분리된 문화 영역으로 간주되었기 때문이었다. 인간은 종교와 철학이 각자의 문화적 격자 안에서 자신들의 고유한 삶을 이끌어가면서 서로 관용을 베푼다는 사상에 점차 익숙하게 되었다. 이제 무엇보다도 문화 상품의 지위로 추락한 종교의 중립화는 객관적인 진리를 구현한다는 종교의 총체적 요구와 모순되며, 동시에 그 요구를 약화시켰다. 비록 피상적으로는 종교가 계속해서 존중된다고 할지라도, 종교의 중립화는 정신적 객관성의 매체로서 종교를 배제

14　신학에서 '숨은 신' 문제는 다양한 형태로 논의된다. 일반적으로는 신 또는 성령이 그것이 요구되는 중요한 시점과 장소에서 침묵하는 것을 가리킨다. 이런 맥락에서 '침묵하는 신'으로 번역하는 것도 가능할 것이다. 여기서 '숨은 신' 문제는 칼뱅의 '예정설Predestinationstheorie'과 연관된 것으로 보인다. 예정설과 관련된 논의 역시 오랜 전통을 가지고 있다. 그런데 칼뱅은 그동안 주로 '구원'의 문제에 한정해 논의되어온 예정설을 '멸망'의 문제에까지 확장했다. 그에 따르면 하느님은 구원할 인간과 멸망시킬 인간을 이미 정해놓았으며, 이 예정은 영원하다. 이는 구원과 멸망이 근본적으로 신의 뜻에 따른 것이며, 그 뜻이 모든 것을 지배한다는 것을 의미한다. 그런데 칼뱅은 인간이 근본적으로 신의 뜻, 특히 구원 여부와 관련된 뜻을 알 수는 없다고 말한다. 신의 뜻은 언제나 숨어 있다. 그럼에도 불구하고 칼뱅은 신이 정한 멸망의 의도를 인간의 삶에서 어느 정도 알 수 있다고 말한다. 한순간도 놓치지 않고 삶 전체를 통해 금욕적이고 성실한 자세로 살아야 하며, 그렇지 않은 태도는 곧바로 멸망을 예고하는 징표를 의미한다. 이런 맥락에서 베버는 칼뱅의 예정설을 유럽 자본주의 발전의 동력으로 해석한다. 이에 관한 상세한 내용은 막스 베버, 《프로테스탄티즘의 윤리와 자본주의 정신》, 박성수 옮김, 문예출판사, 1996 참조.

하고, 결국 종교적 계시의 절대성 이념을 모방하는 그 객관성의 개념을 폐지하도록 길을 터주었다.

실제로 종교와 철학의 내용은 이들의 원천적 충돌이 외견상 평화적으로 해결됨으로써 심각한 손상을 입었다. 계몽주의 철학자들은 이성의 이름으로 종교를 공격했다. 그런데 최종적으로 그들이 무너뜨린 것은 교회가 아니라 오히려 형이상학과 객관적 이성 개념 자체 그리고 고군분투하는 철학이 가지고 있는 힘의 원천이었다. 결국 사물의 참된 본성을 파악하고, 우리의 삶을 이끄는 원칙들을 확정하는 기관으로서의 이성은 시대에 뒤떨어진 것으로 여겨졌다. 사변Spekulation은 형이상학의 동의어이고, 형이상학은 신화와 미신의 동의어였다. 우리는 이성과 계몽의 역사가 그것이 그리스에서 시작된 이후로, 이성이라는 낱말 자체가 동시에 어떤 신화적 본체를 함축하고 있다고 의심하는 현재의 상황을 향해 전개되어왔다고 말할 수 있을 것이다. 이성은 윤리적이고, 도덕적이며, 종교적인 통찰의 매개체로서의 자기 자신을 청산했다. 유명론의 적자였을 뿐만 아니라 청교도의 열렬한 추종자였으며 동시에 실증주의적 계몽주의자였던 버클리[15] 주교

---

15 버클리George Berkeley(1685~1753)는 홉스, 로크, 흄과 함께 영국 경험론을 대표하는 철학자이면서, 기독교 사회주의라는 이상을 구상하고 이를 아메리카에서 실현하려고 노력했던 실천하는 성직자였다. 버클리는 근대의 과학적 세계관이 천상계와 지상계를 하나의 자연법칙이 지배하는 단일 세계로 통합함으로써 목적론적 세계관을 기계론적 세계관으로 대체하는 가운데 회의주의, 무신론, 반종교주의를 불러일으킨다고 보았다. 이런 정황 속에서 버클리는 종교를 옹호하기 위하여 과학을 새롭게 해석할 수 있는 길을 모색했다. 그가 택한 방법은 관념론을 경험주의를 통해 재해석하는 것이었다. 그는 무엇보다 추상 관념, 예를 들어 물질적 실체처럼 존재 없는 관념들을 부정하는 것에서부터 시작한다. "물질적 실체는 존재하지 않는다"는 것은 버클리 철학의 제1명제라고 할 수 있다. 그에 따르면 오직 관념과 정신(인간의 마음

는 이백 년 전에 유일한 보편자와 같은 개념을 포함한 대부분의 보편적 개념들을 향해 공격을 퍼부었다. 사실상 그의 출정은 모든 전선에서 승리를 거두었다. 버클리는 자신의 이론과 모순되는 것을 부분적으로 감내하면서 정신, 영혼 그리고 원인처럼 다소 보편적인 몇몇 개념들은 고수했다. 그러나 이 개념들은 현대 실증주의의 아버지인 흄[16]에 의해 철저히 제거되었다.

과 최고 정신으로서의 신)만이 존재하는데, 관념은 어떤 원인이 있어야 하는 바, 비물질적 정신만이 원인이 될 수 있다. 버클리는 "지각되지 않는 것은 존재하지 않는다"는 경험론의 논제와 "지각자 없는 지각을 말할 수 없다"는 주관적 관념론의 논제를 결합하는 방법을 통해 정신, 마음, 영혼 또는 자아를 지각하는 능동적 존재로 규정하는 가운데, 이들 보편 개념의 정당화를 시도했다. 버클리의 대표적 저서는 《인간 지식의 원리론 A Treatise Concerning the Principles of Human Knowledge》(1710)과 이 책의 대중판격인 《하일라스와 필로누스가 나눈 대화 세 마당 Three Dialogues between Hylas and Philonous》(1713)(한석환 옮김, 숭실대학교출판부, 2001)이 있다.

16 데이비드 흄(1711~1776)은 스코틀랜드 출신의 경험론 철학자이면서 동시에 회의론 또는 자연주의 철학자다. 흄에 따르면 우리의 모든 지식은 경험에서 비롯되며, 경험의 내용은 다름 아닌 지각이다. 또한 지각은 인상과 관념으로 이루어져 있는데, 그것은 경험이 얼마나 생생한가에 따라 나뉜다. 근본적으로 관념은 인상의 복사물에 불과하며, 따라서 본유 관념은 존재하지 않는다. 그럼에도 불구하고 그는 우리가 경험이나 그것에서 비롯된 인상 없이도 상상을 통해 '황금 산'을 관념화할 수 있는 것이 '황금 산'이 '황금'과 '산'이라는 단순 관념들이 결합된 복합 관념이기 때문이라고 말한다. 근본적으로 흄은 감각경험에 근거한 인상에서 그 유래를 찾을 수 없는 모든 관념들을 부정한다. 흄은 이처럼 경험론을 극단까지 몰고 감으로써 모든 정신 활동의 바탕이 되는 세 가지 관념, 즉 인과적 운동, 사물들의 존재 그리고 자아의 관념까지도 부정하는 회의론에 도달한다. 흄은 도덕의 토대 역시 이성보다는 느낌이나 정념과 같은 인간의 자연적 본능에서 찾는다. 그에 따르면 이성은 정념의 노예로서 그것에 봉사하고 복종하는 것 외에 어떤 것도 주장해서는 안 된다. 이런 입장을 토대로 흄은 도덕적 의무가 어떤 선험적 목적이나 의무감에 의해서가 아니라 자연적 본능과 직접적인 성향 또는 사회적 필요성의 고려를 통해 발동되어 공적이거나 사적인 유용성을 낳는 것에서 비롯된다고 말한다. 흄의 대표적 저서로는 《인간 오성의 탐구 A Treatise of Human Nature》(1748)(김혜숙 옮김, 고려원, 1996)가 있다.

이러한 발전에서 종교는 표면적인 이익을 얻었다. 이성의 형식화는 형이상학이나 철학 이론의 편에서 가해온 모든 위협적 공격으로부터 종교를 보호했다. 그리고 이러한 안전 보장이 종교를 극단적으로 실천적인 사회적 도구로 만든 것처럼 보인다. 그럼에도 불구하고 종교의 중립성은 동시에 종교의 참된 정신, 종교와 진리의 연관성이 점차 사라지는 것을 가리키는데, 사람들은 한때 이 진리가 학문, 예술, 정치 그리고 전 인류에 대해 동일한 것이라고 믿었다. 처음에는 종교의 봉사자였지만 나중에는 종교의 적대자가 된 사변적 이성의 죽음은 종교 자체에 치명적인 것으로 입증될 수도 있다.

이성의 자율성 상실

이러한 모든 결과는 관용Toleranz이라는 시민사회의 이념 속에 배아의 형태로 포함되어 있는데, 이때의 관용은 양가적ambivalent이다. 한편으로 관용은 독단적 권위의 지배로부터의 자유를 의미한다. 다른 한편으로 관용은 모든 정신적인 내용에 맞서 중립성이라는 태도를 조장한다. 그렇게 정신적 내용은 상대주의에 넘겨진다. 모든 문화적 영역은 보편적 진리와 연관해서 볼 때 각자의 주권Souveränität을 가지고 있다. 사회적 노동 분업의 양식은 자동적으로 정신의 삶으로 전달된다. 그리고 문화 영역의 이러한 구분은 보편적이고 객관적인 진리가, 형식화되고 뿌리까지 상대주의적인 이성에 의해 대체됨으로써 생겨난 당연한 결과다.

미국과 프랑스 혁명을 통해 국가 개념이 지도적 원칙이 되었던

18세기에 합리주의적 형이상학이 가지고 있는 정치적 함축이 두드러지게 나타났다. 현대사에서 국가 개념은 인간의 삶에 최고의 초개인적 동기를 부여했던 종교를 몰아내는 쪽으로 발전해왔다. 국가는 자신의 권위를 계시보다 오히려 이성에서 가져왔다. 이때 이성은 그것이 타고난 것이든 혹은 사변을 통해 발전된 것이든 상관없이, 근본적 통찰의 통합체로 파악되었다. 이성은 단지 효과를 나타내는 수단과 연관될 뿐인 능력으로 파악되지는 않았다.

몇몇 특정한 자연법 이론들과 쾌락주의 철학이 우선적으로 강조했던 자기 이익 관심Selbstinteresse은 단지 그러한 통찰 중의 하나로 간주되었으며, 우주의 객관적 구조 안에 뿌리내리고 있고, 그로 인해 전 범주 체계 속에서 한 부분을 형성하는 어떤 것으로 여겨졌다. 산업 시대에 와서 자기 이익 관심의 이념은 점차 우위를 점하게 되었으며, 결국 사회가 작동하는 데 기초적인 것으로 여겨졌던 다른 동인들을 억압하게 되었다. 이러한 태도는 사유를 선도했던 학파들에서 지배적이었고, 자유주의적 시기에는 공적 의식 속에서 두드러졌다. 그러나 그러한 진행은 자기 이익 관심 이론과 국가의 이념 사이에서 모순을 드러냈다. 철학은 그 당시 양자택일의 갈림길, 즉 자기 이익 관심의 이론에서 나오는 무정부주의적 결론을 받아들이거나 비합리적인 민족주의의 희생물이 되는 갈림길에 서 있었다. 당시 민족주의는 중상주의 시기에 유행했던 생득적 관념의 이론들보다 오히려 낭만주의에 훨씬 더 많이 감염되어 있었다.

자유주의가 공식적으로 표방하는 이데올로기의 핵심인 자기 이익 관심이 추상적 원리로 세운 정신적 제국주의는 이 이데올로기와 산업화된 국가 내부의 사회적 관계들 사이에서 커가는 분열을 예고했다. 공적 의식 속에서 이러한 분열이 한번 고착되면, 사회적 결집을 위한 그 어떤 효과적이고 합리적인 원칙도 남지 않는다. 처음에 우상으로서 세워졌던 민족 공동체의 이념은 결국 마지막에 가서는 오직 테러를 통해서만 유지될 수 있다. 이것은 파시즘으로 기울어가는 자유주의의 경향을 설명해주며, 자신들의 적대자들과 평화를 유지하려는 자유주의의 정신적·정치적 대표자들이 드러내는 경향을 설명해준다. 최근 유럽 역사 속에서 종종 두드러지게 나타났던 이러한 경향은, 그 경제적 원인들을 고려하지 않고 볼 때, 자기 이익 관심의 주관적 원칙과 아마도 그것을 표현하는 이성의 이념 사이에 나타나는 내적 모순에서 도출될 수 있다. 원천적으로 정치 헌법은 객관적 이성 안에서 기초를 다진 구체적 원칙들의 표현으로 생각되었다. 정의, 평등, 행복, 민주주의 그리고 소유권의 이념은 모두 이성에 부합해야만 했으며, 이성에서 나온 것이어야만 했다.

나중에 이성의 내용은 자의적으로 이러한 내용의 그저 한 부분의 범위로, 이성의 원칙 중에서 오직 한 원칙의 틀로 축소된다. 즉 특수자가 보편자의 자리를 차지한다. 정신적인 영역에서 일어난 이와 같은 힘의 전환tour de force은 정치적 영역에서 힘의 지배가 이루어질 수 있는 기반을 마련해준다. 이성은 자율Autonomie을 포기한 후에 도구로 전락했다. 실증주의가 부각한 주관적 이성의 형식주의적 관점에서는 이성이 객관적 내용과는 무관하다는 점이 강조된다. 실용주의가 부각한 이성의 도구적 관점에서는 이성이 타율적 내용에 굴복했음이 강조된다. 이성은 전적으로 사회적 과정에 구속되었다. 인간과 자연을 지배하는 과정에서 이성이 수행하는 역할, 즉 이성의 조작적 가치만이 유일한 기준이 되었다. 개념들은 많은 견본이 공통으로 가지고 있는 특성들의 요약으로 축소되었다. 개념들은 유사성을 나타내는 가운데 질을 고려하는 노력을 배제하고, 그렇게 함으로써 인식의 재료를 더 잘 조직하는 일에 종사한다. 사람들은 개념들 속에서 그것들이 가리키고 있는 개별 대상들의 단순한 생략을 볼 뿐이다. 사실적 자료들을 임시적이고 기술적으로 요약하는 것 이상으로 이성을 사용하는 것은 미신의 마지막 흔적으로서 제거되었다. 개념들은 저항하지 않는, 합리화된, 그리고 노동을 줄여주는 수단이 되었다. 사유 자체가 마치 산업 생산 과정의 수준으로 축소된 것처럼 치밀한 계획에 복속되었는데, 간단히 말하자면 생산의 고정된 구성 요소로 전락한 것이다. 토인비[17]는 역사를 서술하면서 이러한 진행의 몇몇 결론들을 묘사했다. 그는 "점토의 노예가 되려는 도공의 성향"에 대해 언급하면서 다음과 같이 말한다. "행위의 세계에서 우리는 동물 또는 인간 존재를 마치 통나무와 돌처럼 취급하는 것이 가져올 재앙에 대해서 알고 있다. 그런데 우리는 왜 이러한 접근이 이념의 세계에서는 덜 잘못된 것이라고 보는가?"

이념들이 자동화되고 도구화될수록, 우리는 그 이념들 속에서 고유한 의미를 가진 사상을 더 적게 보게 된다. 이념들은 사물로, 기계로 여겨진다. 언어는 현대 사회의 거대한 생산 장치 속에서 여러 도

---

17 Arnold Joseph Toynbee, *A Study of History*, Bd. I, 2. Aufl., London, 1935, 7쪽(원주). 토인비(1889~1975)는 고대와 현대 사이의 철학적 동시대성을 발견하고, 문화를 역사 속에서 발생과 성장 그리고 해체의 과정을 주기적이고 규칙적으로 되풀이하는 하나의 유기체로 파악한 영국의 역사가이자 문화철학자이다. 대표적 저서로는 호르크하이머가 본문에서 인용하고 있는 《역사의 연구*The Study of History*》(12권, 1934, 1954, 1959, 1961)가 있다.

구 중의 하나로 축소되었다. 이러한 생산 장치 속에서 하나의 작동과 동등한 뜻을 갖지 않는 모든 문장은 오늘날의 의미론 전문가들에게 그러하듯 비전문가에게도 의미 없는 것으로 여겨진다. 이 의미론 전문가들에 따르면 순전히 상징적이고 조작적인, 다시 말해 어떠한 의미도 없는 문장이 의미를 만들어낸다. 의미는 기능과 효과에 의해 사물과 사건의 세계에서 쫓겨났다. 단어들이 명백하게 기술적으로 중요한 개연성을 측정하거나 혹은 휴식까지도 포함하는 다른 실천적인 목적에 기여하는 일에 사용되지 않는다면, 그 단어들은 쓸데없는 빈말이라는 혐의를 받을 수 있는 위험에 빠진다. 왜냐하면 진리는 결코 자체가 목적이 아니기 때문이다.

어린이들조차도 이념을 광고 또는 합리화로 바라보는 상대주의 시대에, 언어가 신화적 잔재에 여전히 피난처를 제공할 수 있을 거라는 바로 그 공포가 단어들에 하나의 새로운 신화적 성격을 부여했다. 말하자면 이념은 극단적으로 기능화되었으며, 언어는 단순히 도구로 간주되었는데, 이때 도구는 생산의 지성적 요소들을 축적하고 그것들에 대해 의사소통을 하기 위한 것이거나 혹은 대중 통제를 위한 것이다. 동시에 언어는 마술적 단계로 후퇴함으로써 이른바 보복을 한다. 마술의 시대에 그랬듯 모든 단어는 사회를 파괴할 수 있고 그것에 대해 화자가 책임을 져야만 했던 위험한 힘으로 간주된다. 이에 상응해서 사회적 통제하에서 진리를 향한 열망은 감소된다. 사유와 행동의 차이는 아무것도 아닌 것처럼 설명된다. 따라서 모든 사상은 행동으로 간주된다. 모든 반성은 하나의 논제이고, 모든 논제는 하나의 구호다. 모든 사람은 그가 말한 것과 말하지 않은 것에 책임을 져야 한다. 모든 것과 모든 사람이 분류되고 꼬리표가 붙여진다. 개인을 계급과 일치시키는 것을 금지하는 인간적인 것의 성질은 '형이상학적'이며, 경험적 인식론 안에는 그것이 설 자리가 없다. 인간이 떠밀려 들어간 서랍이 인간의 운명을 고쳐 쓴다. 사상과 단어가 도구로 전락하자마자, 사람들은 무엇인가를 실제로 '사유하는 것', 다시 말해 진술의 형식에 포함되어 있는 논리적 행위를 이해하는 것을 포기해야 한다. 흔히 그리고 정확히 지적되었던 것처럼 모든 신실증주의적 사고의 전형인 수학의 장점은 바로 이러한 '사유경제학 Denkökonomie' 안에 있다. 복잡한 논리적 작업이 수학적이고 논리적인 기호의 근거인 정신적 행위를 전혀 실제로 수행하지 않은 채 실행된다. 그런 기계화는 본질적으로 사실상 산업의 팽창을 위한 것이다. 그러나 그런 기계화가 정신의 특성을 나타내고, 이성이 자기 스스로를 도구화한다면, 이성은 일종의 물질성과 맹목성을 갖게 되고, 정신적으로 경험하기보다는 단지 수용할 뿐인 마술적 실재, 즉 물신Fetisch 이 된다.

규범의 상실

이성의 형식화는 어떤 결과를 가져오는가? 정의, 평등, 행복, 관용 그리고 앞에서 언급한 것처럼 지난 세기 이성에 내재했거나 이성에 의해 비준받은 모든 개념은 정신적 뿌리를 상실했다. 이 개념들은 여전히 목표이고 목적이다. 그러나 이 개념들에 가치를 부여하고, 그것들을 객관적 실재성과 연결할 권한을 부여받은 그 어떤 합리적 매개 장치도 없다. 존중할 만한 역사적 기록을 통해 승인된다면, 개념들은 여전히 일정한 권위와 명성을 누릴 수 있으며, 또한 몇몇 개념들은 큰 나라들의 기본법에 포함되어 있기도 하다. 그럼에도 불구하고 이 개념들은 현대적 의미에서 이성의 인가를 받지 못하고 있다. 개념이 품고 있는 이상 가운데 어떤 것이 그것과 대립하는 것보다 진리에 더 많이 접근해 있다고 누가 감히 말할 수 있겠는가? 현대의 평균적 지식인이 가지고 있는 철학에 따르면 오직 하나의 권위가 있을 뿐인데, 이것은 이른바 사실들을 분류하고 개연성을 측정하는 것이라고 파악된 학문이다. 정의와 자유가 그 자체로 불의와 억압보다 더 좋은 것이라는 진술은 학문적으로 검증될 수 없으며, 따라서 무용한 것이다. 이 진술은 그 자체로는 "빨간색이 파란색보다 더 아름답다"는 진술이나 "계란이 우유보다 더 좋다"는 진술과 마찬가지로 의미 없는 것으로 들리게 되었다.

이성 개념이 힘을 상실하면 할수록, 그것은 이데올로기에 의한 조작이나 심지어 가장 뻔뻔한 속임수의 선전에조차 더 쉽게 굴복한다. 계몽의 진보는 객관적 이성의 이념을, 독단론과 미신을 해체한다. 그러나 이러한 발전으로부터 종종 반동과 반계몽주의가 가장 큰 이득을 취한다. 전통적 휴머니즘의 가치에 대립하는 인습적 관심은 상식의 이름으로 중립화되고 무기력한 이성을 증거로 내세우곤 한다. 기본 개념의 이러한 무기력화는 정치사를 관통하면서 추진되었다. 1787년 미국의 입헌 회의에서 펜실베이니아의 존 디킨슨[18]은 다음과 같은 언급으로 경험을 이성과 대비시키고 있다. "경험이 우리의 유일한 안내

---

18 디킨슨John Dickinson(1732~1808)은 필라델피아에서 주로 활동한 미국의 정치가였으며, 독립 이후 미국의 헌법 제정과 비준 과정에 크게 기여했다.

자여야만 한다. 이성은 우리를 혼란에 빠뜨릴 수도 있다."[19] 그는 매우 극단적인 관념론을 경고하려고 했다. 나중에 모든 실체 개념들은 억압을 변론하는 데 사용될 수 있을 정도로 공허해졌다. 남북전쟁 이전에 유명한 변호사였고, 민주당 의원 계파 모임에서 대통령 후보로 추천된 바 있었던 찰스 오코너[20]는 (강제적 노예 제도를 찬미한 후에) 다음과 같은 논리를 폈다. "나는 흑인 노예 제도가 부당하지 않다고 주장합니다. 그것은 정당하고, 현명하며, 그리고 유익합니다. (…) 나는 흑인 노예 제도가 (…) 자연적인 질서에 따른 것이라고 주장합니다. (…) 우리가 자연의 명확한 법령과 건전한 철학의 명령에 복종한다면, 우리는 노예 제도를 정당하고, 유익하며, 적법하고, 적절한 것으로 설명해야만 합니다."[21] 비록 오코너가 여전히 자연, 철학 그리고 정의라는 단어들을 사용하고 있음에도 불구하고, 그 단어들은 완전히 형식화되었으며, 그가 사실과 경험으로 간주한 것과 상충되는 것이라고 주장할 수도 없다. 주관적 이성은 모든 것에 자신을 짜 맞춘다. 주관적 이성은 전통적인 휴머니즘적 가치를 적대시하는 자의 목적과 마찬가지로 그 가치를 보호하려는 자의 목적에도 굴복하는 것이다. 주관적 이성은 오코너의 경우에서 이윤과 반동을 위한 이데올로기를 공급하듯이, 마찬가지로 진보와 혁명을 위한 이데올로기도 공급한다.

---

19 Morrison and Commager, *The Growth of the American Republic*, New York, 1942, Bd. I, 281쪽 참조(원주).

20 오코너Charles O'Conor(1804~1884)는 미국의 법률가였다.

21 "A Speech at the Union Meeting: At the Academy of Music", New York City. 1859년 12월 19일에 발표되었으며, 후에 'Negro Slavery Not Unjust'라는 제목으로 〈뉴욕 해럴드 트리뷴〉에서 재발행되었다(원주).

노예 제도의 다른 대변자로《남부를 위한 사회학》의 저자인 피츠 휴[22]는 철학이 한때 구체적 이념과 원칙을 옹호했다는 것을 기억하는 듯 보인다. 그리고 그 때문에 그는 상식의 이름으로 철학을 공격한다. 그는 비록 왜곡된 형태이기는 하지만 이성의 주관적 개념과 객관적 개념 사이의 충돌을 다음과 같이 표현한다.

> 상식을 가진 사람은 일반적으로 자신의 의견에 대해 잘못된 근거를 제시하는데, 왜냐하면 그들은 추상적인 사상가가 아니기 때문이다. (…) 철학은 논증으로 그들을 간단히 쓰러뜨린다. 그럼에도 불구하고 본능과 상식은 옳지만, 철학은 옳지 않다. 철학은 항상 옳지 않지만, 본능과 상식은 항상 옳다. 왜냐하면 철학은 부주의하며, 또한 협소하고 불충분한 전제들로부터 결론을 끌어오기 때문이다.[23]

관념론적 원칙들, 사유 자체, 지성인들 그리고 이상주의자들을 우려하면서 저자는 노예 제도를 부당하게 보지 않는 자신의 상식에 자부심을 갖는다.

합리적 형이상학의 근본적 이상과 개념은 보편적 인간, 즉 인류 개념에 뿌리를 두고 있으며, 그 이상과 개념의 형식화는 그것들이 인간적 내용으로부터 분리되었다는 사실을 함축하고 있다. 사유의 이

---

22 피츠휴George Fitzhugh(1806~1881)는《남부를 위한 사회학Sociology for the South》(1854)에서 한편으로 링컨과 같은 북부 사람들을 공격하고, 다른 한편으로 노예제를 수호하도록 남부 사람들을 독려한다.

23 George Fitzhugh, *Sociology for the South or the Failure of Free Society*, Richmond, Va., 1854, 118쪽 이하(원주).

러한 반인간화가 어떻게 우리 문명의 가장 깊은 근간을 침범했는지가 민주주의 원칙과 불가분의 관계를 맺고 있는 다수결 원칙을 분석하는 과정에서 명확하게 그려질 것이다. 보통 사람의 눈에 다수결 원칙은 종종 객관적 이성을 대체할 뿐만 아니라, 오히려 그것에 반하는 하나의 진보를 가리킨다. 자신의 고유한 관심을 결과적으로 다른 누구보다도 더 잘 평가할 수 있는 사람은 바로 그 자신이기 때문에, 평범한 사람들은 다수의 결정이 소위 고차원적 이성의 제도와 마찬가지로 공동체에 확실히 가치가 있으리라 생각한다. 그러나 만약 민주주의 원칙이 그처럼 미숙한 개념들 속에서 파악된다면 제도와 민주주의 원칙 사이의 모순은 다음과 같은 이유에서 단순히 가상일 뿐이다. "자기가 자신의 고유한 관심을 가장 잘 안다"라는 것은 도대체 무슨 뜻인가? ── 어떻게 그는 자신의 앎이 옳다는 것을 증명하는 그런 앎에 도달하는가? "자기가…… 가장 잘 안다"라는 주장은, 내재적으로 하나의 심급에 대한 연관을 포함하고 있는데, 이 심급이 전적으로 임의적인 것은 아니다. 심급은 단지 수단으로서 뿐만이 아니라 목적으로서도 존재하는 이성의 한 종류에 속한다. 그런데 이러한 심급이 다시금 단순히 다수로서 입증된다면, 전체의 논증은 동어 반복이 된다.

현대 민주주의의 수립에 기여한 거대한 철학적 전통은 이러한 동어 반복에 책임이 없다. 왜냐하면 이 전통은 다소 사변적인 가정 위에 ── 예를 들면 동일한 정신적 실체 또는 동일한 도덕적 의식이 각각의 모든 인간 존재 안에 현재한다는 가정 위에 ── 정부의 원칙을 세웠기 때문이다. 바꾸어 말하면, 다수에 대한 존중은 스스로가 다시 다수의 결정에 의존하지 않는 확신에 근거하고 있기 때문이다. 로크는 아직 자연적 이성이 인권에 관한 한 계시와 일치한다고 말한다.[24] 그의 정부론은 이성의 진술과 마찬가지로 계시의 진술과도 관련된다. 이 진술들은 인간이 "본성적으로 모두 자유롭고, 평등하며, 독립적"이라는 것을 가르쳐야만 한다.[25]

로크의 인식론은 단순히 뉘앙스를 제거함으로써 대립하는 것들을 통일하는 문체의 기만적인 명백성을 보여주는 한 예다. 그는 감각적 경험과 합리적 경험, 원자화된 경험과 구조화된 경험을 보다 정확하게 구별하려는 노력을 기울이지 않았다. 마찬가지로 로크는 자연법의 기원이 된 자연 상태가 논리적 과정으로부터 추론되었는지, 아니면 직관적으로 지각된 것인지도 밝히지 않았다. 그럼에도 불구하고 '본성적von Natur' 자유가 사실적 자유와 동일하지 않다는 것은 너무나 명백해 보인다. 정치에 관한 그의 이론은 경험적 연구보다 합리적 통찰과 연역에 더 많은 근거를 두고 있다.

로크의 제자 루소[26]에 대해서도 같은 말을 할 수 있다. 루소가 자

---

24 John Locke, *On Civil Gouvernment*, Second Treatise, Kap. V, Everyman's Library, 129쪽(원주).

25 같은 책, VIII장, 164쪽 참조(원주).

26 루소Jean-Jacques Rousseau(1712~1778)는 제네바 출생으로 파란만장한 삶을 살았으며 그만큼 강한 열정을 가진, 그러나 스스로를 '실수로 된 철학자'라 부른 프랑스의 사상가다. 루소는 흔히 프랑스 혁명의 정신적 지주로 인정받지만, 다른 한편 '자연으로 돌아가라'라는 잘 알려진 그의 구호 때문에 계몽을 부정한 철학자로 평가된다. 그러나 루소는 계몽의 기획이 갖는 긍정적 측면과 부정적 측면을 동시에 통찰한 최초의 철학자라고 할 수 있다. 한편으로 그는 헛된 망상에서 해방된 인간의 자유로운 상태를 지향함으로써 계몽의 기획이 갖는 사회적 진보와 도덕적 이상을 부정하지 않은 계몽주의자다. 그러나 그는 이성과 지성이 감성을 지배하는 것을 은연중에 정당화하는 계몽의 문화에 대해서는 매우 비판적이었다. 그는 특히 자유를 강조했지만,

유의 포기는 ── 그것과 함께 "그의 행위에서 모든 도덕성"이, 그리고 "그의 의지에서는 모든 자유"[27]가 박탈되기 때문에 ── 인간의 본성에 반하는 것이라고 설명했을 때, 그는 자유의 포기가 인간의 경험적 본성에는 역행하지 않는다는 것을 잘 알고 있었다. 루소 스스로가 자신의 자유를 포기한 개인들, 집단들 그리고 국민을 강하게 비판했다. 그는 심리학적 행동 방식보다 인간의 정신적 실체를 더 많이 끌어들였다. 루소의 사회계약론은 철학적 인간학에 근거를 두고 있다. 사변적 사유를 통해 기술된 그의 인간학에 따르면 힘의 논리보다 다수결 원칙이 더 인간의 본성에 상응한다. 사회철학의 역사에서는 "건전한 상식"이라는 용어조차도 자명한 진리의 이념과 분리할 수 없이 연결되어 있다. 페인[28]이 발행한 유명한 팸플릿과 독립선언

그가 생각한 자유는 자연과 배치되는 것이 아니라, 오히려 자연적인 것을 의미했다. 그러나 루소는 우리가 자연적 자유를 위해 과거의 원시적 환경으로 회귀할 것을 주장하지 않았으며, 오히려 자연적 자유를 시민적 자유를 통해 복원할 것을 요구했다. 루소는 "인간은 자유롭게 태어났지만 도처에서 속박되어 있다"라는 진단을 전제로 그 속박의 정당화 가능성을 추적하는 과정에서 자신의 독특한 사회계약론을 제시한다. 특히 국민주권을 강조한 사회계약론에서 그가 제시한 자연 상태는 홉스의 늑대 인간들의 세계와는 정반대로 도덕적 인간들의 세상이다. 그들은 각자의 이득을 추구하는 개별의지와 공동선을 추구하는 일반의지volonté générale를 동시에 가지고 있으며, 후자가 사회계약의 기초를 형성한다. 따라서 일반의지는 개별의지의 총합인 만인의 의지volonté de tous와는 전적으로 다르다. 루소에게 일반의지는 항상 정당하고 양도 불가능하며, 타락할 수 없는 순수한 것이다. 루소의 대표적 저서로는 《에밀 Émile》(1762)과 《사회계약론 Du contrat social》(1762)이 있다.

27 Jean-Jacques Rousseau, *Contrat social*, Bd. I, 4쪽. 쿠르트 바이간트Kurt Weigand가 옮긴 독일어 번역본으로 *Staat und Gesellschaft*(München, 1959, 14쪽)가 있다(원주).

28 페인Thomas Paine(1736~1809)은 영국 출신의 정치 비평가로 국제적 혁명 이론가였다. 1776년 1월 《상식 Common Sense》이라는 팸플릿을 출판하고 독립전쟁 중에는 《위기 The Crisis》(1776~1783)를 간행함으로써 독립운동을 독려하는 데 큰 영향을 미쳤다.

Unabhängigkeitserklärung이 있기 십이 년 전에 이미 토머스 리드[29]는 건전한 상식의 원칙을 자명한 진리와 동일시했으며, 그렇게 함으로써 경험주의와 합리주의적 형이상학을 화해시켰다.

합리적 토대를 상실한 민주주의 원칙은 소위 국민의 이익 관심에 전적으로 의존하고 있다. 여기서 국민의 관심은 맹목적이거나 지나치게 의식된 경제적 위력이 작용한 것이다. 국민의 관심은 결코 전제 정치를 막을 수 있는 그 어떤 보장도 하지 않는다.[30] 예를 들어 자유 시장 경제 체제 시기에 많은 사람은, 인권의 이념에 기초를 둔 제도

---

29 리드Thomas Reid(1710~1796)는 스코틀랜드 출신으로 상식학파의 창시자로 알려진 철학자다. 리드는 특히 인격체의 정체성에 관한 로크의 사상과 인과율에 관한 흄의 철학을 비판하고, 그 과정에서 자신의 독특한 '감각 인식론'을 제시했다. 그에 따르면 감각은 우리가 어떤 매개물의 간섭 없이도 실제 대상에 관한 정확한 앎을 갖게 해준다. 그는 마음의 내부 관념을 앎의 대상으로 간주하는 로크적 전통을 거부하고, 단순 관념이 아닌 판단을 앎의 기본 단위로 규정했다. 그는 특히 감각 작용 역시 판단을 포함하고 있다는 것과, 사람에게는 본질적으로 상식이라는 공통된 마음의 기구가 있으며, 그것에서 모든 학문이 올바른 길을 찾는다는 획기적 주장을 제기한다. 리드의 대표적 저서로는《상식 원리에 의한 인간 정신의 연구An Inquiry into the Human Mind on the Principles of Common Sense》(1764)가 있다.

30 다수결 원칙의 부정적 측면을 언급하는 것에 대해 토크빌Tocqueville 전집의 편집자가 가졌던 두려움은 불필요한 것이었다. [Democracy in America, New York, 1898, Bd. I, 334쪽 이하 각주 참조. 이 책의 번역서로는《미국의 민주주의 1, 2》(임효선·박지동 옮김, 한길사, 1997)가 있다.] 편집자는 "국민의 다수가 법을 제정한다고 말하는 것은 단지 멋진 표현일 뿐이다"라고 설명하며, 그리고 무엇보다 법 제정이 실제로는 국민의 대표자들에 의해서 이루어진다는 것을 우리에게 상기시킨다. 여기서 편집자는 아마도 토크빌이 다수의 전제정치에 관해 말한 부분을 인용한 편지에서 제퍼슨은 "제헌의회의 전제정치"에 관하여 말하고 있다는 것을 부가 설명할 수 있을 것이다. 이에 관해서는 The Writings of Thomas Jefferson, 결정판, Washington, D.C., 1905, Bd. Ⅶ, 312쪽 참조. 제퍼슨은 민주주의 안에서 "그것이 입법권이든 행정권이든 관계없이" 모든 통치 권력에 대해 불신했으며, 그 때문에 상비군을 유지하는 것에 반대했다. 같은 책, 323쪽 참조(원주).

들을 정부를 통제하고 평화를 유지하기에 좋은 장치로 받아들였다. 그러나 상황이 변해 막강한 힘을 가진 경제 단체들이 독재를 세우거나 다수의 지배를 폐지하는 것이 유용하다고 생각한다면, 그들의 행위에 맞서 이성으로 정당화된 그 어떤 반론도 제기할 수 없다. 만약 그들이 성공할 수 있는 실제적 기회를 갖게 될 때, 그 기회를 포착하지 못하는 것은 그저 어리석은 일이 될 것이다. 그들을 막기 위해 생각해볼 수 있는 유일한 가능성은, 그들 각자의 이익 관심이 위협받는 경우일 뿐, 진리나 이성이 훼손될 수 있다는 염려에 의해서가 아니다. 일단 민주주의의 철학적 토대가 무너지게 되면, 독재가 나쁜 것이라는 확신은 단지 독재의 수익자가 아닌 사람들에게만 합리적으로 타당한 것이다. 이 확신이 그것의 반대로 전환되는 것을 막을 수 있는 그 어떤 이론도 없다.

미합중국의 헌법을 만들었던 사람들은 '모든 사회의 기본법을 위한 다수결 원칙lex maioris partis'[31]을 인정했지만, 결코 이성의 결정을 다수결로 대체하지는 않았다. 그들이 통제와 상호 간 힘의 균형을 위해 능숙하게 구상된 체계를 정부의 조직 구조 안에 도입했을 때, 웹스터Noah Webster의 말처럼 그들은 "의회에 주어진 권력이 광범위하지만, 그러나 그것은 권력이 지나치게 강력해서는 안 된다는 것을 전제하고 있다"[32]는 견해를 가지고 있었다. 웹스터는 다수결 원칙을

---

31 같은 책, 324쪽(원주).

32 "An Examination into the Leading Principles of the Federal Constitution……", in *Pamphlets on the Constitution of the United States*, Paul Leicester Ford, ed. Brooklyn, N. Y., 1888, 45쪽(원주).

"모든 직관적 진리가 그렇듯 보편적으로 승인받은 이론"[33]이라고 불렀으며, 그 안에서 유사한 가치를 지닌 여러 자연적 이념 중의 하나로 보았다. 이런 사람들에게는 그것의 권위를 형이상학적이거나 또는 종교적인 원천에 의탁하지 않는 원리 원칙이란 없다. 디킨슨은 정부와 정부의 임무가 "인간의 본성에 의해, 다시 말해 창조자의 의지에 의해 정당화되고 (…) 그리고 그 때문에 신성한 것이며, 따라서 이러한 임무를 훼손하는 것은 하늘의 뜻에 반하는 것이다"라고 생각했다.[34]

물론 다수결 원칙 자체가 정의를 보장하는 것으로 간주되지는 않았다. 존 애덤스[35]에 따르면 "다수는 영원히 그리고 예외 없이 소수의 권리에 우선한다."[36] 이러한 권리들 그리고 모든 다른 근본 원칙들은 직관적 진리임이 틀림없었다. 그것들은 직·간접적으로 당시 여전히 생명력을 가지고 있었던 철학적 전통으로부터 계승된 것이었다. 그것들은 서양 사유의 역사를 관통해서 그것들의 종교적이고 신화적인 뿌리까지 거슬러 추적될 수 있으며, 이러한 원천으로부터 디킨슨이 언급하는 '신성함'을 보유하게 된다.

---

33 같은 책, 30쪽(원주).

34 "Letters of Fabius", 같은 책, 181쪽(원주).

35 애덤스John Adams(1735~1826)는 미국의 제2대 대통령을 지낸 정치가다.

36 Charles Beard, *Economic Origins of Jeffersonian Democracy*, New York, 1915, 305쪽(원주).

이념의 상실

주관적 이성은 그러한 유산을 위해서는 아무런 쓸모가 없다. 주관적 이성은 진리를 습관으로 치부하고, 이를 통해 진리에서 그것의 정신적 권위를 벗겨낸다. 오늘날 다수의 이념은 합리적 토대를 상실했으며, 완전히 비합리적인 관점을 받아들였다. 모든 철학적, 윤리적 그리고 정치적 이념 —— 그것의 역사적 뿌리와 연결된 끈이 절단된 —— 은 새로운 신화의 싹이 되려는 경향이 있다. 이는 특정한 단계에서 계몽의 진전이 미신과 광기로 퇴보하는 경향을 갖는 이유 중의 하나다. 다수결 원칙은 각각의 모든 것들에 대한 보편적 판단의 형식 속에서, 그 판단이 모든 종류의 표결과 의사소통의 현대적 기술을 통해 효력을 갖듯이, 사유가 굴복해야 하는 자립적 권력을 누리게 되었다. 다수결 원칙은 새로운 신Gott이다. 이것은 위대한 혁명의 선구자가 그것을 감지한다는 의미에서가 아니라, 즉 현재하는 불의에 맞서는 저항력으로서가 아니라, 오히려 같은 길을 가지 않는 모든 것에 저항하는 힘으로서의 새로운 신이다. 사람들의 판단이 이런저런 이익 관심에 의해 조작되면 될수록, 다수는 문명 생활 안에서 심판자로서의 역할을 더 자주 갖는다. 다수는 대중을 속이는 저 밑바닥의 통속 예술과 통속 문학의 작품들을 포함한 모든 분야에서 문화의 대용물을 정당화해야만 한다. 학문적 선전이 공적 여론에서 어두운 권력의 단순한 도구를 만드는 범위가 커질수록, 여론은 점점 더 이성을 대체하는 것으로 나타난다. 민주주의적 진보의 이러한 가상적 승리는 민주주의의 생명선인 정신적 실체를 소진시킨다.

　자유와 평등 또는 정의 같은 윤리학과 정치학의 주도적 개념들뿐만 아니라, 삶의 전 영역의 모든 특수한 목적과 목표 역시 인간의 열망 또는 가능성이 객관적 진리 이념과 분리됨에 따라 훼손되었다. 현재 통용되는 척도에 따르면 좋은 예술가가 좋은 교도관이나 은행원 혹은 가정부보다 진리에 더 많이 기여하지는 않는다. 예술가라는 직업이 고귀하다는 것에 우리가 반론을 제기하려고 한다면, 우리는 그 논쟁이 무의미하다는 소리를 들을 것이다 —— 두 가정부의 유능함을 각각의 청결, 정직, 숙련 등을 근거로 비교할 수 있는 반면, 한 가정부와 한 예술가를 비교할 수 있는 가능성은 없다는 것이다. 그럼에도 불구하고 보다 근원적인 분석은 현대 사회에는 비숙련 노동처럼 예술을 평가할 수 있는 암묵적 척도, 즉 시간Zeit이 있다는 것을 보여줄 것이다. 왜냐하면 특별한 작업 능률이라는 의미에서 품질은 시간의 작용이기 때문이다.

마찬가지로 하나의 특수한 삶의 양식, 종교 그리고 철학이 다른 것들보다 더 좋다거나, 더 고귀하다거나, 또는 더 참되다고 말하는 것은 의미 없는 일일지도 모른다. 또한 목적들이 더 이상 이성의 불빛 안에서 규정되지 않기 때문에, 어떤 하나의 경제 또는 정치 체계가, 그것이 아무리 잔혹하고 전제적일지라도, 다른 체계보다 덜 이성적이라고 말하는 것도 불가능하다. 형식화된 이성에 따르면 전제정치, 잔혹성 그리고 억압은 그 자체만으로는 나쁜 것이 아니다. 만약 어떤 기관을 대변하는 사람들이 독재로부터 이익을 취할 수 있다는 전망을 갖게 된다면, 그 어떤 합리적 기관도 독재에 반대하는 판정을 인정하지 않을 것이다. '인간의 존엄성'과 같은 표현들은 그 속에 신적 권리의 이념이 보존되고 초월되는 변증법적 진보를 함축하고 있거나, 아니면 진부한 선전으로 전락하는데, 이 선전의 공허함은 누군가 그것의 특별한 의미에 관해 묻는 순간 드러난다. 그것의 생명은 소위 무의식적 기억에 의존한다. 계몽된 사람들로 이루어진 집단이 상상할 수 있는 가장 커다란 악에 저항할 준비를 할 때조차도, 주관적 이성은 단지 악의 본성을 일깨우고 단호하게 투쟁할 것을 요구하는 인간의 본성을 환기하는 것조차 거의 불가능하게 만든다. 많은 사람은 즉시 무엇이 실제 동기인지를 물을 것이다. 비록 대다수 국민에게는 상황 자체의 말 없는 호소보다도 개인적 이익 관심을 납득하는 것이 더 어렵다고 할지라도, 근거들이 현실적이라는 것, 즉 개인적 이익 관심에 부합한다는 것이 보장되어야 할 것이다.

이러한 분석과 모순되는 것으로서, 평범한 사람이 여전히 낡은 이상에 묶여 있는 것처럼 보인다는 사실이 제시될 수 있을 것이다. 일반적 개념으로 표현한다면, 형식화된 이성의 파괴적 결과를 상쇄할 만한 힘이 있다는 것, 즉 일반적으로 받아들여진 가치들과 행동 방식들에 적합한 준거가 있다는 것이 반론에 직면할 수 있을 것이다. 결국 어릴 때부터 우리가 소중하게 여기고 존중하도록 배웠던 많은 이념이 있다. 이러한 이념들 그리고 그것들과 연결된 모든 이론적 관점들이 이성 하나만을 통해서가 아니라, 거의 보편적인 동의를 통해 정당화되었기 때문에, 마치 그것들이 이성을 단순한 도구로 변형시키는 것에 영향받지 않는 것처럼 보일 수 있다. 그것들은 자신의 힘을 우리가 살고 있는 공동체에 대한 우리의 존중으로부터, 그것들을 위해 자신의 삶을 헌신한 사람들으로부터, 그리고 우리가 우리 시대의 거의 계몽되지 않은 국가들의 토대를 쌓은 사람들에게 보내는 존경으로부터 만들어진다. 그럼에도 불구하고 실제로 이러한 반론은 과거와 현재의 평판을 통해 소위 객관적 내용을 정당화하는 것이 갖는 약점을 지적한다. 현대의 학문 역사와 정치사 속에서 그처럼 자주 비난받은 전통이 지금 그 어떤 윤리적 또는 종교적 진리의 척도로 되살아난다면, 이러한 진리는 이미 손상된 것이며, 그리고 진리가 정당화해야 할 원칙 못지않게 신빙성의 결함이라는 강렬한 고통을 감내해야만 한다. 전통이 여전히 증명 수단의 역할을 수행할 수 있었던 몇 세기 동안에는 객관적 진리에 대한 믿음에서 전통 자체에 대한 믿음이 파생되었다. 그러나 지금 전통에 대해 언급하는 것은 단지 저 오래된 시절로부터 비롯되는 단 하나의 기능만을 보존하려는 것처럼 보인다. 전통에 대한 언급은 그것이 새롭게 보증하려고 했던 원칙의 배후에 있는 합의가 경제적으로나 또는 정치적으로 막강하다는 것을 암시한다. 그것을 거역하는 사람은 경계의 대상이 된다.

18세기에 인간이 일정한 권리를 타고났다는 확신은 공동체에 의해 대변된 믿음의 반복이 아니었으며, 선조로부터 물려받은 믿음의 반복도 결코 아니었다. 그 확신은 이러한 권리를 선언했던 사람들이 처한 상황을 반영했다. 그 확신은 단호하게 변화를 요구했던 관계들에 대한 비판을 표현했다. 그리고 이러한 요구는 철학적 사고와 역사적 실천에 의해 이해되었으며, 또한 그것들로 전환되었다. 현대적 사고의 개척자들은 법에서 좋음의 본질을 도출해내지 않았고, 심지어는 법을 파괴했지만, 그들은 법과 좋음을 화해시키려고 시도했다. 역사 속에서 그들의 역할은 그들의 말과 행동을 옛 문헌들과 일반적으로 수용된 이론들이 적혀 있는 원전에 순응시키는 데 있지 않았다. 그들은 스스로 문헌들을 작성했으며, 자신들의 이론이 수용되도록 하였다. 오늘날 이러한 이론들을 높이 사면서도 그것들에 적합한 철학을 잃어버린 사람들은, 그 이론들을 단순한 주관적 희망의 표현으로 간주하거나 혹은 이미 정착된 양식으로 간주할 수 있다. 여기서 정착된 양식은 그것과 그것의 지속적 존립을 믿은 사람들의 수에 기대서 권위를 갖는다. 오늘날 전통이 상기되어야만 한다는 바로 그 사실이 전통이 인간을 지배했던 힘을 상실했다는 것을 말해준다. 모든 국가의 국민 —— 독일만 여기에 해당되는 것은 아니다 —— 이 어느 날 아침 눈을 떴을 때 자신들이 가장 소중히 여겼던 이상이 한낱 헛된 물거품에 지나지 않았음을 발견했다는 것은 결코 놀라운 일이 아니다.

주관적 이성의 발전이 신화적, 종교적 그리고 합리주의적 이념의 이론적 토대를 파괴했다고 할지라도 오늘날까지 문명사회는 이러한 이념들의 잔여물로 연명하고 있다. 그러나 이념들은 그 어느 때보다도 더 보잘것없는 잔여물로 전락해가고 있으며, 그렇게 해서 점차 설득력을 상실하는 경향을 보인다. 거대한 종교적, 철학적 개념들이 건재했을 때, 사고를 게을리하지 않은 사람들은 겸손, 형제애, 정의 그리고 인류애를 특별히 찬미하지 않았다. 왜냐하면 그러한 원칙들을 유지하는 것은 현실적이며, 그 원칙에서 벗어나는 것은 정도를 벗어나는 것이고 위험하기 때문이었으며, 또한 이러한 준칙들이 다른 것들보다 그들의 소위 자유로운 취향과 보다 더 일치했기 때문이다. 그들은 그와 같은 이념들을 계속 고수했다. 왜냐하면 그들이 그 이념들 속에서 진리의 요소들을 보았고, 그리고 신의 형태로든, 초재적 transzendent[37] 정신의 형태로든, 또는 하나의 영원한 원칙으로서 자연

---

37 칸트가 초월적 transzendental과 초재적 transzendent을 구분하여 사용하는 것을 염두에 둔 표현으로 판단되어 '초재적'이라고 옮겼다.

자체의 형태로든 그 이념들을 로고스의 이념과 연결했기 때문이다. 단지 최고의 목적들만이 객관적 의미와 내재적 의의를 가진다고 이해된 것이 아니라, 가장 소박한 일들과 사소한 공상들조차도 보편적 바람과 그 대상들의 본래적 가치에 대한 믿음에 의존하고 있었다.

신화적이고 객관적인 원천들은 그것들이 주관적 이성에 의해서 파괴되었듯이, 단지 거대한 보편 개념들과만 관계하는 데 그치지 않고, 명백하게 개인적이며 전반적으로 심리학적인 태도와 행위의 밑바닥에 놓여 있다. 그것들 모두는 —— 감정의 저 아래쪽까지도 —— 이러한 객관적 내용들을 그리고 객관적인 것으로 전제된 진리에 대한 관계를 박탈당하는 가운데 증발한다. 아이들의 놀이와 어른들의 공상이 신화 속에 뿌리를 두고 있는 것처럼, 모든 기쁨은 한때 최고의 진리에 대한 믿음과 연결되어 있었다.

베블런[38]은 19세기 건축 속에서 일그러진 중세적 동인을 들춰냈다.[39] 그는 화려함과 장식에 대한 요구 속에서 봉건적 태도의 잔재를 보았다. 그런데 소위 '과시적 소비honorific waste'에 대한 그의 분석은 현대의 사회생활과 개인 심리 안에 시종일관 버티고 있는 야만적 억압의 특수한 측면들뿐만 아니라, 오래전에 잊힌 존경과 공포 그리

---

38 베블런Thorstein Veblen(1857~1929)은 미국의 사회학자이면서 경제학자였다. 사회적 지위를 과시하기 위한 상류층의 소비 형태를 '과시적 소비'로 규정하고 그 과정에서 문명 비판을 시도한 것으로 잘 알려져 있다. 대표적 저서로는 《유한계급론The Theory of the Leisure Class: An Economic Study in the Evolution of Institutions》(1899)이 있다.

39 Theodor Wiesengrund Adorno, "Veblens Angriff auf die Kultur", in Prismen, Ffm., 1955, 82~111쪽 참조(원주).

고 미신에 대한 행동 양식이 계속해서 작용하는 측면들을 발견하도 록 안내한다. 그것들은 '가장 자연스러운' 선호와 혐오 속에서 표현 되며, 문명 속에서는 자명한 것으로 전제되었다. 그것들은 합리적 동 기가 부여되지 않는다는 명백한 사실 때문에 주관적 이성에 상응하 는 방식으로 합리화되었다. 현대 문화 속에서 '높은' 것이 '낮은' 것보 다 앞선다는 것, 청결이 마음을 끄는 반면 더러움은 거부감을 준다는 것, 특정한 향기는 좋은 것으로 다른 것은 역한 것으로 경험된다는 것, 특정한 종류의 음식은 높이 평가받지만 다른 것은 혐오의 대상이 된다는 사실들은, 계몽된 개인들이나 자유주의적 종교들이 제시하 고자 했던 위생적인 근거나 다른 실용적 근거들에 의거한 것이라기 보다는, 오히려 옛 금기와 신화들 그리고 신앙심과 그것의 역사적 운 명에 의거한 것이다.

현대 문명의 표면 아래에서 부풀어 오른 오래된 생활 형식들은 많 은 경우 모든 환희의 내부에 있는 따뜻함 그리고 어떤 사물에 대한 모든 사랑의 내부에 있는 따뜻함을 제공하는데, 이때 사랑은 다른 무 엇을 위한 것이라기보다 자신을 위한 것이다. 정원을 가꾸는 기쁨은 정원이 신들의 소유였으며 신들을 위해서 조성되었던 옛 시절로 되 돌아가게 한다. 예술과 자연의 아름다움에 대한 감각은 수천 개의 민 감한 끈을 통해 이러한 미신적 표상과 연결되어 있다.[40] 현대적 인간 이 이 끈을 조롱하거나 과시하는 가운데 그것을 끊는다면, 기쁨은 한 동안은 여전히 남아 있을 수 있지만, 그 내적 생명력은 사라진다.

우리는 꽃이나 방 안의 분위기에서 얻는 기쁨을 자율적인 미적 본능의 탓으로 돌릴 수 없다. 인간의 미적 감수성은 그것의 선역사 Vorgeschichte 속에서 맹목적 숭배Idolatrie의 상이한 형식들과 결합되어 있다. 어떤 한 사물의 미덕과 성스러움에 대한 인간의 믿음은 그것의 아름다움에 대한 인간의 기쁨에 선행한다. 이는 자유와 인류애 같은 개념들에도 마찬가지로 적용된다. 인간의 존엄성 개념에 관하여 이야기된 것은 확실히 정의와 평등의 개념에도 적용할 수 있다. 그러한 이념들은 옛 단계에서의 불의 또는 불평등을 부정하는 부정적 요소를 존속시켜야만 하고, 동시에 그것의 매우 무시무시한 원천 속에 뿌리를 내린 근원적이고 절대적인 의미를 보존해야만 한다. 그렇지 않으면 그 이념들은 단순히 하찮은 것으로 전락할 뿐만 아니라, 거짓이 되어버린다.

이처럼 높이 평가되는 모든 이념, 즉 물리적 폭력 및 물질적 관심에 덧붙여서 사회를 결속하는 모든 힘은 여전히 존재하지만, 이성의 형식화를 통해 훼손되었다. 앞에서 살펴본 것처럼 이러한 과정은, 우리의 목표가 그것이 무엇이든 관계없이 자체로는 의미 없는 선호와 혐오에 의존하고 있다는 확신과 연결되어 있다. 우리는 이러한 확신

---

40 청결을 선호하는 경향조차도, 특히 현대적 취미에서, 마법에 대한 믿음에 뿌리를 내리고 있는 것처럼 보인다. 프레이저 경은 새로운 영국인의 탄생에 관한 보고서를 인용하고 있다(《황금가지 *The Golden Bough*》, 제1권 1부 175쪽). 이 보고서의 결론에 따르면 "집 안의 일상적인 청결과 매일 깔끔하게 마루를 청소했을 때의 청결은 결코 정돈이나 청결 자체에 대한 희망과 관련된 것이 아니라, 오히려 전적으로 사악한 일을 꾸미는 사람에게 마법으로 작용할 수 있는 모든 것을 제거하려는 노력과 관련된다."(원주)
프레이저James Frazer(1854~1941)는 민속학과 고전 문학의 광범위한 자료를 비교, 정리하는 과정에서 주술과 종교의 기원과 진화 과정을 밝히려고 시도한 영국의 민속학자였다. 대표적 저서로는 《황금가지》(12권, 1890~1915)와 《토테미즘과 외혼성》(김상일 옮김, 을유문화사, 1972)이 있다.

이 실제로 일상생활의 사소한 부분에까지 침투해 있다고 추정하는 데 ― 그 확신은 이미 우리 대부분이 의식하는 것보다 더 깊이 침입해 들어왔다. 행위 자체를 위해서 행위가 이루어지는 경우는 점점 줄어든다. 도시를 벗어나 강둑이나 산 정상을 거니는 산책은, 유용성의 척도에 따라 판단한다면 반이성적이며 바보 같은 짓이다. 그것은 어리석고 소모적인 유희에 자신을 내맡기는 것으로 평가된다. 형식화된 이성의 관점에서 보면 활동은 그것이 다른 목적에 기여할 때만 이성적이다. 예를 들어 건강 유지나 긴장 해소는 그것이 노동력을 재충전하는 데 도움이 될 때만 이성적이다. 달리 표현하자면 활동은 단순히 하나의 도구다. 왜냐하면 활동은 다른 목적들과의 결합을 통해서만 의미를 갖기 때문이다.

가치의 상실과 사물화

만약 어떤 사람이 풍경 속에서 본 형태와 색깔이 단순히 형태와 색깔일 뿐, 그것들이 그 속에서 일정한 역할을 담당하는 전체 구조들이 순전히 주관적이며 어떠한 의미 깊은 질서 체계나 총체성과도 연관이 없으며, 필연적으로 어떤 것도 표현하지 않는다는 것을 선험적으로 확신한다면, 우리는 그 사람이 풍경을 보고 느낀 기쁨이 오래 지속된다고는 주장할 수 없을 것이다. 그러한 기쁨이 습관화되면 그는 계속해서 남은 삶 동안 그것을 즐길 수 있을 것이며, 또한 자신이 매우 좋아했던 사물들의 무의미성을 절대로 의식하지 못할 것이다. 우리의 취향은 유년 시절에 형성되며, 그 후에 우리가 배우는 것들은 우리에게 많은 영향을 미치지 않는다. 어린이들은 산책을 오래 하는 습관을 가졌던 아버지를 모방하고 싶어 한다. 그러나 이성의 형식화가 충분히 진행된다면, 라디오 소리에 맞춰 체조 코스를 모두 마치는 것으로 그들은 자기 신체에 대한 의무를 다했다고 생각할 것이다. 풍경을 따라가는 산책은 더 이상 필수적이지 않다. 그리고 보행자가 체험한 대로 풍경 개념 자체는 무의미하고 자의적인 것이 된다. 풍경은 이제 전적으로 체험 관광의 대상으로 전락한다.

프랑스의 상징주의자들은 객관적 의미를 상실한 사물들에 대한 자신들의 사랑을 표현하기 위해 '울화spleen'라는 특별한 개념을 사용했다. 대상을 선택하는 데 있어 의식적이고 도발적인 자의와 그것의 '부조리Absurdität' 그리고 '곡해Perversität'는 또한 조용한 몸짓으로 공리주의적 논리의 비합리성을 폭로한다. 그것들은 인간의 경험을 설명하기에 공리주의적 논리가 얼마나 부적합한가를 입증하기 위해 공리주의적 논리를 정면으로 공격한다. 그리고 그것들의 몸짓은, 이러한 충격을 통해 공리주의적 논리가 주체를 망각했다는 사실을 환기하는 가운데, 동시에 객관적 질서 체계에 도달할 수 없는 무능력에 대한 주체의 고통을 표현한다.

20세기의 사회는 더 이상 그러한 불일치로 인해 불안해지지 않는다. 이 사회에서 의미는 오직 한 가지 방식, 즉 목적에 기여하는 방식으로만 성취될 수 있다. 대중문화에서 무의미하게 되어버린 선호와 혐오는 유흥, 여가 이용, 사회적 교류 등과 같은 항목으로 이관되거나 점차 소멸되었다. 반-획일주의와 개인의 저항 그리고 울화는 스스로 규제되었다. 댄디즘[41]에 대한 집착은 배빗[42]의 취미Hobby로 전환된다. '잘 지내다' 또는 '재미있다'를 가리키는 취미의 의미는 객관적 이성의 소멸과 모든 내적 '의미'를 상실한 현실의 공허함에 그 어떤 유감도 표현하지 않는다. 어떤 취미에 몰두하는 사람은 그것이 최고의 진리와 관계 맺고 있다는 것을 결코 설득하려고 하지 않는다. 누군가에게 그의 취미를 기입하라는 질문지가 주어지면, 그는 마치 별생각 없이 자신의 체중을 기입하듯 골프, 독서, 사진 촬영 또는 그와 비슷한 것들을 적는다. 기분 좋은 상태를 유지하는 데 필수적인 것으로 간주되는, 승인되고 합리화된 기호로서 취미는 하나의 제도가 되었다. 유용한 능력을 위한 심리적 전제 조건일 뿐인 정형화된 좋은 기분조차도, 우리가 그것이 일찍이 신성함과 연결되어 있었다는 기억의 마지막 흔적을 상실하자마자, 다른 모든 감정 동요와 더불어 사라질 수 있다. '웃음을 잃지 않는' 사람들이 슬퍼 보이기 시작하고, 심지어 절망적으로 보이기 시작한다.

작은 즐거움에 관하여 언급한 것은, 좋음과 아름다움을 성취하려는 더 높은 열망에 대해서도 역시 타당하다. 사실에 대한 빠른 파악

---

41 댄디dandy는 멋쟁이를 의미하는 말로, 영국에서는 대중과 구별되는 깔끔하고 세련된 옷차림과 예의 바른 태도로 은연중에 정신적 우월을 과시하는 태도를 가리키는 댄디즘으로 발전한다. 이처럼 댄디즘이 영국에서는 부르주아의 외적 취향과 내적 우월 의식을 표현했다면, 프랑스에서는 예술가의 자존심에서 볼 수 있는 정신적 귀족주의나 금욕주의에 조금 더 가까웠다. 본문에서의 댄디는 후자를 가리키는 것으로 보인다. "댄디가 보여주는 아름다움의 성질은 특히, 감동하지 않겠다는 흔들림 없는 결심에서 비롯된 차가운 태도에 있다"(샤를 피에르 보들레르,《샤를 보들레르: 현대의 삶을 그리는 화가》(정혜용 옮김, 은행나무, 2014), 63쪽).

42 배빗Babbitt은 미국의 소설가 싱클레어 루이스의 작품《배빗》(1922)에서 사회 이탈을 시도하지만 성공하지 못하고, 결국 기존 사회 질서에 복종하는 주인공의 이름이다. 이로부터 배빗은 흔히 교양 없는 중산층의 속물근성을 가리키는 대명사가 되었다.

이 경험 현상에 대한 정신적 통찰을 대신한다. 산타클로스가 가게 종업원임을 알고 크리스마스와 매상의 관계를 파악한 아이는, 종교와 사업 사이에 일반적으로 상호 작용 관계가 있다는 것을 당연한 것으로 바라볼 수 있다. 에머슨[43]은 그 시절 이러한 관계를 매우 비통한 마음으로 관찰했다. "종교적 제도와 기관들은 (…) 이미 사적 소유의 보호자로서의 시장 가치를 획득했다. 목사와 교회 구성원들이 이를 유지할 수 없는 상황에 처해 있다면, 상공회의소장과 은행장들 그리고 심지어 술집 주인과 대지주들조차도 자신들을 지지할 모임을 열의를 가지고 주선할 것이다."[44] 오늘날 그러한 상호 작용은 종교와 진리의 상이성과 마찬가지로 당연한 것으로 받아들여진다. 어린이는 일찍부터 게임을 망치는 사람이 되지 않는 법을 배운다. 어린이는 순진한 어린아이로서의 역할을 계속할 수도 있지만, 반면에 또래 친구들하고만 있게 되면 곧바로 자연스럽게 약아빠진 눈치를 드러낸다. 민주적이고 종교적인 모든 이상적 원칙들을 고려한 현대 교육에서 유래한 이러한 종류의 다원주의는, 그것이 엄격하게 특수한 경우에만 참작된다는 사실 때문에, 그 의미가 얼마나 보편적이든, 현대의 삶 속으로 정신 분열적 특성을 끌어들인다.

---

43 에머슨Ralph Waldo Emerson(1803~1882)은 미국의 작가이자 사상가로 초월주의 운동을 주도한 철학적 시인으로 알려져 있다. 자신의 자유로운 사상 체계 때문에 목사 신분을 포기할 수밖에 없었던 에머슨은 독일 관념론과 동양 신비주의의 영향을 받아 직관을 통한 진리 인식의 가능성을 강조하고, 논리적 모순에 관대한 태도를 요구했다. 대표적 저서로는 《자연론Nature》(1836)이 있다.

44 *The Complete Works of Ralph Waldo Emerson*, Centenary Edition, Boston, New York, 1903, Bd. I, 321쪽(원주).

예술 작품은 일찍이 세계에 관하여 말하고, 그것의 본질에 관하여 최종 판결을 내리려는 열망을 가지고 있었다. 오늘날 예술 작품은 전적으로 가치 중립적으로 변했다. 베토벤의 〈에로이카Eroica〉를 그 예로 들 수 있다. 오늘날 연주회에 참석한 평범한 관람객이 〈에로이카〉의 객관적 의미를 경험하기란 불가능하다. 관람객은 〈에로이카〉가 마치 프로그램 해설자의 비평을 설명하기 위해 작곡된 것처럼 경청한다. 모든 것이 서면으로 적혀 있다 ─── 도덕적 요청과 사회적 현실 사이의 긴장이 그렇고, 프랑스와는 반대로 독일에서는 정신적 삶이 정치적으로 표현될 수 없었으며 오히려 예술과 음악에서 탈출구를 찾아야만 했었다는 사실이 그렇다. 작곡은 사물화되었고, 박물관 전시를 위한 작품으로 전락했으며, 그것의 공연은 여가 생활로, 스타들이 출현하기 좋은 기회로, 또는 특정 집단에 속했을 때 참석해야만 하는 사회적 모임으로 변질되었다. 그러나 이것은 결코 작품과의 생생한 관계가 아니며, 작품의 표현 기능에 대한 직접적이고 자발적인 이해도 아니고, 한때 진리라고 불렸던 것의 형상Bild으로서 작품의 총체성에 대한 경험도 아니다. 이와 같은 사물화는 이성의 주관화와 형식화 과정에서 전형적으로 나타나는 것이다. 사물화는 예술 작품을 문화 상품으로 변화시키고, 그것의 소비를 우리의 현실적 의도와 노력으로부터 분리된 일련의 우연한 감정으로 변화시킨다. 예술은 정치와 종교로부터 분리된 것처럼 진리와도 분리되었다.

　사물화는 하나의 과정, 즉 도구를 이용하기 시작하고 사회를 조직하기 시작했던 시점까지 소급되는 과정이다. 그럼에도 불구하고 인간의 활동에서 비롯된 모든 생산물이 상품으로 변한 것은 산업 사회의 등장과 더불어 비로소 이루어졌다. 한때는 객관적 이성을 통해,

권위적 종교를 통해, 또는 형이상학을 통해 수행되었던 기능들이 익명의 경제적 장치가 움직이는 메커니즘의 사물화를 통해 수행된다. 시장에서 지불된 가격이 상품의 매상과 함께 특정 종류의 노동 생산성을 규정한다. 활동은 그것이 유용하지 않거나, 또는 전시戰時처럼 산업이 번창할 수 있는 일반적 조건들을 보장하고 유지하는 데 기여하지 않는다면 무의미하고 불필요하며, 사치스러운 것으로 낙인찍힌다. 육체적인 것이든 정신적인 것이든 관계없이 생산적 노동은 존중받을 수 있는 것이 되었고, 사실상 삶을 살아가는 유일한 방식으로 인정되었다. 그리고 결과적으로 수입을 낳는 모든 목표물을 추구하는 업무는 모두 생산적인 것이라 불린다.

　마키아벨리와 홉스를 포함한 시민사회의 다른 위대한 이론가들은 봉건 귀족들과 중세 성직자들을 기생충이라고 불렀는데, 그것은 그들의 생활 방식은 생산물에 의존하고 있으면서도 그들이 직접적인 생산 활동을 하지는 않았기 때문이다. 성직자와 귀족들은 자신의 삶을 신, 기사도, 또는 연애에 바쳐야만 했다. 그들은 자신들의 단순한 현존과 활동을 통해 대중이 경탄하고 추앙하는 상징을 창조했다. 마키아벨리와 그의 제자들은 시대가 바뀐 것을 인식했으며, 옛 주인들이 그들의 시간을 바쳤던 사물들의 가치가 얼마나 공상적인 것이었는지를 보여주었다. 베블런의 이론에 이르기까지 사람들은 마키아벨리에 동의했다. 오늘날 사치는 경멸받지 않으며, 적어도 사치품 생산자에게 경멸받지는 않는다. 그럼에도 불구하고 사치는 자체로 정당화되는 것이 아니라, 그것이 무역과 산업에 기여할 수 있는 가능성 속에서 정당화된다. 대중은 사치품을 필수품으로 취득하거나 아니면 기분 전환용으로 여긴다. 그 어떤 것도, 아마 인간의 최고 목표인 영혼의 구원을 대체했던 물질적 풍요조차도, 그 자체로는 결코 가치 있는 것이 아니며, 어떤 목표도 그 자체로는 다른 것보다 더 좋지 않다.

실용주의와 그에 대한 비판

현대적 사고는 실용주의에서 볼 수 있듯, 이러한 관점에서 하나의 철학을 정립하려고 시도했다.[45] 이러한 철학의 핵심은 하나의 이념, 하나의 개념 또는 하나의 이론이 행위를 위한 개요 또는 계획일 뿐이라는 의견이며, 따라서 진리는 이념의 성공 이외에 다른 것이 아니라는 의견이다. 윌리엄 제임스William James의 저서인 《실용주의》를 분석하면서 존 듀이John Dewey는 진리와 의미의 개념을 해석한다. 그는 제임스를 인용하여 "참된 이념은 유용하고 언어적이며 개념적인 방향으로, 또한 직접적으로는 유용하고 통찰력 있는 용어로 우리를 이끈다. 참된 이념은 우리를 일관성, 안정성 그리고 풍부한 교류

---

45 실용주의는 많은 철학 이론들에 의해서 비판적으로 탐구되었다. 예를 들어 후고 뮌스터베르크(Hugo Münsterberg, *Philosophie der Werte*, Leipzig, 1921)의 주의주의적 관점 막스 셸러(Max Scheler, "Erkenntnis und Arbeit", in *Die Wissens-formen und die Gesellschaft*, Leipzig, 1926, 특히 259~324쪽 참조)의 상세한 연구에서 나타나는 객관적 현상학의 관점 그리고 막스 호르크하이머(Max Horkheimer, "Der neueste Angriff auf die Metaphysik", in *Zeitschrift für Sozialforschung*, Bd. VI, 1937, 4~53쪽; "Traditionelle und kritische Theorie", 같은 책, 245~294쪽 참조)의 변증법적 철학의 관점이 여기에 속한다. 본문에서는 이성의 주관화 과정에서 드러나는 실용주의의 역할만을 기술한다(원주).

로 인도한다"라고 말한다. 듀이의 설명에 따르면 하나의 이념은 "현재하는 사물에 관하여 고안된 스케치이고, 사물들을 특정한 방식으로 배열하게 하는 관점이다. 이로부터 귀결되는 것은, 스케치에 대한 대가가 지불되었을 때, 그리고 행위의 결과로 나타난 현실이 이념에서 의도된 방식으로 새롭게 배열되거나 또는 새롭게 정리되었을 때만, 그 이념이 진리라는 것이다."[46] "칸트로부터 철학을 배웠다"[47]라고 말한 실용주의의 선구자 퍼스[48]가 없었다면, 우리는 다음과 같이 주장하는 실용주의 이론에서 모든 철학적 출처를 제거하려고 시도했을 수도 있다. 실용주의는 우리의 이념이 진리이기 때문에 우리의 기대가 충족되고 우리의 행동이 성공적인 것이 아니라, 오히려 기대가 충족되고 우리의 행동이 성공적이기 때문에 우리의 이념이 진리라고 주장한다. 만약 우리가 이러한 전개 양상에 대한 책임을 칸트에게 묻는다면, 이는 사실상 칸트에게는 부당한 일이다. 칸트는 학문적 통찰을 경험적 기능이 아니라 초월적 기능에 의존하도록 만들었다. 그는 진리를 증명의 실천적 행위와 동일시함으로써 진리를 폐기하거나, 또는 의미와 효과가 동일하다고 가르침으로써 진리를 폐기하지도 않았다. 궁극적으로 칸트는 특정 이념 자체의 절대적 타당성을,

---

46 John Dewey, *Essays in Experimental Logic*, Chicago, 1916, 310쪽, 317쪽(원주).

47 *Collected Papers of Charles Sanders Peirce*, Bd. V, Cambridge, Mass., 1934, 274쪽(원주).

48 퍼스Charles Sanders Peirce(1839∼1914)는 실용주의를 기초한 철학자로 기호학의 발전에 크게 공헌했다. 그에 따르면 기호는 어떤 관점 혹은 능력의 측면에서 어떤 것을 누군가에게 나타내는 모든 것을 의미한다. 즉 누군가에게 어떤 의미를 전달하는 모든 것은 기호다. 따라서 그는 언어적 개념, 교통 신호, 그림이나 음악뿐만 아니라 자연현상까지도 기호로 본다.

이념 자체의 목적을 위해 확립하려고 시도했다. 시야를 실용주의적으로 축소하는 것은 모든 이념의 의미를 스케치나 계획의 의미로 환원시킨다.

실용주의는 처음부터 은연중에 진리의 논리학이 개연성의 논리학으로 광범위하게 대체되는 것을 정당화했다. 이때부터 개연성의 논리학이 전반적으로 지배적인 논리학이 되었다. 개념이나 이념이 오직 그것의 결과에 근거해서만 의미 있다고 할 때, 모든 진술은 더 높거나 더 낮은 등급의 개연성에 대한 기대를 표현하기 때문이다. 과거에 관한 진술에서 예언된 사건들은 입증의 과정에서 그리고 인간의 증언이나 혹은 그 어떤 기록에 의거한 증명 과정에서 나타난다. 한편으로 예언한 사실을 통해서 이루어진 판단의 입증과, 다른 한편으로 판단이 요구할 수 있는 탐구의 진척을 통해서 이루어진 입증 사이의 구별은 증명이라는 개념 속으로 묻힌다. 미래의 차원에 흡수된 과거의 차원은 논리학에서 추방되었다. 듀이의 말에 따르면[49] "인식은 언제나 경험된 자연적 사건에 의해서 생겨난 사용의 문제인데, 이 사용에 있어서 주어진 사물은 다른 조건하에서 무엇이 경험될 것인지를 암시하는 것으로 다루어진다."[50]

이러한 종류의 철학에서 예언은 계산의 본질일 뿐만 아니라 모든 사유의 본질이기도 하다. 예언은 실제로 예측 —— 예를 들어 '내일 비가 내릴 것이다'와 같은 예측 —— 을 표현한 판단과 판단이 내려진 다

---

49 John Dewey, "The Need for a Recovery of Philosophy", in *Creative Intelligence: Essays in the Pragmatic Attitude*, New York, 1917, 47쪽(원주).

50 나는 적어도 "동일한 조건 혹은 유사한 조건하에서"라고 말할 수 있을 것이다(원주).

음에야 비로소 증명될 수 있는 판단, 즉 자연스럽게 모든 판단에 의해 정당한 것으로 간주된 판단 사이를 명백하게 구별하지 못한다. 한 명제가 가진 현재의 의미와 미래의 증명은 동일한 것이 아니다. 어떤 사람이 아프다거나 또는 인간이 죽음에 대한 공포 속에서 방황하고 있다는 판단은, 그것이 비록 그 판단의 표현에 연잇는 과정에서 검증될 수 있다고 하더라도, 결코 예측이 아니다. 그 판단은 비록 그것이 회복에 도움을 줄 수 있다고 할지라도 결코 실용적인 것이 아니다.

실용주의는 회상이나 숙고를 위한 시간이 없는 사회를 반영한다.

> 세계는 과거에 지쳐 있으니,
> 오, 세계가 죽음을 맞이하거나, 최후의 휴식을 가질 수도 있겠다.

과학처럼 철학 자체도 "현존재의 관조적 직관이나 혹은 이미 지나가고 해결된 것을 분석하는 것이 아니라, 오히려 보다 좋은 것의 성취와 가장 나쁜 것의 방지를 목적으로 하는 미래적 가능성에 대한 전망이다."[51] 개연성, 혹은 더 나아가 예측 가능성이 진리를 대신한다. 그리고 사회 안에서 진리로부터 공허한 상투어를 만들어내는 경향이 있는 역사적 과정은, 철학 안에서 진리로부터 공허한 상투어를 만들어내는 실용주의의 축복을 받는다.

듀이는 제임스의 입장에 따라 객체의 의미, 즉 우리의 표상이나 정의가 포함하고 있어야만 하는 의미가 무엇인지를 설명한다.

---

51 같은 책, 53쪽(원주).

'객체와 관련된 우리의 사상 속에서 완전한 명확성을 획득하기 위해 우리가 간단하게 언급할 필요가 있는 물음은, 객체가 수반하는 실천적 방식으로 생각할 수 있는 효력이 무엇인지, 우리가 객체로부터 어떠한 지각을 기대할 수 있으며, 어떠한 반작용을 준비해야만 하는지에 관한 물음이다.' 좀 더 간단히 말하자면, 빌헬름 오스트발트Wilhelm Ostwald가 말하고 있는 것처럼, 실재하는 모든 것들은 우리의 실천에 영향을 미치며, 그리고 이러한 영향 속에 우리를 위해 실재하는 것의 의미가 담겨 있다.

듀이는 우리가 이러한 이론이 미칠 수 있는 영향력을 어떻게 의심할 수 있는지에 관하여, "또는 (…) 객체가 효력을 발생시킬 힘을 가진 것으로 가정되었기 때문에 (…) 이론이 주관주의나 관념론을 비난할 수 있는지에 관하여"[52] 통찰하지 않는다. 그럼에도 불구하고 이 학파의 주관주의는, '우리'의 실천과 행동 그리고 관심들이 현상적 이론의 수용에서가 아닌, 인식론에서 수행하는 역할 속에서 나타난다.[53] 만약 객체에 대한 진정한 판단과 객체 개념 자체가 유일하게 주체의 행위에 미치는 '작용 효과'에만 관계된다면, 도대체 어떤 의미가 '객체' 개념에 부여될 수 있는지를 파악하기란 매우 어렵다. 실용주의에 따르면 진리는 진리 자체임으로써 바람직한 것이 아니라, 오히려 진리가 최상의 기능을 수행하며, 그리고 진리가 진리에 낯설거

---

52 같은 책, 308쪽 이하(원주).

53 실증주의와 실용주의는 철학을 과학주의와 동일시한다. 이러한 이유 때문에 실용주의는 언급한 연관 관계 속에서 실증주의적 싹의 참된 표현으로 고찰된다. 이 두 가지 철학은 초기 실증주의가 현상주의Phänomenalismus, 즉 감각주의적 관념론을 대변할 때만 서로 구별된다(원주).

나 적어도 진리와는 상이한 어떤 것으로 우리를 이끄는 한에서 바람 직하다.

제임스가 실용주의를 비판하는 사람들을 두고 "그들이 어떤 실용주의자도 참된 이론적 관심을 허용할 수 없다는 것을 너무 쉽게 받아들인다"[54]고 불평했을 때, 그러한 관심에 내재된 심리적 실존을 고려한다면 그는 분명히 옳다. 그러나 우리가 만일 그의 충고 —— "글자에 연연하지 말고 정신을 붙들라는"[55] —— 를 따를 때, 기술 지상주의Technokratie와 마찬가지로 실용주의 역시 어떤 의심도 없이 "지속적인 관조"[56]에 대해 유행처럼 가해지는 악평에 상당한 정도로 기여했다는 것은 명백하다. 한때 인간은 관조에 최고의 열망을 가지고 있었다. 생동하는 정신 속에서 생기는 사상의 변증법적 전체뿐만 아니라 진리에 관한 모든 이념은, 그것이 '일관성, 안정성 그리고 유연한 소통'을 위한 수단으로서가 아니라, 그것 자체를 위해 추구된 한 '지속적 관조'라고 불릴 수 있다. 관조에 대한 공격과 수공업자에 대한 칭송은 모두 목적에 대한 수단의 승리를 표현하는 것이다.

플라톤의 시대 이후에도 오랫동안 이념의 개념은 완결성, 독립성 그리고 심지어 일정한 의미에서는 자유의 영역을, 나아가 '우리'의 관심에 복속되지 않는 객관성을 대변했다. 철학이 절대적인 것의 이름하에서, 또는 어떤 다른 정신적 형식 안에서 객관적 진리의 이념을 고수하는 동안, 철학에서는 주관성의 상대화가 이루어졌다. 철학

---

54 William James, *The Meaning of Truth*, New York, 1910, 208쪽(원주).

55 같은 책, 180쪽(원주).

56 William James, *Some Problems of Philosophy*, New York, 1924, 59쪽(원주).

은 현상 세계mundus sensibilis와 이념 세계mundus intelligibilis의 원칙적인 구별을 고집했다. 철학은 인간의 정신적, 물리적 지배 도구를 통해서 그리고 인간의 행위와 관심 또는 어떤 기술적 행사를 통해서 구조화된 현실에 대한 형상과 —— 질서 또는 위계질서의 개념 그리고 사물과 자연을 전적으로 공정하게 취급하는 역동적이거나 또는 정적인 구조의 개념 사이에 성립하는 원칙적 구별을 고집했다. 실용주의가 얼마나 다원주의적으로 묘사되는가와 관계없이, 실용주의 안에서 모든 것은 단순한 대상으로 전락하고, 따라서 궁극적으로 동일한 것이 되며, 수단과 효능의 사슬을 구성하는 하나의 요소가 된다. "사람들은 모든 개념을 '그것의 진리를 누군가 느낄 수 있도록 변화시키는 것이 무엇인지' 물음으로써 시험한다. 그렇게 함으로써 우리는 개념이 의미하는 것을 최선의 위치에서 이해하고, 그 개념의 중요성을 설명해야만 한다."[57] 인용된 '누군가'라는 표현이 함축하고 있는 문제들을 완전히 무시한다면, 이러한 규칙으로부터 인간의 태도가 개념의 의미를 결정한다는 결론이 나온다. 신, 원인, 수, 실체, 또는 영혼의 의미는, 제임스가 확언하듯이, 단지 제시된 개념이 우리의 행동과 사고를 유발하는 경향성 이외의 다른 어떤 것 속에도 존재하지 않는다. 만약 세계가 그러한 형이상학적 본질에 관심을 멈출 뿐만 아니라, 폐쇄된 경계의 뒤에서 또는 그저 어둠 속에서 행해지는 살인에 관심을 기울이지 않는 단계에 도달해야만 한다고 했을 때, 그로부터 추론해야만 하는 것은, 그러한 살인의 개념이 어떤 의미도 가지고 있

---

57 같은 책, 82쪽(원주).

지 않고, 또 어떤 '규정된 이념'과 진리도 서술하지 않는다는 것이다. 왜냐하면 살인의 개념은 '어떤 것을 누군가 느낄 수 있을 만큼 변화시킬 수 없기' 때문이다. 만약 누군가 자신의 반응이 개념의 유일한 의미라는 것을 확신했을 때, 그는 도대체 어떻게 그러한 개념에 대해 눈에 띄게 반응해야만 하는가?

실용주의자가 이해하는 반응·Reaktion이라는 개념은 실제로는 자연과학의 영역에서 철학으로 옮겨진 것이다. "모든 것을 실험실에서 생각하듯이 생각하는 것, 다시 말해 실험의 문제로서 생각하는 것"[58]이 실용주의자의 자부심이다. 실용주의라는 학파의 이름을 만들어낸 퍼스의 설명에 따르면, 실용주의자가 채택한 절차는

> 실험적 방법 이외에 다른 것이 아니다. 이 방법에 따라 모든 성공적인 학문들은 (어느 누구도 여기에 자신이 생각하는 의미에서 형이상학을 포함하지 않을 것이다) 일정한 정도의 확실성에 도달한다. 확실성의 정도는 오늘날 성공적인 학문들 각자에게 개별적으로 주어진다. 이때 이러한 실험적 방법 자체는 오래된 논리적 규칙의 특수한 적용 이상의 것이 결코 아니다 ── 너희는 그 열매에서 그 규칙을 알게 될 것이다.[59]

만약 퍼스가 "개념Konzeption 이해, 즉 하나의 낱말 또는 다른 한 표현의 합리적 의미가 그것이 생활 방식에 미칠 수 있는 영향 속에만 있으며" 그리고 "사람들이 개념의 긍정 또는 부정을 함축하고 있는

---

58 Charles Sanders Peirce, 앞의 책, 272쪽(원주).
59 같은 책, 317쪽(원주).

생각해볼 수 있는 모든 실험적 현상을 정확하게 규정할 수만 있다면, 실험의 결과로 도출될 수 없는 그 어떤 것도 생활 태도에 직접적 영향을 전혀 줄 수 없다"고 주장한다면, 앞의 설명은 더욱더 뒤엉킨다. 퍼스가 권고하는 절차는 "개념의 완전한 정의"를 제공해줄 것이며, "그리고 그 '절차 안에는 그 이상의 어떤 것도 결코 존재하지 않는다.'"[60] 퍼스는 단지 가능한 실험의 결과들만이 인간의 태도에 직접적 영향을 미칠 수 있다는 소위 명백한 확신 속에 있는 역설을 조건문 속에서 해소하려고 시도하는데, 여기서 조건문은 이러한 관점을 모든 특수한 경우에 "생각할 수 있는 모든 실험적 현상"의 정확한 정의에 종속시킨다. 그러나 생각할 수 있는 현상이 어디에 존립할 수 있는지에 대한 물음이 다시금 실험을 통해 대답되어야만 하기 때문에, 방법론에 관한 이와 같은 성급한 진술은 심각한 논리적 난점을 불러오는 것으로 보인다. 모든 개념, 즉 생각할 수 있는 모든 것이 본질적으로 실험 행위에 종속되어 있다면, 어떻게 실험 행위가 "생각할 수 있는"이라는 기준에 종속되는 것이 가능한가?

철학이 그 객관주의적 단계에서 학문적 작업을 포함한 인간의 행위에 고유한 근거를 제시하고, 그 행위를 정당화하기 위한 최상의 이해를 제공하는 힘이 되려고 노력했던 반면, 실용주의는 모든 이해를 단순한 행위로 재번역하려고 시도한다. 스스로가 이론적 통찰과 구별되는 실천적 활동 이외에 다른 어떤 것도 아니고자 하는 것이 실용주의의 야심이다. 실용주의적 관점에 따르면 이론적 통찰은 단순

---

60 같은 책, 273쪽(원주).

히 물리적 사건에 붙여진 이름이거나, 아니면 그저 무의미한 것이다. 그러나 진리, 의미 또는 개념 이해와 같은 정신적 범주들을 실천적 행동 방식으로 용해하기 위해 진지하게 노력하는 학설은 스스로가 그 낱말의 정신적 의미 속에서 개념적으로 파악되는 것을 기대할 수 없다. 이러한 학설은 단지 일련의 특정한 사건들을 작동시키는 메커니즘으로 기능하기 위해 노력할 수 있을 뿐이다. 가장 급진적이고 정치한 형태의 실용주의 철학을 제시한 듀이에 따르면, 그 자신의 이론이 의미하는 것은 "앎이란 말 그대로 우리가 행하는 어떤 것이며, 분석은 궁극적으로 물리적이고 능동적이며, 의미는 그것의 논리적 성질에서 볼 때 사실에 대한 견해와 입장 또는 행동의 방법이며, 활동적 실험은 증명의 본질이다."[61] 이러한 관점은 적어도 일관성이 있다. 그러나 그것은 여전히 철학적 사유임에도 불구하고, 철학적 사유를 폐기한다. 라틴어 속담에서 전해지듯이, 이상적인 실용주의 철학자는 침묵하는 자일 것이다.

자연 과학에 대한 실용주의자의 숭배에 부합하는 것으로서 의미를 갖는 유일한 경험은 실험뿐이다. 객관적 진리를 향한 상이한 이론적 도정을 조직화된 연구의 막강한 기계 장치로 대체하려는 과정은 철학에 의해 인가받거나, 또는 오히려 철학과 동일하게 취급된다. 자연의 모든 사물은, 그것이 실험실에서 이루어지는 실습 과정을 따를 때 나타날 현상과 동일시된다. 실험실의 문제들은 그것의 장치들 못지않게 다시금 사회의 문제에 관심을 표현한다. 이러한 관점은, 한

---

61 John Dewey, *Essays in Experimental Logic*, 330쪽(원주).

사람에 대한 믿을 만한 지식은 시 경찰의 수중에 있는 용의자들에게 적용될 수 있는 충분히 검증되고 현대적인 조사 방법을 통해서만 획득할 수 있다고 주장하는 범죄학자의 관점과 비교될 수 있다. 실험 철학의 위대한 선구자인 프랜시스 베이컨은 젊은이의 열린 마음으로 방법에 대해 다음과 같이 기술한다.

> 우리가 어떤 사람을 자극하지 않고는 이른바 그의 성향Sinnesart을 잘 인식하거나 시험할 수 없는 것처럼, 프로테우스는 자신이 두 손으로 꽉 붙잡혔을 때는 언제나 다른 모습을 드러냈다 ── 자연 또한 자유스러운 상태에서보다도 인위적으로 자극되고 고통받을 때 더 명확하게 자신을 드러낸다.[62]

'활동적 실험하기'는 실제로 개인, 단체 또는 공동체의 관심을 통해 던져지는 구체적인 질문에 구체적인 대답을 제시한다. 사회적 분업에 의해 제약을 받는 답변들을 진리 자체로 만드는 주관적 동일성에 매달리는 사람이 언제나 물리학자인 것은 아니다. 현대 사회에서 승인된 물리학자의 역할은 모든 것을 하나의 대상으로서 다루는 데에 있다. 물리학자가 이러한 역할의 의미를 결정해야 할 필요는 없다. 그는 이른바 정신적 개념들을 순수한 물리적 사건들로서 해석해

---

62 Francis Bacon, "De augmentis scientiarum", lib. Ⅱ, cap. Ⅱ, in *The Works of Franscis Bacon*, Basil Montaue ed., London, Bd. Ⅷ, 1827, 96쪽. "Quemad-modum enim ingenium alicuius haud bene noris aut probaris, nisi eum irritaveris; neque Proteus se in varias rerum facies vertere solitus est, nisi manicis arcte comprehensus; similiter etiam Natura arte irritata et vexata se clarius prodit, quam cum sibi libera permittitur."(원주)

야만 할 의무도 없으며, 또한 그 자신의 고유한 방법을 유일하게 의미 있는 정신적 태도로 실체화해야 할 의무도 없다. 물리학자는 심지어 자신의 고유한 발견이 실험실에서 결정될 수 없는 진리의 일부라는 희망을 품을 수도 있다. 나아가 그는 실험이 노력해야 할 본질적 부분이라는 것을 의심할 수도 있다. 자신의 활동 영역을 '모든 성공적 학문들' 안에 끼워 넣기 위해 물리학자를 모방하려고 애쓰는 것은 오히려 철학 교수인데, 그의 활동 영역은 사상을 마치 그것이 사물인 것처럼 다루며, 현대적 자연 지배로부터 추상화된 것 이외에 진리에 관한 모든 다른 이념을 제거한다.

실험 물리학을 모든 학문의 원형으로 만들고, 실험실의 기술 공학을 모형으로 삼아 정신적 삶과 관련된 모든 영역을 바꾸려고 시도하는 가운데, 실용주의는 현대의 산업 지상주의와 한 쌍을 이룬다. 거기에서 공장은 인간 현존재의 원형이며, 모든 문화 영역은 컨베이어 벨트 생산물이나 혹은 합리화된 사무 작업을 모범으로 삼는다. 스스로 정당하게 사유한다는 것을 증명하기 위해 모든 사상은 알리바이를 가져야만 하고, 자신의 합목적성을 보증해야만 한다. 사상의 직접적 사용이 비록 '이론적'이라고 할지라도, 사상은 결국 이론의 실천적 적용을 통해 시험되는 바, 그러한 적용 속에서 사상은 기능한다.

사유는 사유가 아닌 어떤 것, 즉 그것이 생산에 미치는 효력이나 사회적 태도에 주는 영향에 비추어 평가되어야만 한다. 이는 오늘날 예술이 궁극적으로 모든 부분에서 예술과 무관한 어떤 것, 즉 극장 수입이나 정치 선전의 가치에 견주어 평가되는 것과 마찬가지다. 그럼에도 불구하고 한편으로 과학자나 예술가의 태도와 다른 한편으로 철학자의 태도 사이에는 현저한 차이가 있다. 전자는 산업 사회가 그들을 평가하는 기준인 성과물, 특히 자신들의 노력이 낳은 당혹스러운 귀결을 여전히 가끔 거부함으로써 합일치를 요구하는 통제에서 벗어난다. 후자는 사실적 기준을 최고의 기준으로 정당화하는 것을 자신들의 업무로 만들었다. 정치개혁가나 사회개혁가로서, 예술적 취향을 가진 사람으로서, 또는 개인적으로 철학자는 있는 그대로의 세계 속에서 이루어진 학문적, 예술적 또는 종교적 사업의 실천적 결과에 대항할 수도 있다. 그럼에도 불구하고 그의 철학은 그가 호소할 수도 있는 다른 모든 원칙을 파괴한다.

이는 실용주의자들이 자신의 글 속에서 전개하는 수많은 윤리적·종교적 논의에서 분명해진다. 그것들은 자유롭고, 관용적이고, 낙천적이지만, 우리 시대의 문화적 붕괴를 문제 삼을 수 있는 능력은 전혀 없다. 제임스는 그가 '정신 치료 운동mind-cure movement'이라고 불렀던 그 당시의 현대적 종파에 관계하면서 다음과 같이 말한다.

우리의 경험 전체에서 얻은 명백한 성과는 우리가 수많은 사상 체계에 따라 세계를 다룰 수 있다는 것, 그리고 그처럼 상이한 사람들에 의해서 세계가 다루어진다는 것이다. 그리고 세계는 언제나 세계를 다루는 사람에게 그가 원하는 특별한 종류의 이득을 주는데, 그때 다른 종류의 이득은 등한시되거나 지체될 수밖에 없다. 과학은 우리 모두에게 전신Telegraphie과 전깃불을 주고 진단을 가능하게 하며, 일정한 범위 안에서 질병을 예방하거나 치료할 수 있게 해준다. 정신 치료의 형태를 갖는 종교는 우리 중 일부에게 평온함과 도덕적 균형 그리고 행복을 준다. 종교는 특정한 계층의 사람들에게 과학과 꼭 마찬가지로, 또는 그보다 더 쉽게 특수한 형태의 질병을 예방해준다. 따라서 과학과 종교는 둘 다 그것을 실천적으로 이용하

는 사람들에게 세계의 금고를 열 수 있는 진정한 열쇠임이 분명하다.[63]

진리가 만족에 위배되는 것을 제시할 수도 있으며, 당대의 역사적 상황 속에서 인류에게 완전히 충격적인 것으로 나타날 수 있고, 따라서 모든 사람이 거부할 수도 있다는 사상에 비추어 실용주의의 창시자들은 주체의 만족을 진리의 기준으로 만들었다. 이러한 학설은 추종자들이 기꺼이 따르는 어떠한 종류의 믿음도 거부하거나 심지어 비판할 수 있는 가능성을 허용하지 않는다. 제임스가 생각했던 것처럼 문자적인 의미에서 '세계의 금고를 열 수 있는 진정한 열쇠'로 과학뿐만 아니라 종교를 사용하려 했던 종파들은 당연히 실용주의를 방어 수단으로 이용했다.

퍼스와 제임스는 둘 다 민족들뿐만 아니라 사회적 집단들 사이의 조화와 번영이 당면한 과제로 보이고 거대한 재난은 결코 없을 것처럼 보였던 시기에 글을 썼다. 그들의 철학은 매우 순진하고 솔직하게 널리 퍼져 있는 상업 문화의 정신, 즉 앞서 언급한 실천적 태도를 반영하는데, 철학적 명상 그 자체는 그러한 실천적 태도에 반대하는 힘으로 파악되었다. 그들은 그 당시 과학적 성공의 정점에서 플라톤을 비웃을 수 있었다. 플라톤은 색채론에 대해 서술하고 나서 다음과 같이 말한다. "그러나 누군가가 이것을 실험을 통해 검증하고자 한다면, 그는 그로 인해 인간적 본성과 신적 본성의 차이를 오해하게 될 것이다. 왜냐하면 신은 다수를 하나로 결합하고 하나를 다시 다수로

---

63 William James, *The Varieties of Religious Experience*, New York, 1902, 120쪽(원주).

해체하는 힘과 통찰력을 가지고 있지만, 인간은 이 두 가지 중 어떤 것도 할 수 없으며, 또 영원히 할 수 없을 것이기 때문이다."[64]

역사적으로 플라톤이 경험했던 것보다 더 노골적으로 예언이 반박당한 경우는 생각해볼 수 없을 것이다. 그렇지만 실험의 승리는 단지 과정의 한 측면일 뿐이다. 모두에게, 그리고 각자에게 도구로서의 역할을 할당 ― 신 또는 객관적인 진리의 이름으로가 아니라, 항상 그것을 통해 실천적으로 도달할 수 있는 것의 이름으로 ― 하는 실용주의는 '진리 자체' 또는 플라톤과 그의 객관주의를 추종하는 자들이 정의되지 않은 채로 남겨둔 좋음과 같은 표현이 도대체 무엇을 의미할 수 있는가를 경멸스럽게 묻는다. 이러한 표현은 적어도 실용주의자들이 거부하려고 모색했던 차이에 관한 의식을 간직하고 있다고 대답할 수 있다. 이때의 차이란 실험실에서의 사유와 철학적 사유 사이의 차이 그리고 결과적으로 인간의 숙명과 인간의 현재적 도정 사이의 차이를 의미한다.

듀이는 본래적인 인간이 가진 희망의 성취와 인류의 최고의 열망을 동일시한다.

현재 속에서 희망할 만한 것의 투사인 미래를 상상할 수 있는, 그리고 그것을 실현하기 위한 수단을 발견하는 지성의 힘을 신뢰하는 것은 우리를 구원한다. 그리고 이것은 돈독해져야만 하고, 분명하게 표현되어야 하는 신뢰이며, 의심할 여지 없이 우리의 철학에 충분할 만큼 커다란 과제다.[65]

64 Platon, *Timaios*, 68, Diederichs, Jena, 1925, 90쪽(원주).

65 "The Need for a Recovery of Philosophy", 같은 책, 68쪽 이하(원주).

'현재 속에서 희망할 만한 것의 투사'는 아무런 해결책도 아니다. 이 개념에 대해서는 두 가지 해석이 가능하다. 첫째, 그것은 사람들이 살아가고 있는 전체 사회 체계를 통해서 조건 지어진 것으로서 실제로 현재적인 사람들의 희망을 가리키는 것으로 이해할 수 있다. 이때의 사회 체계는 인간의 희망이 실제로 그들의 것인지를 매우 의심스러운 것으로 만든다. 만약 이러한 희망이 그것의 직접적이고 주관적인 범위를 넘어서지 않고 무비판적인 방식으로 받아들여진다면, 이때 희망을 확정하는 데에는 시장 조사와 갤럽의 설문 조사가 철학보다도 더 적합한 수단일 것이다. 둘째로, 듀이는 여하튼 주관적인 희망과 객관적인 희망 가능성 사이에서 일종의 구별을 받아들이는 것에 동의했다. 그와 같은 동의는 실용주의가 위기에 직면하자마자 항복하거나 객관적 이성이나 신화로 전락하지 않는 한, 비판 철학적 분석의 출발점을 나타내는 징표가 될 것이다.

이성을 단순한 도구로 환원하는 것은 궁극적으로는 심지어 이성의 도구적 성격까지도 훼손한다. 주관적인 이성 개념과 분리될 수 없는, 그리고 유럽에서 정신의 선구자였든지 아니었든지 관계없이 모든 지성인에게 전체주의적 박해를 가하는 정점에 이른 반철학적 정신은 이성의 비하를 나타내는 징후다. 전통주의적이고 보수적인 문명 비판가들이 동일한 과정의 다른 양상일 뿐인 우둔화를 동시에 비판하지 않고 단지 현대적인 지성화만을 비판할 때, 그들은 하나의 근본적인 오류를 범하는 것이다. 생물학적이고 사회적인 원천을 가지고 있는 인간의 지성은 어떠한 절대적 본질성도 가지고 있지 않고, 고립되어 있지도 독립적이지도 않다. 게다가 인간의 지성은 오직 사회적 분업의 결과로서만 설명되며, 이때 사회적 분업은 인간의 자연적 구성 원리라는 토대 위에서 정당화된다. 기획, 관할, 조직 구성과 같이 생산을 지휘하는 기능은, 순수한 지성으로서 보다 저열하고 덜 순수한 형식의 노동, 즉 노예의 노동으로서 생산의 수공업적인 기능들과 대비된다. 처음으로 지성을 인간의 다른 '능력', 특히 본능적 충동과 대립시켰던 이른바 플라톤 심리학이 엄격하게 위계적인 국가 안에서 권력 분립의 모형에 따라 고안되었다는 것은 우연이 아니다.

듀이는 순수 지성 개념의 근원이 가진 이와 같은 의심스러운 측면을 매우 잘 의식했다.[66] 그러나 그는 정신적 노동을 실천적 노동으로 새롭게 해석한 결과를 받아들였으며, 그래서 육체적인 일을 치켜세우고, 충동을 복권시켰다. 듀이는 현존하는 과학과는 상이한 것으로서 이성의 모든 사변적 능력에 주의를 기울이지 않는다. 실제로 지성이 충동에서 해방된 것은 지성의 원대함과 힘이 여전히 지성의 구체적 내용에 의존하고 있다는 사실, 그리고 내용과의 관계를 차단당할 때 지성은 사라지고 감소될 수밖에 없다는 사실을 결코 바꾸지 않았다. 지성적 인간은 단순히 올바르게 추론할 수 있는 사람이 아니라, 객관적 내용을 지각하는 데 열려 있는 정신을 가진 사람, 나아가 그 내용의 본질적인 구조가 미치는 영향을 받아들일 수 있고, 그것에 인간의 언어를 부여할 수 있는 사람이다. 이것은 사유 자체의 본성과 사유의 참된 내용에 대해서도 타당하다. 이성의 중성화는 객관적 내용과 그것을 판단하는 힘과의 모든 관계를 이성에서 제거하는 것이며, '무엇'보다는 '어떻게'를 다루는 수행 능력으로 이성을 격하시킨

---

66 John Dewey, *Human Nature and Conduct*, New York, 1938, 58쪽 이하(원주).

다. 이러한 이성의 중성화는 점점 더 정도를 높여가며 이성을 단순히 사실을 정돈하기 위해 필요한 둔감한 도구로 전락시킨다. 주관적 이성은 모든 자발성과 생산성 그리고 새로운 종류의 내용을 발견하고 그것을 타당하게 만드는 힘을 상실한다. 이성은 자신의 주관성을 형성하는 본질을 상실한다. 이러한 '도구'는 지나치게 자주 날을 간 면도날처럼 너무나 얇아지고, 결과적으로 주관적 이성에 제한적으로 부과된 순수한 형식주의적 과제를 완수할 수 있는 능력조차도 상실한다. 이는 생산력이 급격하게 성장하는 바로 이 시대에 생산력을 파괴하는 일반적인 사회 경향과 병행해서 이루어진다.

헉슬리Aldous Leonard Huxley의 부정적 유토피아는 이성의 형식화가 보이는 이러한 양상, 즉 이성의 우둔화를 표현한다. 부정적 유토피아 안에서 멋진 신세계의 기술, 그리고 그 기술과 결합되어 있는 지적 과정들은 굉장히 세련된 것으로 서술된다. 그러나 그것들이 추구하는 목적들 ─ 스크린에서 보이는 모피를 느낄 수 있게 하는 우둔한 '감각의 극장Fühlenkinos', 잠자는 어린아이에게 체계의 전능한 슬로건을 세뇌하는 '수면 요법', 인간을 그들이 태어나기도 전에 규격화하고 분류하는 인위적인 재생산 방법 ─ 을 모든 것들이 사유 자체 속에서 출발하여 사유 금지의 체계로 나아가, 결국에는 모든 삶의 내용이 객관적으로 제거된 백치 상태에서 예시되었던 주관적인 우둔함 속에서 종결되는 과정을 반영한다. 사유 자체는 틀에 박힌 이념에 대체되는 경향을 보인다. 이러한 이념은 한편으로는 기회주의적으로 거부되기도 하고 수용되기도 하는 단순한 합목적적 도구로 취급되고, 다른 한편으로는 광신적인 경배의 대상으로 여겨진다.

헉슬리는 자기 분열적인 주관적 이성 ─ 절대적인 것으로 이해된 —— 의 비호 아래 있는 국가 독점 자본주의의 세계 조직을 비난한다. 그러나 동시에 그의 소설은 이처럼 우둔한 체계의 이상에 영웅적이고 형이상학적인 개인주의를 대립시키는 것처럼 보인다. 이때 개인주의는 파시즘과 계몽, 정신 분석과 오락 영화, 탈신화화와 조야한 신화를 무차별적으로 비난하며, 무엇보다 때 묻지 않고 전체주의 문명과 자신의 본능에 의해 더럽혀지지 않은 교화된 사람, 또는 아마도 회의주의자를 찬양한다. 이를 통해 헉슬리는 의도하지 않았지만 수구적 문화 보수주의와 연합하게 된다. 문화 보수주의는 도처에서 —— 특히 독일에서 —— 동일한 형태로 나타나는 독점적 집단주의에 길을 터주었다. 헉슬리는 독점적 집단주의를 지성에 대립되는 영혼의 이름으로 비판한다. 달리 말하면, 주관적 이성을 소박하게 고수하는 것이 실제로 헉슬리가 기술한 것과 다르지 않은 징후들[67]을 산출했던 반면, 문화와 개인성이라는 역사적으로 낡아빠진 기만적인 개념의 이름으로 이러한 이성을 소박하게 거부하는 것은 대중 경멸, 냉소주의, 맹목적 폭력에 대한 신뢰로 발전한다. 이것들은 이미 거부된 경향에 다시 기여한다. 오늘날 철학은 이러한 딜레마 속에서 사유

67　극단적인 예는 다음과 같이 제시된다. 헉슬리는 '죽음 적응death conditioning'을 고안했다. 즉 아이들을 현재 죽어가는 사람에게 데려가서 죽음의 과정을 관찰하게 하는 동안 그 아이들에게 과자류를 주고 놀이를 하도록 자극한다. 그러면 아이들은 유쾌한 생각들을 죽음과 연결하게 되고, 죽음에 대한 공포를 잃어버리게 된다.《패어런트 매거진Parent's Magazine》1944년 10월호에는 '해골과의 인터뷰'라는 제목의 기사가 실려 있다. 그 기사는 다섯 살짜리 아이들이 해골을 가지고 놀면서 어떻게 "인간 신체의 내적인 기능들을 처음으로 알게 되는지"를 서술한다. 조니는 해골을 연구하면서 "피부를 지탱하려면 뼈가 필수적이다"라고 말했다. 마르투디는 그가 "자신이 죽었다는 것"을 알지 못한다고 말했다(원주).

가 자기 자신의 주인으로 남을 수 있으며, 따라서 이 딜레마의 이론적 해결책을 준비할 수 있는지의 물음, 또는 사유가 공허한 방법론이나 공상에 빠져 있는 변론의 역할을 수행하거나, 곧바로 사용 가능한 모든 이데올로기처럼 멋진 신세계에 잘 들어맞는 헉슬리의 최신식 통속적 신비주의와 같은 보증된 처방전의 역할을 수행하는 것에 만족해야만 하는지의 물음에 대답해야만 한다.

현재의 문화적 위기와 실증주의

철학적 사유의 쇠퇴로 인하여 사회가 잃어버린 것은 아무것도 없다는 점에 대해서 오늘날 거의 일반적인 합의가 존재한다. 더 강력한 인식 도구인 현대의 과학적 사고가 철학의 자리를 대신하기 때문이다. 철학이 해결하려고 시도했던 모든 문제가 무의미하거나 실험이라는 현대적 방법을 통해서 해결될 수 있다고들 흔히 말한다. 실제로 전통적인 사변으로 해결할 수 없었던 문제를 과학에 떠넘기는 것은 현대 철학의 지배적인 흐름 가운데 하나다. 그와 같이 과학을 실체화Hypostasierung하려는 경향이 오늘날 실증주의적이라고 불리는 모든 학파를 특징짓는다. 다음에 이어지는 설명은 실증주의적 철학에 관하여 상세한 논의를 하려는 것이 아니다. 다음 글의 유일한 목적은 현재의 문화적 위기를 실증주의적 철학과 관련시켜 설명하는 것이다.

실증주의자들은 현재의 문화적 위기를 '신경 쇠약Nervenschwäche' 탓으로 돌린다. 실증주의자들은 과학적 방법에 대한 불신을 선언하는 많은 심약한 지식인들이 직관이나 계시와 같은 다른 인식 방법으로 도피한다고 말한다. 실증주의자들에 따르면 우리는 과학에 대한 확고한 믿음을 갖는 것으로 충분하다. 물론 실증주의자들이 과학을 곤혹스럽게 만드는 그것의(과학의) 파괴적 사용을 부정하지는 않는다. 그러나 그들은 그와 같은 과학의 파괴적 사용이 변질된 것이라고 주장한다. 정말 그런 것일까? 과학의 객관적인 발전과 그것의 적용인 기술은, 과학이 단지 변질될 때만 파괴적이며, 적절하게 이해될 때는 반드시 건설적이라는 통상적인 생각을 정당화해주지 못한다.

과학이 더 낫게 사용될 수 있다는 것에는 의문의 여지가 없다. 그럼에도 불구하고 과학이 가지고 있는 좋은 형태의 잠재적 가능성을 실현하기 위한 길이 과학의 현재 진로와 전적으로 부합한다고는 결코 말할 수 없다. 실증주의자들은 자신들이 이해했던 것으로서의 자연 과학이 무엇보다도 보충적인 생산 수단이며, 사회적 과정 안의 많은 요소 중 하나라는 사실을 망각한 것처럼 보인다. 어쨌든 과학이 사회의 실제적 진보 또는 퇴보에서 어떤 역할을 하는지를 선험적으로a priori 규정하는 것은 불가능하다. 과학이 사회에 끼치는 영향은 경제적 진행 과정의 일반적 경향 안에서 수행된 기능과 마찬가지로 긍정적일 수도 있고 부정적일 수도 있다.

오늘날 과학은 다른 형태의 지적인 힘이나 활동과 구별되고, 특수한 영역들로 분할되는 가운데, 그리고 자신의 절차와 내용, 조직의 측면에서 오직 그것이 봉사하는 사회와의 상관관계 속에서만 이해될 수 있다. '과학'이라는 도구를 진보의 자동적인 옹호자로 간주하는 실증주의적 철학은 기술에 대한 다른 형태의 찬양과 마찬가지로 잘못된 것이다. 경제적 기술 지상주의는 물질적 생산 수단이 해방되면 모든 것이 가능해지리라 기대한다. 플라톤은 철학자를 통치자로 삼으려고 했고, 기술 지상주의자는 기술자들을 사회의 감독위원회 Aufsichtsrat로 삼으려고 한다. 실증주의는 철학적 기술 지상주의다. 실증주의는 수학에 대한 배타적인 믿음을 사회 협의체의 구성원이 되기 위한 선결 조건으로 내세운다. 수학을 찬양했던 플라톤은 통치자를 행정 전문가 또는 추상적인 것을 다루는 기술자로 이해했다. 유사한 방식으로 실증주의자는 기술자가 과학을 이용한다는 이유로 그들을 구체적인 것을 다루는 철학자로 간주한다. 왜냐하면 기술자는 허용되는 한 철학을 한낱 파생물로 간주하는 과학을 사용하기 때문이다. 플라톤과 실증주의자들은 많은 차이에도 불구하고, 인류를 구원하는 길은 과학적 이성의 규칙과 방법에 인류가 복종하는 것이라는 동일한 관점을 가지고 있다. 그러나 실증주의자들은 철학을 과학에 순응시킨다. 다시 말해 실천Praxis을 철학에 순응시키는 대신에 철학을 실천의 요구에 순응시키는 것이다. 실증주의자들에게 사유는 그것이 하급 행정 기관으로서 기능할 때만 인류의 지도자가 된다.

몇 년 전 실증주의자들은 쟁점이 되는 핵심 물음들을 매우 명확하게 분석하고 있는 세 편의 논문을 통해 현재의 문화적 위기를 진단했다.[1] 시드니 훅은 현재의 문화적 위기가 "과학적 방법에 대한 신뢰의 상실"에서 비롯된다고 주장한다.[2] 그는 과학에 부합하지 않은 인식과 진리를 추구하는 수많은 지식인에 대해 한탄한다. 훅은 그들이 연구

---

1   Sidney Hook, "The New Failure of Nerve"; John Dewey, "Anti-Naturalism in Extremis"; Ernest Nagel, "Malicious Philosophies of Science". 이 세 편의 논문은 *Partisan Review*(Jan~Febr. 1943, X, I, 2~57쪽)에 실려 있으며, 그중 일부는 *Naturalism and the Human Spirit*(Yervant Hovannes Krikorian ed., Columbia University Press, 1944)에 포함되어 있다(원주).

를 성실히 추진하고, 실험하고, 그것의 결과를 과학적으로 추론하는 대신에, 자기 확신Selbstevidenz, 직관, 본질직관Wesenserschauung, 계시 또는 다른 미심쩍은 정보의 원천을 신뢰한다고 말한다. 그는 모든 종류의 형이상학 옹호자들을 고발하고, 신·구교의 철학을 책망하며, 또 그들이 반동적 세력과 맺고 있는 의도적이거나 의도적이지 않은 연합을 힐책한다. 그는 자유주의 경제에 대해서는 비판적인 태도를 취함에도 불구하고, "이념의 세계 안에서 자유 시장의 전통"을 지지한다.[3]

존 듀이는 반자연주의를 공격했다. 그에 따르면 반자연주의는 "과학이 임무를 완수하고 건설적인 잠재력을 발휘하는 것을 가로막는다." 어니스트 네이글Ernest Nagel은 '악의적 철학들bösartige Philosophien'에 관하여 논의하는 과정에서, 형이상학자들이 제시하는 몇 가지 특수한 논변들을 반박한다. 이 논변들은 자연 과학의 논리가 도덕적 소신을 위한 충분한 정신적 토대라는 것을 거부한다. 이 세 가지 논쟁적인 논문들은 그 저자들의 다른 많은 주장처럼 크게 존중받을 만하다. 왜냐하면 이 논문들은 권위적인 이데올로기를 여러 가지 방식으로 전달하는 자들에 맞서 비타협적인 입장을 고수하기 때문이다. 우리가 제시하는 비판적인 언급들은 객관적인 이론적 차이들에만 엄격하게 국한되어 있다. 그러나 실증주의적 치료법을 분석하기 전에 우리는 그 치료를 반대하는 사람들이 제안한 치료법을 설명할 것이다.

2   *Partisan Review*, 같은 책, 3~4쪽(원주).
        훅Sidney Hook(1902~1989)은 듀이의 제자로 실용주의적 민주주의론과 교육론을 발전시켰다. 대표적 저서로는《실용주의의 형이상학*Metaphysics of Pragmatism*》(1927)이 있다.

3   John Dewey, "Anti-Naturalism in Extremis", 같은 책, 26쪽(원주).

객관적 이성과 신토마스주의

낡아빠진 존재론이 일정한 계산과 의도하에서 부활하는 것에 대한 실증주의적 공격은 의심의 여지 없이 정당하다. 이러한 부활을 옹호하는 자들은 비록 높은 수준의 교양을 갖추고 있을지라도 서양 문화의 구원을 자신의 철학적 과업으로 삼는 가운데, 그 문화의 최종적 잔재를 드러낸다. 파시즘은 현대적 조건하에서 그것의 본래적 형식보다도 이루 말할 수 없이 더 거친 것으로 입증되었던 낡은 지배 방식에 다시 관심을 가졌다. 이러한 철학자들은 현대적 조건하에서 본래 그랬던 것보다 훨씬 더 단순하고, 자의적이고, 진실하지 못한 것으로 입증된 권위적인 사고 체계를 소생시킨다. 선의를 가진 형이상학자들은 옳음, 좋음 그리고 아름다움을 스콜라 철학의 영원한 가치로 어설프게 표명함으로써, 이 이념들[4]이 지배 권력에 대항하려고 하는 자유로운 사상가들에게 전달할 수 있는 의미의 마지막 발자취를 파괴한다. 그와 같은 이념들은 과거에는 분명 상업 문화의 영향에 대항하는 데 기여했지만, 오늘날에는 하나의 상품처럼 권장된다.

일반적으로 수용된 가치들 사이에 존재했지만 급격하게 붕괴되고 있는 위계질서에 철학적 토대를 부여하기 위하여, 오늘날 과거의 객관적 이성 이론을 부활시키려는 경향이 일반화되고 있다. 사이비 종교와 어설픈 과학을 동원한 영혼 치료, 심령술, 점성술과 함께 요가, 불교 또는 신비주의처럼 시시한 과거의 철학들과 함께, 나아가 대중

---

4 이념들이란 옳음, 좋음, 아름다움을 가리킨다.

적으로 가공된 전통적인 객관주의 철학과 더불어, 중세의 존재론들이 현대적 방식으로 사용되도록 권장된다. 그러나 객관적 이성으로부터 주관적 이성으로의 이행은 결코 우연이 아니며, 이념들의 발전 과정은 어떤 주어진 순간에 자의적으로 되돌려질 수 없다. 만약 계몽의 형태 안에서 주관적 이성이 서양 문화의 본질적인 구성 요소였던 신앙의 철학적 토대를 해체했다면, 그것은 이러한 토대가 너무 약한 것으로서 증명되었기 때문에 가능했던 것이다. 따라서 객관적 이성의 부활은 전적으로 인위적이다. 그것은 빈틈을 메우려는 목적에 기여한다. 절대자에 대한 철학은 우리를 혼란에서 구원해주는 훌륭한 도구로서 제시된다. 현재의 사회적 선별 메커니즘Selektionsmechanism의 시험을 통과한 모든 교설의 운명을 그것이 좋든 나쁘든 공유하는 가운데, 객관주의 철학은 특수한 목적을 위해서 규격화된다. 철학적 교설들은 종교적인 또는 계몽된, 진보적인 또는 보수적인 집단들의 요구에 기여한다. 절대자는 스스로 수단이 되고, 객관적 이성은 얼마나 보편적인지에 상관없는 주관적인 목적을 위한 계략이 된다.

현대의 토마스주의자들[5]은 자신들의 형이상학을 때때로 실용주의를 위한 유익하고 유용한 보충으로 서술하는데, 아마도 그들이 옳을 것이다. 실제로 이미 정착된 종교를 철학적으로 해명하는 것은 지배 권력에 유리한 기능을 수행한다. 그리고 그러한 해명은 신화적 사고의 잔여물을 대중문화를 위해서 유용한 수단으로 변형시킨다. 이러

---

5 우리 시대에 가장 책임이 큰 몇몇 역사가와 저술가들이 이 중요한 형이상학적 학파로 분류된다. 여기서 제시된 비판적 언급들은 독립적인 철학적 사고가 독단론에 의해 추방되는 경향과 배타적으로 관계한다(원주).

한 인위적인 르네상스가 본래 학설을 문자 그대로 보존하려고 노력하면 할수록, 그 본래적 의미는 점점 더 왜곡된다. 왜냐하면 진리는 변화하고 서로 충돌하는 이념들의 발전을 통해서 드러나기 때문이다. 사상은 자신이 만들어진 과정에 대한 기억을 내재적인 진리의 한 계기로서 보존하는 가운데, 스스로에게 대항할 준비를 함으로써 폭넓은 신뢰를 얻는다. 문화적 요소들과 관련해서 현대의 철학적 부활을 시도하는 보수주의는 자기기만Selbsttäuschung일 뿐이다. 현대 종교와 마찬가지로 신토마스주의는 삶의 실용화와 사고의 형식화를 심화시킬 수밖에 없다. 이는 토착적인 신앙을 해체하고, 믿음을 합목적성의 문제로 만드는 데 기여한다.

종교의 실용화가, 종교와 위생학의 결합에서 볼 수 있는 것처럼, 많은 측면에서 아무리 신을 모독하는 것처럼 보일지라도, 그것은 단순히 산업 문명의 조건에 적응한 결과가 아니라, 오히려 모든 종류의 체계적인 신학의 가장 내적인 본질 속에 뿌리내리고 있는 것이다. 자연에 대한 착취는 성경의 제1장으로까지 거슬러 올라가 추적할 수 있다. 모든 피조물은 인간에게 예속되어야만 한다. 단지 이러한 예속의 방법과 표출 방식이 달라졌을 뿐이다. 그런데 초기의 토마스주의가 당시의 과학적·정치적 형식에 기독교를 적응시키려는 목적을 성취할 수 있었던 반면, 현대의 신토마스주의는 곤혹스러운 상황에 처해 있다. 중세에 자연의 착취는 상대적으로 정체된 경제에 의존하고 있었기 때문에, 그 당시의 과학 또한 정체적statisch이고 독단적dogmatisch이었다. 과학과 독단적인 신학의 관계는 상대적으로 조화를 이룰 수 있었고, 아리스토텔레스 철학은 토마스주의와 쉽게 일체화되었다. 그러나 오늘날에는 그러한 조화가 불가능하다. 그리고 신토마스주의자들은 원인, 목적, 힘, 영혼, 실재와 같은 범주들을 사용하는데, 이러한 사용은 결코 비판적일 수 없다. 토마스의 관점에서 볼 때 이러한 형이상학적 이념들은 최고의 과학적 인식을 서술했던 반면에, 현대의 문화 안에서 형이상학적 이념들의 기능은 완전히 변형되었다.

신토마스주의자들에게는 유감스러운 일이지만, 그들이 자신들의 신학에서 도출했다고 주장했던 개념들은 더 이상 과학적 사고의 중추적 역할을 수행하지 않는다. 토마스가 아리스토텔레스와 보에티우스Boethius를 본받음으로써 신학과 당시의 자연 과학을 위계적인 정신 체계 안에서 결합할 수 있었던 반면, 신토마스주의자들은 그럴 수가 없다. 현대 과학의 발견들은 스콜라학파적인 위계질서와 아리스토텔레스적인 형이상학에 너무나 명백히 대립하기 때문이다. 오늘날 어떠한 교육 체계도, 심지어 가장 반동적인 교육 체계조차도 양자 역학과 상대성 이론을 사고의 주요 원칙과 아무런 관계도 없는 것으로 간주할 수는 없다. 따라서 신토마스주의는 자신의 관점을 현재의 자연 과학의 입장과 일치시키기 위해서 모든 종류의 지적인 장치를 궁리해내야만 한다. 그들의 진퇴양난은 현대 천문학의 시발점에서 프톨레마이오스의 체계Ptolemäische System를 유지하려고 노력했던 모든 천문학자의 딜레마를 연상시키는데, 그 천문학자들은 프톨레마이오스의 체계를 가장 난해한 보조적 구조로 보완하고, 그 보조적 구조들이 모든 변화에도 불구하고 그 체계를 구원할 것이라고 주장했었다.

신토마스주의자들은 자신들의 스승과는 달리 성경 속에 함축된 우주론으로부터 그 당시 물리학의 내용을 연역하려고 노력하지 않는다. 빅뱅 이론은 말할 것도 없고 매우 파악하기 어려운 물질의 자기적 구조가 사실상 신토마스주의자들의 기획을 어렵게 만들 수 있다. 토마스가 오늘날 살아 있다면, 그는 분명 이와 같은 사태에 직면하게 되었을 것이며, 철학적 근거에서 나온 과학을 저주하거나 그렇지 않으면 이단자가 되었을 것이다. 그는 조화를 이룰 수 없는 요소들의 피상적인 종합을 결코 시도하지 않았을 것이다. 그러나 그의 추종자들은 이와 같은 입장을 수용할 수가 없다. 오늘날의 독단주의자들은 천상과 지상의 물리학 그리고 존재론적이거나 논리 경험주의적인 물리학 사이에서 균형을 유지해야만 한다. 그들의 방법은 비존재론적인 기술記述이 일정 정도의 진리를 가질 수 있다는 것을 보편적으로in abstracto 인정하는 것이며, 또는 과학이 수학적인 한에서만 합리적이라고 인정하는 것이며, 나아가 철학적 영역 안에서 마찬가지로 의심스러운 협약을 체결하는 것이다. 이러한 대응 방식을 통해서 교회 철학은 현대 물리학이 종교적 철학의 항구적 체계 안에 통합되어 있다는 인상을 준다. 그러나 그와는 달리 이러한 체계는 단순히 체계의 통합을 요구하는 이론의 진부한 형식일 뿐이다. 물론 이러한 체계는 과학 이론과 동일한 지배의 이상에 따라 구조화된다. 결코 현실을 비판하기 위해서가 아니라 현실을 정복하기 위해서라는 목적이 교회 철학 체계의 바탕에 놓여 있다.

객관주의적 철학과 종교 또는 미신의 체계를 부활시키려는 이러한 시도가 함축하고 있는 사회적 기능은 개별적 사고를 현대적 형태의 대중 조작과 조화시키는 것이다. 이러한 관점에서 기독교의 철학적 부활이 가져온 영향은 독일에서 이교도적인 신화의 부활이 가져온 영향과 크게 다르지 않다. 독일 신화의 잔재는 부르주아 문명에 비밀스럽게 저항하는 힘이었다. 의식적으로 받아들인 교설과 질서의 표면 아래 오래된 이교도의 기억은 민속 신앙으로서 사그라지지 않고 계속 남아 있었다. 그 기억들은 독일의 문학 작품, 음악, 철학에 영감을 불어넣었다. 오래된 이교도의 기억이 재발견되고 대중을 교육하는 요소로 조작되면서 이 기억이 현실을 지배하는 형식들에 품고 있던 적개심은 완전히 사라져버렸다. 이 기억들은 현대 정치의 도구로 전락하고 말았다.

계몽과 교회의 유착

가톨릭적 전통에서 나타난 것과 유사한 어떤 것이 신토마스주의 운동에서도 일어난다. 독일의 신이교도들과 마찬가지로 신토마스주의자들은 낡은 이데올로기들을 현대화하고 그 이데올로기들을 현대적 목적들에 순응시키려고 시도한다. 그렇게 함으로써 신토마스주의자들은 정착된 교회가 항상 그래왔던 것처럼 현재하는 악과 타협한다. 동시에 그들은 의도하지는 않았지만, 자신들이 살려내려고 노력했던 구속력 있는 믿음들이 함축하고 있는, 앞서 말한 정신의 마지막 잔여물을 해체한다. 그들은 자신들의 고유한 종교 이념들을 현실에 순응시키기 위해서 형식화한다. 신토마스주의자들은 필연적으로 종교적 이론들의 특수한 내용보다도 그것의 추상적 정당화를 강조하는 데에 더 많은 관심을 갖게 된다. 이것은 분명히 이성의 형식화를 통해서 종교를 위협하는 위험을 드러낸다. 전통적인 의미의 선교적 과업과는 대조적으로 신토마스주의적인 이론은 기독교의 역사와 교설로 구성되기보다는 오히려 종교적 믿음과 종교적 생활 태도가 왜 우리의 현재적 상황 속에서 쓸모 있는가를 설명하는 논증으로 구성되어 있다. 그러한 실용주의적 접근 방식은 그것들이 전혀 건드리지 않은 것처럼 보이는 종교적인 개념을 실제로는 약화한다. 질서를 세우기 위한 것으로 규정된 신토마스주의자들의 존재론은 그들이 표명한 이념의 핵심을 타락시킨다. 종교적 목적은 세속적인 수단으로 전락한다. 성모 마리아는 수많은 유럽의 예술과 문학에 영감을 불어넣었던 종교적 개념이지만, 신토마스주의는 성모 마리아 자체를 위한 신앙을 중요시하지 않는다. 신토마스주의는 사회적이거나 심리적인 오늘날의 어려움을 극복하기에 좋은 수단으로서 신앙을 가지는 데 집중한다.

물론 예를 들어 '지혜로운 마리아'에 헌정된 성서 해석학적인 노력이 부족한 것은 아니다. 그러나 이러한 노력 속에는 어떤 인위적인 것이 들어 있다. 억지스럽고 소박한 해석학적 노력은 그것이 당연하다고 받아들이는 형식화의 일반적인 과정과는 대립적이다. 그런데 궁극적으로 형식화의 과정은 종교적 철학 자체 안에 뿌리내리고 있다. 초기 교부 철학 이후 중세 기독교의 저작들, 특히 토마스 아퀴나스의 저작 또한 기독교적 기본 요소를 형식화하는 데 강한 애착을 보인다. 이러한 경향은 네 번째 복음서의 시작 부분에서 예수 그리스도를 로고스와 동일화하는 것과 같은 숭고한 선례로까지 거슬러 올라간다. 초기 기독교인의 진지한 경험들은 교회 역사가 진행되면서 합리적인 목적에 종속되었다. 토마스 아퀴나스의 저작들은 이러한 발전 과정 안에서 결정적인 국면을 형성했다. 아리스토텔레스 철학은 그 안에 내재되어 있는 경험주의와 더불어 플라톤적 사변보다도 더 시의적절한 것이 되었다.

교회 역사가 시작된 이래로, 계몽은 결코 교회 바깥의 일이 아니었고, 이단들의 지옥으로 추방되지도 않았다. 계몽은 오히려 대부분 교회 내부에서 진행되었다. 토마스는 유추, 귀납, 개념 분석의 방법, 또는 소위 명확한 공리에서 나온 연역과 같은 중립적 방법을 통해, 그리고 아리스토텔레스의 범주들을 사용하여 기독교의 내용을 새롭게 해석함으로써 새로운 과학적 움직임을 수용하도록 가톨릭교회를 도왔다. 아리스토텔레스의 범주는 토마스 시대에도 여전히 경험 과학이 성취한 수준에 부합했다. 토마스는 웅장한 개념적 장치와 기독교의 철학적 토대 구축을 통해서, 외관상의 자율성을 종교에 부여했다. 이때 부여된 자율성은 종교를 오랫동안 도시 사회의 정신적 진보로부터 독립시켰지만, 그럼에도 불구하고 그 진보와 조화시킬 수 있었다. 토마스는 가톨릭 교리를 군주와 시민 계급을 위한 가장 가치 있는 도구로 만들었다. 실제로 그는 성공을 거두었다. 이어진 수 세기 동안 사회는 이처럼 고도로 발전된 이데올로기적 장치를 가진 행정을 성직자들에게 위탁할 준비가 되어 있었다.

그러나 중세 스콜라 철학은 종교를 이데올로기적으로 가공했음에도 불구하고, 그 종교를 단순한 이데올로기로 변질시키지는 않았다. 토마스 아퀴나스에 따르면 비록 삼위일체와 같은 종교적 믿음의 대상들이 동시에 과학의 대상이 될 수는 없을지라도, 플라톤주의에 맞서 아리스토텔레스 편에 섰던 그의 저작은 두 영역을 완전히 이질적인 것으로 파악하려는 노력에 맞섰다. 그에게 종교적 진리는 그 어떤 과학적 진리만큼이나 구체적이었다. 스콜라 철학의 합리적 장치가 가지고 있는 현실성에 대한 굳건한 신뢰는 계몽을 통해 무너졌다. 그

때 이후로 토마스주의는 양심의 가책을 느끼는 신학이 되었는데, 이는 그것의 현대 철학적 해석의 계략을 통해 선명하게 드러났다. 오늘날 토마스 아퀴나스 철학의 추종자들은 사람들이 여전히 과학적으로 의심스러운 수많은 주장을 무턱대고 받아들이려고 한다는 점을 신중하게 검토해야만 한다. 그들은 자신들을 당혹스럽게 만드는 연구로부터 신학을 완전히 떼어놓기 위해서는, 아리스토텔레스의 정통 학설 안에서 여전히 중요한 추론 방법이 독점적으로 오직 세속적인 탐구에 맡겨져야만 한다는 것을 의식하고 있는 것처럼 보인다. 토마스주의가 현대 과학과 갈등에 빠지거나 단순히 상호 작용하는 것을 인위적으로 막을 수 있다면, 지성인뿐만 아니라 배우지 못한 사람들조차도 토마스주의가 변호했던 방식대로 종교를 받아들일 수 있을 것이다.

신토마스주의가 영적인 개념의 영역으로 물러서면 설수록, 그것은 점점 더 세속적인 목적에 봉사하게 된다. 신토마스주의는 정치에서 모든 종류의 기획을 인준하는 역할을 할 수 있고, 일상생활 속에서는 상비약의 역할을 하게 된다. 훅과 그의 동료들은, 신토마스주의의 교의가 가지고 있는 애매한 이론적 토대를 고려할 때, 그 교의가 민주적인 정치를 정당화하기 위한 것인지 아니면 권위적인 정치를 정당화하기 위한 것인지는 유일하게 시간과 지리적 여건에 달린 문제라고 주장하고 있는데, 이들의 주장은 옳다.

다른 모든 독단적 철학과 마찬가지로 신토마스주의 역시 그것이 정치적이든 종교적이든, 최고의 존재와 최고의 가치를 위한 특수한 영역을 만들어내기 위해, 어떤 특정한 지점에 대해 사고하는 것을 멈추려고 한다. 이처럼 절대적인 것들이 점점 더 의심스러워질수록(이성이 형식화된 시대에 실제로 그것들은 의심을 받게 된다) 그것들은 그 신봉자들에 의해서 점점 더 확고하게 방어된다. 이때 이 신봉자들은 순수하게 정신적인 것 이외의 수단을 통해 —— 필요할 경우 펜을 잡 듯이 칼을 잡음으로써 —— 자신들의 신앙을 확장하는 데 점점 더 뻔 뻔스러워진다. 절대적인 것은 그 자체로는 설득력을 갖지 못하기 때 문에 일종의 현대적 이론을 통해서 방어되어야만 한다. 방어를 위한 그와 같은 노력은 모든 애매한 특성과 모든 악의 요소를 찬미된 개념 들로부터 배제하려고 하는 거의 발작적인 바람에 반영되어 있다. 토 마스주의 안에서 이 바람은 고문을 참아내야만 하는 저주받은 자들 을 고려했을 때 부정적인 예언과는 결코 화해할 수 없는 희망이다. 이때 "신에게 선택받은 자들은 저주받은 자들 속에서 신의 정의를 보 게 되고, 자신이 저주받은 자들의 운명에서 벗어났다는 것을 인식했 을 때 그 저주받은 자들에게서 기쁨을 찾는다."[6] 절대적인 원칙을 현 실적인 힘으로, 또는 현실적인 힘을 절대적인 원칙으로 확립하려는 충동은 오늘날에도 여전히 남아 있다. 최고의 가치는 동시에 최고의 힘인 경우에만 진정 절대적인 것으로 간주될 수 있는 것처럼 보인다.

이처럼 좋음과 완전성 그리고 힘과 현실성을 동일시하는 태도는 전통적인 유럽 철학에 내재되어 있다. 권력을 점유하고 있거나 권력 을 얻기 위해 전력을 다했던 집단들의 철학은 언제나 아리스토텔레 스 철학 속에서 분명하게 표명되어 있다. 또한 이러한 철학은 절대자

---

6   *Summa theologica*, 36. Bd., 증보판 87~89, Heidelberg, Graz-Wien-Köln, 1961. "…… ut de his electi gaudeant, cum in his Dei iustitiam contemplantur, et dum se evasisse eas cognoscunt." 431쪽 이하(원주).

의 존재가 단지 유추를 통해서만 존재로 불릴 수 있다는 참으로 심오한 이론을 가지고 있는 토마스주의에서도 중추적인 역할을 수행한다. 복음서에 따르면 신은 고통받고 죽었던 반면에, 토마스의 철학에 따르면 신은 고통을 감수하고 변화할 수 있는 능력이 없다.[7] 공식적인 가톨릭 철학은 이러한 이론의 도움으로 최고의 진리로서의 신과 하나의 현실성으로서의 신 사이에 생기는 모순을 피하려고 노력했다. 가톨릭 철학은 현실성을 어떠한 부정적인 요소도 포함하지 않고, 결코 변화하지 않는 것으로 이해했다. 이를 통해 교회는 존재의 기본 구조 안에서 정초된 영원한 자연법의 이념을 고수할 수 있었는데, 이때 자연법의 이념은 서양 문화에서 매우 본질적인 것이다. 그러나 절대적인 것 안에서 부정적인 요소를 제거하는 것과 그로부터 생겨난 이원론, 즉 한편에는 신을, 그리고 다른 한편에는 죄 많은 세계를 설정하는 이원론은, 지성의 자의적 희생을 함축하고 있다. 이를 통해 교회는 종교의 붕괴를 막았으며, 교회가 역사적 진행 과정에서 범신론적인 신격화로 대체되는 것을 저지했다. 교회는 독일과 이탈리아 신비주의의 위협을 막았는데, 이 신비주의는 에크하르트Meister Eckhart, 쿠자누스Nicolaus Cusanus, 브루노Giordano Bruno를 통해서 유입되었고, 속박에서 풀려난 사유를 통해 이원론을 극복하려고 했다.

교회가 신 안에 포함되어 있는 현세적 요소를 인정하는 것은 자연 과학에 자극 —— 자연 과학의 대상은 절대적인 것을 수용함으로써 정당한 권리를 갖게 되고, 나아가 신성화되는 것처럼 보였다 —— 을

7　*Summa contra gentiles*, I, 16(원주).

주는 것임이 밝혀졌지만, 종교나 정신적인 평정에는 유해한 것으로 입증되었다. 신비주의는 인간이 신에 의존했던 것과 동일한 방식으로 신을 인간에게 의존하도록 만드는 것에서 출발했으며, 논리적으로 신의 죽음을 알림으로써 끝이 났다. 그럼에도 불구하고 토마스주의는 지성에 엄격한 통제를 가했다. 토마스주의는 완전히 고립된, 따라서 서로 모순투성이인 신과 세계라는 개념들에 직면해서 사고를 멈췄다. 이 두 개념은 정체적이며 궁극적으로 비합리적인 위계적 체계를 통해서 기계적으로 연결되었다. 신의 이념 자체는 자기 모순적인 어떤 것, 즉 절대적이어야만 하면서도 결코 어떠한 변화도 함축하지 않는 실재가 된다.

과학과 신실증주의

신토마스주의의 반대자들은 독단론이 언젠가는 사고를 멈추게 한다고 올바르게 지적한다. 그러나 신실증주의는 모든 절대자에 대한 찬양처럼 그렇게 독단적이지는 않은 것인가? 신실증주의자들은 우리가 "모든 가치를 원인과 결과에 따라 평가하는 과학적이거나 실험적인 삶의 철학"[8]을 수용하도록 유도했다. 신실증주의자들은 현재의 정신적 위기에 대한 책임을 "과학의 권위를 제한하는 것"에 전가하고, 나아가 "사물의 본질과 가치를 발견하기 위해 통제된 실험 방법과는 다른

---

8 Sidney Hook, "The New Failure of Nerve", 10쪽(원주).

방법을 도입하는 것"에 전가했다.[9] 훅의 책을 읽는 사람이라면, 히틀러와 같은 인류의 적이 실제로 과학적 방법을 강하게 신뢰했다는 것, 또는 독일의 정치선전국이 모든 가치를 '원인과 결과'에 따라 평가하는 가운데, 시종일관 통제된 실험 방법을 사용했다는 것을 결코 상상하려고 하지 않을 것이다. 현존하는 모든 신앙과 마찬가지로 과학 역시 가장 사악한 사회적 힘에 봉사하도록 이용될 수 있다. 그리고 과학주의는 전투적인 종교 못지않게 편견에 사로잡혀 있다. 네이글이 과학의 권위를 제한하려는 모든 시도가 명백하게 나쁜 일이라고 단언했을 때, 그는 단지 자신의 이론이 관용적이지 않다는 것을 드러낼 뿐이다.

　과학은 검열관의 권력을 요구할 때 미심쩍은 영역에 들어서게 된다. 혁명적인 역할을 수행했던 과거에 과학은 다른 제도들이 행사한 검열을 통해 고발당했다. 과학이 일반적으로 승인되고 심지어 강압적인 경향이 강해진 바로 그 시점에, 과학적 권위가 추락할 것이라는 걱정이 학자들을 엄습해왔다. 실증주의자들은 조직화된 과학의 요구에 철저하게 부응하지 않는 모든 종류의 사유를 헐뜯으려고 한다. 그들은 구성원을 강제하는 원칙Prinzip des Mitgliedszwangs을 이념의 세계에 부과한다. 일반적인 독점화 경향은 이론적인 진리 개념을 제거하는 데까지 이른다. 이와 같은 독점화 경향과 훅이 옹호하고 있는 '이념의 세계 안에서의 자유 시장'이라는 개념은 그가 생각하는 것만큼 그렇게 적대적이지 않다. 양자는 정신적인 문제에 대한 사무적인 태도, 즉 성공에 대한 집착을 반영하고 있다.

9　Ernest Nagel, "Malicious Philosophies of Science", 같은 책, 41쪽(원주).

산업 문화는 결코 경쟁을 배제하지 않고, 오히려 경쟁의 토대 위에서 지속적으로 연구를 조직화했다. 동시에 이러한 연구는 엄격하게 감시되고, 이미 정해진 모형에 부합하도록 유도된다. 여기서 우리는 경쟁적 통제와 권위적 통제가 어떻게 협력적 관계를 형성하는지를 보게 된다. 이와 같은 협력은 때때로 최고의 유아식이나 초강력 폭발물의 생산 그리고 고도의 정치 선전 방법을 만들어내는 것과 같은 제한된 목적을 위해서는 유용하다. 그러나 우리는 그 협력이 현실적 사유의 진보에 기여했다고는 결코 말할 수 없을 것이다. 현대 과학에서 자유주의와 권위주의 사이에는 명확한 구별이 없다. 실제로 자유주의와 권위주의는 비합리적인 세계의 제도들을 점점 더 강력하게 통제하도록 협조하는 방식으로 상호 간에 영향을 미치는 경향이 있다.

과학적 절대주의는 독단적이라는 비난에 저항하지만, 그것이 공격하는 '반과학주의'와 마찬가지로 자명한 원칙들로 복귀할 수밖에 없다. 유일한 차이가 있다면 그것은 실증주의가 그와 같은 전제에 관하여 아주 소박한 이해에 머물고 있는 반면, 신토마스주의는 그 전제를 의식하고 있다는 점이다. 중요한 것은 하나의 이론이 자명한 원칙과 연관되어야 한다는 것 —— 이것은 가장 어려운 논리적 문제 중 하나인 바 —— 이 아니라, 신실증주의가 자신의 반대편에 대해 공격했던 것을 실행하고 있다는 것이다. 신실증주의가 이러한 공격을 계속하려면 스스로의 최고 원칙을 정당화해야만 한다. 그 원칙 중에 가장 중요한 것이 진리와 과학의 동일성의 원칙이다. 신실증주의는 특수한 절차적 방법을 과학적인 것으로 인정하는 이유를 명확하게 설명해야만 한다. 이것은 철학적 논쟁거리다. 그 논쟁을 통해서 현재의 위협적인 상황에 대한 해결책으로 훅이 제안한 '과학적 방법에 대한 신뢰'가 맹목적인 믿음인지 또는 합리적인 원칙인지가 결정된다.

언급되고 있는 세 편의 논문은 이러한 문제를 다루고 있지는 않지만, 실증주의자들이 이 문제를 어떻게 해결하려고 했던가에 대한 몇 가지 암시를 포함하고 있다. 혹은 과학적 진술과 비과학적 진술의 차이를 지적한다. 혹에 따르면 비과학적 진술의 타당성은 개인적인 감정을 통해 결정되는 반면, 과학적 판단의 타당성은 "증명 방법의 규율Disziplin을 따르는 모든 사람에게 열려 있는 공적 증명 방법을 통해"[10] 확립된다. 여기서 '규율'이라는 표현은 가장 진전된 지침서에 표기되고, 실험실에서 과학자들에 의해 성공적으로 적용된 규칙을 가리킨다. 분명 이러한 절차적 방법은 과학적 객관성에 대한 그 당시의 이념에 있어서 전형적인 것이다. 그럼에도 불구하고 실증주의자들은 그러한 절차적 방법을 진리 자체와 혼동하는 것처럼 보인다. 과학은 철학자들이 제시한 것이든 과학자들이 제시한 것이든 관계없이 철학적 사유가 과학적 방법론을 진리의 궁극적 정의로 단순히 내세우기를 기대하기보다는 오히려 진리의 본성에 관하여 해명해주기를 기대해야 한다. 실증주의는 철학이 과학적 방법을 분류하고 형식화할 뿐이라고 주장함으로써 쟁점을 피해 간다. 상관성의 가설 또는 복합적 진술들을 요소 명제들로 환원하는 원리 등과 같은 의미론적 비판의 가설들이 이러한 형식화로서 제시된다. 실증주의는 자율적 철학과 철학적 진리 개념을 부정하는 가운데, 과학을 우연적인 역사 발전에 맡겨버린다. 과학은 사회적 과정의 한 요소이기 때문에, 과학

---

10 Sidney Hook, 같은 글, 6쪽(원주).

에 진리의 심판자arbiter veritatis로서의 임무를 부여하는 것은, 진리 자체를 변화하는 사회적 척도에 복속시키는 것이다. 사회는 사회 비판에 의해 지속적으로 고발되어왔던 예속적 상황에 맞서 저항하기 위한 모든 정신적인 수단을 박탈당할 수도 있다.

독일에서조차 북유럽식 수학과 물리학의 개념 그리고 그와 유사하게 무의미한 개념이 대학에서보다 정치 선전에서 더 중요한 역할을 수행했다. 그렇지만 그것은 실증주의 철학이 지닌 입장이었다기보다는 과학 자체의 핵심적인 능력과 독일 군사력의 요구에서 비롯된 것이었다. 결과적으로 실증주의 철학은 과학의 특성을 당면한 역사적 단계 위에서 성찰한다. 만약 조직화된 과학이 전적으로 '북유럽식' 욕구에 굴복하고, 그에 따라서 정합적인 방법론을 형성한다면, 실증주의는 결국 그것을 받아들일 수밖에 없을 것이다. 실증주의는 다른 곳에서도 이와 마찬가지로 행정적 욕구와 관습적 제약을 통해 미리 형성된 경험적 사회학의 전형을 받아들였다. 실증주의는 기꺼이 과학을 철학의 이론으로 만들어버리는 가운데, 과학의 정신 자체를 부정한다.

과학과 철학

훅은 자신의 철학이 "초자연적인 실재나 힘의 존재를 선험적 근거에서 배제하지 않는다"[11]고 말한다. 우리가 만약 이와 같은 용인을 진

---

11   Sidney Hook, "The New Failure of Nerve", 7쪽(원주).

124

지하게 받아들인다면, 특정한 상황에서 앞에서 말한 실재들의 부활이나 심지어 유령의 부활을 기대할 수도 있을 것이다. 본래 유령의 퇴마 의식 속에 과학적 사고 전체의 핵심이 깃들어 있다. 그러나 실증주의는 그와 같은 신화로의 퇴보에 동의할 수밖에 없을 것이다.

듀이는 수용해야 할 과학과 금지해야 할 과학을 구별하는 다른 길을 제시한다. "자연주의자('자연주의'라는 표현은 상이한 실증주의적 학파들을 초자연주의의 옹호자들과 구별하기 위해 사용되었다)는 당연히 자연 과학으로부터 얻은 귀결들을 존중하는 사람이다." 현대 실증주의자들은 자연 과학, 특히 물리학을 올바른 사유 방법의 모형으로 받아들이려는 경향이 있는 것처럼 보인다. 아마도 듀이는 다음과 같은 글에서 이러한 비합리적인 선호를 갖게 된 주요 동기를 보여주는 것 같다. "현대의 실험적 관찰의 방법은 천문학, 물리학, 화학, 생물학의 대상들에 커다란 변화를 야기했다."[12] 그리고 "그 속에서 야기된 변화는 인간관계에 막대한 영향력을 행사했다."[13] 과학이 수많은 다른 요인과 마찬가지로 좋은 또는 나쁜 역사적 변화를 불러오는 데 있어서 일정한 역할을 수행했던 것은 사실이다. 그러나 이것이 곧 인류를 구원할 수 있는 유일한 힘이 과학이라는 것을 의미하지는 않는다. 만약 듀이가 과학적 변화는 통상적으로 더 나은 사회 질서를 향한 변화를 불러온다고 말하고자 한다면, 그는 경제적, 기술적, 정치적 그리고 이데올로기적 힘의 상호 작용을 잘못 이해한 것이다. 유럽에서 죽음을 불러온 공장이 과학과 기술적 진보의 관계에 미친 영향은 마

---

12 John Dewey, "Anti-Naturalism in Extremis", 26쪽(원주).
13 같은 곳(원주).

치 양말을 생산할 때 공기가 영향을 미치는 정도만큼 사소한 것일 뿐이다.

실증주의자들은 과학을 물리학과 그것의 분과 안에서 적용된 절차로 환원시킨다. 그들은 물리학에서 정당화된 방법으로 추출해낸 것과 일치하지 않는 모든 이론적 노력으로부터 과학이라는 이름을 박탈한다. 여기서 인간과 관련된 모든 진리를 자연 과학과 인문학으로 구별하는 것 자체가 사회적 산물이라는 점에 주목해야만 한다. 여기서 말하는 사회적 산물이란 대학의 조직을 통해서, 특히 몇몇 철학적 학파를 통해서, 특별히 예를 들자면 리케르트[14]와 베버의 학파를 통해서 실체화된 것이다. 소위 실천적 세계라고 하는 것은 진리를 위한 어떠한 공간도 가지지 않기 때문에 그것이 가지고 있는 고유한 표상에 일치시키기 위해 진리를 분할한다. 자연 과학은 이른바 객관성으로 무장되어 있지만, 인간적인 내용이 제거된 것이다. 인문학은 인간적인 내용을 보존하고 있지만 그것은 단지 이데올로기로서, 진리를 희생하는 대가로 가능한 것이다.

비록 실증주의자들은 전적으로 무의미한 것으로 간주할 수도 있겠지만, 만약 우리가 그들이 고수하는 원칙의 궁극적 정당성을 면밀히 검토해본다면, 그들이 독단론에 빠져 있음은 명백하다. 실증주의자들은 토마스주의자들과 다른 모든 비실증주의 철학자들이 비합리

---

14 리케르트.Heinrich Rickert(1863~1936)는 신칸트학파 중 서남 독일학파의 대표자였다. 그는 독단적 실증주의나 생의 철학을 출발점으로 하는 철학에 반대하였으며, 대상의 세계를 자연의 세계와 문화의 세계로 나누고, 후자에 관한 인식의 논리적 구조를 해명하는 데 역점을 두었다. 대표적 저서로는《문화 과학과 자연 과학*Kulturwissenschaft und Naturwissenschaft*》(이상엽 옮김, 책세상, 2004)이 있다.

적인 수단, 특히 실험을 통해 통제되지 않은 직관을 사용하는 것에 반대한다. 역으로 그들은 자신들의 고유한 통찰이 과학적이며, 과학에 대한 자신들의 인식이 과학적 관찰에 근거한다고 주장한다. 다시 말하면 실증주의자들은 과학이 과학의 대상을 다루는 것처럼 실험적으로 증명할 수 있는 관찰을 매개로 자신들이 과학을 다룬다고 말한다. 그러나 중요한 물음은 다음과 같다. 무엇이 과학과 진리로 불릴 수 있는지를 올바로 규정하는 것, 그 자체가 과학적 진리를 획득하는 방법을 전제한다면, 이러한 규정은 어떻게 가능한 것인가? 과학에 대한 관찰을 통한 과학적 방법의 모든 정당화 속에는 동일한 순환 논증이 함축되어 있다. 관찰의 원칙 그 자체는 어떻게 정당화될 수 있는가? 정당화가 요구될 때 누군가 왜 관찰이 진리를 적절하게 보장하는지를 묻는다면, 실증주의자들은 다시 한번 그저 관찰에 호소한다. 그러나 그들은 눈을 감고 있다. 연구의 기계적 기능과 사실 조사, 증명, 분류 등의 메커니즘을 중단하고, 그것들의 의미 그리고 진리와의 관계를 숙고하는 대신에, 실증주의자들은 과학이 관찰을 통해서 발전한다는 말을 반복하고, 관찰이 어떻게 기능하는지를 장황하게 기술한다. 물론 실증주의자들은 증명의 원칙을 정당화하거나 입증하는 것이 자신들의 과제가 아니라고 말할 것이다. 그들은 단순히 이성적이고 과학적으로 이야기하고자 한다. 바꾸어 말하면 실증주의자들은 검증되지 않는 어떠한 진술도 의미가 없다는 그들 자신의 원칙에 대해 검증하는 것을 거부하는 가운데, 선결 문제 요구의 오류petitio principii, 즉 입증해야만 하는 것을 전제하는 오류를 범하고 있다.

실증주의적 태도의 뿌리에 자리 잡고 있는 논리적 오류는 의심할 여지 없이 제도화된 과학에 대한 실증주의자들의 숭배를 드러낼 뿐이다. 그럼에도 불구하고 이러한 논리적 오류를 무시해서는 안 된다. 왜냐하면 실증주의자들은 자신들의 진술이 지닌 간결성과 논리적 명확성에 항상 자부심을 갖기 때문이다. 경험적 검증이라는 실증주의 원칙의 궁극적 정당화가 이르게 된 막다른 골목은 실증주의자들의 주장에 반대되는 논증일 뿐이다. 그 이유는 그들이 다른 모든 철학적 원칙들을 독단적이고 비합리적인 것으로 치부하기 때문이다. 다른 독단론자들이 적어도 자신들의 원칙을 계시, 직관 또는 근원적인 명증성이라고 부르는 것의 토대 위에서 정당화하려고 하는 반면, 실증주의자들은 그러한 방법을 소박하게 사용하면서도 그 방법을 의식적으로 사용하는 사람들을 비난함으로써 자신들의 오류를 피하려고 시도한다.

어떤 자연 과학 방법론자들은 과학의 근본 공리가 자의적일 수 있으며, 자의적이어야만 한다고 주장한다. 그렇지만 이러한 주장은 그것을 정당화해야만 하는 과학과 진리의 의미 자체가 문제시될 때는 타당하지 않다. 실증주의자들이 ― 그들의 언어로 표현할 때 ― 기호 논리학에 부합하지 않는 이념은 어떠한 의미도 가질 수 없음을 통찰하지 못하는 사람들은 신의 축복을 받지 못한 것이라고 선언함으로써 모든 담론을 차단할 작정이 아니라면, 실증주의자들 역시 그들이 입증하려고 했던 것을 자명한 것으로 간주할 수는 없다. 만약 과학이 비과학적 사상에 맞서 세운 권위 ― 실증주의자들은 과학의 권위를 요구함으로써 휴머니즘과 계몽의 위대한 전통을 이어가는데 ― 를 지니고 있다면, 철학자들은 과학의 참된 본성을 위한 기준을 세워야만 한다. 철학은 과학을 형식화하고 현재하는 실천적 요구에 부합하는 가운데, 신화와 광기로의 위협적인 퇴보에 맞서 저항을 표현하고, 그러한 퇴보를 결코 심화시키지 않는 방식으로 과학의 개념을 정형화해야 한다. 절대적 권위를 지니기 위해 과학은 정신적 원칙으로서 정당화되어야만 하며, 단순히 경험적 절차로부터 도출되어서도 안 되며, 나아가 과학적 성공 여부를 판단하는 독단적 기준에 근거해서 진리로 절대화되어서도 안 된다.

실증주의와 비판적 사유

어떤 특정한 단계에서 과학은 실험적 방법을 현저히 벗어날 수 있다. 이때 과학의 논리적 구조를 다루는 현대의 모든 섬세한 실증주의적 저서들의 가치는 의심받을 수 있다. 왜냐하면 그 저서들의 의미가 엄격하게 경험적이기 때문이다. 실증주의자들은 그들의 고유한 방법을 정당화해주는 것으로 여겨지는 과학의 성공을 신뢰한다. 예를 들어 실증주의자들은 실험과 같은 과학적 방법들에 대한 그들의 고유한 승인을, 이미 성공적으로 적용되고 사회적으로 수용된 것인 과학에 역행할 수 있는 어떤 직관이나 원칙에 입각하여 근거 짓는 일에 아무런 관심도 갖지 않는다. 여기서 우리는 몇몇 실증주의자들이 경험주의 원칙과는 상이한 원칙으로서 제시하는 논리적 장치 자체를 끌어들일 수 없다. 왜냐하면 주도적인 논리적 원칙들은 결코 자명한 것으로 간주될 수 없기 때문이다. 듀이가 퍼스와의 합의하에서 확립하고 있는 것처럼, 주도적인 논리적 원칙들이 의미하는 것은 "그것이 스스로의 성공적인 수행을 포함하고 있다는 것을 지속적인 연구의 과정에서 이끌어 내는 조건들"[15]이다. 이러한 원칙들은 "이전에 사용된 방법의 검토로부터 도출된 것이다."[16] 우리는 이러한 원칙들이 "계속되는 연구와 관계해서 볼 때 조작적인 방식으로 선험적"[17]이라는 사상을 철학이 어떻게 정당화하는가, 또는 관찰에서 도출된 자료들이 스스로를 진리라고 주장하는 환상들을 극복하는 데 어느 정도로 이용될 수 있는가를 통찰할 수 없다. 실증주의에서 논리학은, 그것이 얼마나 형식적으로 파악되는가와 관계없이, 경험적 절차에서 도출된다. 나아가 스스로를 경험 비판론 또는 논리 경험주의라고 부르는 학파들은 낡은 감각주의적 경험주의의 순진한 변종으로 입증된다. 경험주의와 관련해서 볼 때, 매우 상반된 의견을 가지고 있는 플라톤, 라이프니츠Gottfried Wilhelm Leibniz, 드 메스트르,[18] 에머슨 그리고 레닌Vladimir Ilich Lenin과 같은 사상가들을 관통하면서 합의되고 강조되었던 것은 경험주의의 현대적 추종자들에게도 또한 타당하다.

경험주의는, 경우에 따라 과학과 경험주의 자체를 정당화할 수 있는 원칙들을 폐기한다. 관찰 자체는 결코 원칙이 아니며, 오히려 언제든지 폐기될 수 있는 행동 양식이고 일종의 절차modus procedendi다. 만약 언젠가는 과학이 자신의 방법을 변경해야만 하고, 관찰이 더 이상 오늘날 실행되고 있는 것과 같이 이루어질 수 없게 된다면, 필연적으로 관찰이라는 철학적 원칙을 수정하고 그에 따라 철학을 평가

---

15 *Logic*, 11쪽(원주).
16 같은 책, 13쪽(원주).
17 같은 책, 14쪽(원주).
18 드 메스트르Joseph De Maistre(1753~1821)는 프랑스의 정치가이자 작가이다.

하거나, 또는 이러한 원칙을 비합리적인 교설로서 고수하게 될 것이다. 실증주의의 이러한 약점은 과학이 적용한 일반적인 경험적 절차들이 본성상 이성과 진리에 상응한다는 실증주의자들의 포괄적인 가정에 의해서 은폐되어 있다. 이러한 낙관적 믿음은 사실적이지만 비철학적인 연구에 종사하는 모든 과학자에게는 전적으로 정당한 것이다. 그러나 철학자에게 그러한 믿음은 소박한 절대주의의 자기기만으로 보인다. 어떤 의미에서는 심지어 교회의 비합리주의적 독단론조차도, 스스로의 합리성을 가지고 자신의 목표를 벗어날 정도로 몰입하고 있는 합리주의보다 더 합리적이다. 실증주의적 이론에 따르면 과학자들의 공식적 협의회는 추기경 협의회Kardinalskollegium 보다 이성으로부터 더 독립적이다. 왜냐하면 추기경 협의회는 적어도 복음서에 의지해야만 하기 때문이다.

실증주의자들은 한편으로 과학이 독자적으로 말해야 한다고 하면서, 다른 한편으로는 과학이 단순한 도구일 뿐이라고 언급한다. 도구는 그 성과가 아무리 크다고 할지라도 말이 없는 것이다. 실증주의자들의 마음에 들든지 그렇지 않든지 간에 그들이 설파한 철학은 이념으로 구성된 것이며, 단순한 도구 이상의 것이다. 실증주의자들의 철학에 따르면 낱말들은 의미 대신에 단지 기능만을 가지고 있다. 실증주의 철학이 무의미성Sinnlosigkeit을 자신의 의미로 삼는 역설은 사실상 변증법적 사유를 위한 훌륭한 출발점이 될 수도 있다. 그러나 바로 이 지점에서 그들의 철학은 끝난다. 다음과 같은 언급에서 볼 수 있듯이, 듀이는 이러한 약점을 감지한 것처럼 보인다. "자연주의자들은 그들의 원칙과 방법을 정신, 의식, 자아 등과 같은 주제를 공식화하는 데 적용하기 전까지 참으로 불리한 입장에 처해 있을 것이다."[19] 실증주의가 지금까지 과도한 짐 때문에 해결하지 못했던 본질적 문제를 언젠가 해결할 수 있으리라는 것은 공허한 약속이다. 조야한 유물론의 방향으로 나아간 카르납[20]과 다른 학자들의 몇몇 직설적인 선언에 따르면, 실증주의가 그러한 미묘한 문제에 관여하는 데 일정한 저항감을 드러내는 것은 결코 우연이 아니다. 신실증주의는 그들의 방법론적·이론적 전체 구조 때문에 '정신, 의식, 자아 등과 같은 주제들'에 의해 제기된 문제들을 정당하게 다루는 것을 배제한다. 실증주의자들은 직관주의Intuitionismus를 폄하할 권리가 없다. 이 두 적대적인 학파들은 똑같이 무능하다. 특정한 지점에서 이 두 학파는 최고의 지성에 관한 것이든, 그것을 대체하는 과학에 관한 것이든, 똑같이 권위적인 주장을 함으로써 비판적 사유를 가로막는다.

사실과 가치의 일원화

실증주의와 신토마스주의는 그들의 원칙에 내재하는 모순을 무시하는 제한된 진리들이다. 결과적으로 이 두 학파는 사유의 영역에서 폭군의 지위를 차지하려고 시도한다. 실증주의자들은 그들의 결함이 근본적인 것이라는 사실을 간과하고, 현재의 지적 위기와 관련한 자신들의 무능함을 사소한 태만 —— 예를 들어 그들이 아직 명확한 가

---

19 John Dewey, "Anti-Naturalism in Extremis", 같은 책, 28쪽(원주).

20 카르납Rudolf Carnap(1891~1970)은 논리 경험주의를 대표하는 철학자다. 대표적 저서로는《과학 철학 입문An Introduction to the Philosophy of Science》(윤용택 옮김, 서광사, 1993)이 있다.

치론을 제시하는 데 이르지 못한 상황 —— 의 탓으로 돌린다. 혹은 과학적 연구가 사회적 삶 속에서 전해진 인습적인 관심의 요구, 부당한 특권의 요구 그리고 "민족적 계급 또는 인종적 진리"로 서술된 모든 것들의 요구를 "평가할 수 있는 자격"을 가지고 있다고 주장한다.[21] 그는 가치가 검증되기를 바란다. 마찬가지로 네이글도 "관찰, 상상을 통한 재구성, 가설들의 변증법적 완결 그리고 실험을 통한 증명과 같은 과학적인 분석의 모든 요소가 사용되어야만 한다"라고 언급한다.[22] 여기서 그는 아마도 혹이 지적하고 있는 가치의 '원인과 결과'에 대한 연구를 생각하고 있으며, 그리고 우리가 어떤 것을 왜 원하는지, 그리고 그것을 추구한다면 어떻게 될 것인지를 정확하게 알아야만 한다는 것, 즉 이상과 신조들을 실천에 옮기면 어떻게 될지를 알기 위해서 그것들을 상세하게 검토해야만 한다는 것을 염두에 두고 있는 듯하다. 이것은 철저한 실증주의자인 베버가 정의한 가치들을 고려했을 때 과학의 기능이 되었다. 그럼에도 불구하고 베버는 과학적 인식과 가치들을 엄격하게 구분하고, 실험 과학이 그 자체로 사회 정치적 적대 관계를 극복할 수 있을 것이라고 믿지 않았다. 그러나 실증주의에서 벗어난 것, 즉 '가치'를 사실로 환원하고, 정신적인 것을 사물화된 것, 즉 일종의 특수한 상품 또는 문화 상품으로서 서술하는 것은 전적으로 실증주의의 이념에 귀속된다. 독립적인 철학적 사유는 가치의 개념과 사실의 절대적 타당성에 관한 이념을 넘어서야만 한다.

21 같은 책, 5쪽(원주).
22 같은 책, 57쪽(원주).

실증주의자들은 단지 피상적으로만 '신경 쇠약'에서 벗어났을 뿐이다. 그들은 자신감을 피력한다. 듀이가 조직화된 지성이라고 불렀던 것이 실증주의자들에게는 사회적 안정성의 문제나 혁명을 해결할 능력을 가진 유일한 기관Instanz이다. 그럼에도 불구하고 이러한 낙관주의는 실제로 베버의 염세주의보다 더 엄청난 정치적 패배주의를 숨기고 있다. 베버는 사회 계급들의 관심이 과학을 통해 조화될 수 있다는 것을 거의 믿지 않았다.

현대 과학은 실증주의자들이 이해하는 것처럼 본질적으로 사실에 대한 진술과 관계하고, 따라서 일반적으로는 삶의 사물화를, 특수하게는 지각의 사물화를 전제한다. 현대 과학은 세계 속에서 사실과 사물의 세계를 바라보며, 세계가 사실과 사물로 변형되는 것을 사회적 과정과 연결하는 데 소홀히 한다. 여기서 사실의 개념은 일종의 생산물, 즉 사회적 과정이 소외된 생산물이다. 그 안에서 교환의 추상적 대상이 주어진 범주 안의 모든 경험의 대상들을 위한 모형으로 생각된다. 비판적 반성의 과제는 상이한 사실들을 그것의 역사적 발전 과정 안에서 이해하는 것 —— 이것조차도 실증주의적 스콜라 철학이 일찍이 꿈꿔왔던 것보다 훨씬 더 많은 것을 함축하고 있는데 —— 뿐만 아니라, 사실 개념 자체를 그것의 발전 과정 안에서, 따라서 개념의 상관성 속에서 통찰하는 것이다. 실증주의자들이 유일하게 과학적인 것으로 간주하는, 소위 양적quantitativ 방법을 통해서 산출된 사실은 대개 토대가 되는 실재를 드러내기보다는 은폐하는 피상적인 현상이다. 개념은 만약 개념이 추구하는 진리의 이상이 자체 안에 사회적 과정을 전제한다면, 진리의 척도로서 받아들여질 수 없다. 사유는 이때의 사회적 과정을 그 자체로 주어진 것으로 간주할 수 없다.

생성 과정과 사물의 기계적인 분리는 독단적 사유가 지니고 있는 맹점 중의 하나다. 이러한 맹점을 제거하는 것은 실재의 응고된 형태를 진리의 법칙과 혼동하지 않는 철학의 가장 중요한 과제 중의 하나다.

인식과 과학을 동일시함으로써 실증주의는 상업 문화 비판을 위해 요구될 수 있는 지성을 이미 상업 문화를 위해 제작된 재료들을 조직하는 데 필요한 기능으로 축소한다. 이러한 축소는 훅과 그의 동료 실증주의자들이 기꺼이 원했던 것처럼 지성을 생산 장치의 하인으로 전락시킬 뿐, 결코 주인이 되게 하지는 않는다. 과학의 내용과 방법 그리고 범주들은 사회적 갈등을 벗어난 것이 아니다. 그리고 이러한 사회적 갈등은 그것을 제거하기 위해서 사람들이 기본적 가치와 관련된 무제한적 실험에 동의할 수 있는 성격의 것이 아니다. 오직 이상적으로 조화로운 조건들하에서만 과학의 권위를 통한 진보적인 역사 변화가 일어날 수 있다. 실증주의자들은 이러한 사실을 전반적으로 의식하고 있는 것처럼 보인다. 그러나 그들은 이로부터 생겨나는 결과, 즉 과학이 철학 이론에 의해서 결정되는 상대적 기능을 갖는다는 결과를 직시하지 않는다. 실증주의자들은 이론을 경멸할 때 지나치게 현실적인 것과 마찬가지로 사회적 실천을 판단할 때는 지나치게 이상적이다. 이론이 단순한 도구로 환원될 때 현실을 벗어나는 모든 이론적 수단은 형이상학적 헛소리로 전락한다. 동일한 방식의 왜곡을 통해서 그처럼 찬미된 현실은 자신의 내적 논리의 힘으로 보다 나은 현실로 나아갈 수 있는 그 어떤 객관적인 성격도 갖지 않은 것으로 파악된다.

사회가 그 모습대로 있는 한, 이론과 실천의 적대적 관계를 직시하는 것은 활동하고 있는 조직화된 지성의 개념을 통해 그 적대적 관계를 은폐하는 것보다 더 유익하고 정직한 것처럼 보인다. 이러한 이상적이고 비합리적인 실체화는 궤변을 늘어놓는 헤겔 비판가들이 생각하는 것보다 헤겔의 세계정신에 더 가깝다. 그들의 고유한 절대적 과학은 진리인 것처럼 포장되지만, 사실상 과학은 진리의 한 요소일 뿐이다. 실증주의 철학 안에서 과학은, 독일 신비주의적 전통의 의미에서 역사의 부정적인 모든 요소를 명시적으로 포함하고 있는 세계정신보다도 더 많은 신성한 정신의 특징을 가지고 있다. 훅의 지성 개념이 실험에서 사회적 조화가 따라 나올 것이라는 확정적인 예측을 함축하고 있는지는 명확하지 않다. 그러나 소위 가치들과 관련된 과학적 연구에 대한 신뢰가 사회적 변화에 대한 주지주의적 이론에 의존하고 있다는 것은 분명하다.

18세기 계몽주의의 아류인 실증주의자들은 그들의 도덕 철학 안에서 소크라테스의 제자들임이 드러났다. 소크라테스는 앎이 필연적으로 덕을 산출하고 무지는 악을 함축하고 있다고 가르쳤다. 소크라테스는 종교로부터 덕을 해방시키려고 시도했다. 나중에 이러한 이론은 영국의 수도사 펠라기우스Pelagius를 통해서 옹호되었다. 그는 은총이 도덕적 완전성의 조건이라는 것을 부정했으며, 학설과 법칙이 도덕적 완전성의 토대가 된다고 주장했다. 실증주의자들은 아마도 자신들의 이러한 숭고한 계보를 인정하지 않을 것이다. 실증주의자들은 분명히 선철학적 영역에서 박식한 사람들도 빈번하게 오류를 범한다는 일반적인 경험에 찬성했을 것이다. 그런데 만약 정말 그렇다면, 왜 단지 좀 더 상세한 정보에 의지하는 것만으로 철학 안에서 정신적 구원을 기대하는가? 이러한 기대는 실증주의자들이 앎과 덕의 소크라테스적 일치 또는 그와 유사한 합리적 원칙을 고수할 때

의미를 갖는다. 오늘날 관찰의 선지자들과 자기 명증의 선지자들 사이의 대립은 1,500년 전에 이루어진 영적 은총gratia inspirationis 논쟁이 약화된 형태다. 현대적인 펠라기우스주의자들은 그들의 선조가 성 아우구스티누스에 대립했던 것처럼 신토마스주의에 대립한다.

실증주의를 빈곤한 철학으로 만든 것은 결코 자연주의적 인간학에 대한 의심이 아니다. 그것은 오히려 자기반성의 결여이며, 윤리학에서뿐만 아니라 인식론에서도 자신들의 고유한 철학적 함축을 이해할 수 없는 실증주의의 무능력이다. 이것은 곧바로 실증주의 명제를 또 다른 치료 수단으로 만든다. 이 치료 수단은 비록 강하게 방어되지만 그 명제의 추상성과 원시성 때문에 무용하다. 신실증주의는 문장들을 빈틈없이 서로 연결할 것을 주장하고, 과학 이론의 추상적 규칙들 아래로 모든 사유 요소를 완전하게 종속시킬 것을 강하게 주장한다. 그러나 정작 그들 자신의 철학적 토대는 지극히 일관성 없는 방식으로 이루어져 있다. 신실증주의는 과거 대부분의 위대한 철학 체계를 경멸스럽게 바라보면서, 이러한 체계 안에 포함되어 있고 오랫동안 이어지고 있는 경험적으로 입증 불가능한 사상들이 상대적으로 고립된 신실증주의의 고유한 가정보다 더 불확실하고 미신적이며 무의미하고, 짧게 말하면 더 형이상학적이라고 생각하는 것처럼 보인다. 여기서 신실증주의의 가정은 단순히 이미 입증된 것으로 전제되어 있으며, 세계에 대한 그들의 고유한 정신적 관계의 기초로 만들어진 것이다. 단숨에 연결될 수 있는 복잡하지 않은 낱말들과 문장들을 선호하는 것은 문화적 삶에서뿐만 아니라, 현대 언어의 발전 안에서 일반적으로 나타나는 반지성주의적, 반휴머니즘적 경향 중의 하나다. 이것은 실증주의가 맞서 싸울 것을 요구하는 신경 쇠약의 증상이다.

실증주의적 원리가 다른 철학들보다 자유와 정의의 휴머니즘적 이념에 더 가깝다는 주장은 그와 유사한 토마스주의자들의 요구만큼이나 중대한 오류다. 현대 실증주의의 많은 대변자는 이러한 이념을 실현하기 위해 노력한다. 그러나 바로 자유에 대한 그들의 사랑이 자유를 실현하기 위한 수단인 이론적 사유에 대한 그들의 적대감을 강화하는 것처럼 보인다. 그들은 과학주의를 인류의 관심과 동일시한다. 그럼에도 불구하고 피상적 현상이나 교설의 논제조차도 좀처럼 사회 안에서 그 역할을 드러내지 않는다. 피에 굶주린 듯 혹독한 인상을 주는 드라콘의 법전[23]은 문명을 위한 가장 위대한 힘들 중 하나였다. 역으로 예수의 가르침은 그 고유한 내용과 의미를 부정하는 가운데 십자군 전사로부터 현대의 식민지화에 이르기까지 피로 얼룩진 무자비함과 결합되어 있었다. 만약 실증주의자들이 모든 철학 사상과 사회적 현실 사이의 모순을 의식하고, 따라서 예를 들어 맨더빌Bernard Mandeville과 니체와 같은 가장 철저한 계몽주의자들이 그랬던 것처럼 그들 자신의 철학적 원칙이 이끌어낼 반도덕적 결말을 강조했더라면, 사실상 더 나은 철학자들이 되었을 것이다. 맨더빌과 니체는 자신들의 철학과 공적 이념 —— 진보적이든 반동적이든 관계없이 —— 이 쉽게 조화되리라고 주장하지 않았다. 그래서 이러한 조화를 부정하는 것이 그들 작업의 핵심이었다.

---

23 이 법전은 드라콘이 아테네를 위해 BC 621년 또는 BC 624년경에 제정한 최초의 성문법을 가리킨다. 드라콘 법전은 사소한 일에도 사형을 과하는 일이 너무 많았기 때문에 피로 쓰였다는 평가를 받았다.

많은 전문 과학자의 책임은 정치적 무관심에서 비롯된 것이 아니라, 오히려 그들이 사유의 모순과 복잡성을 이른바 상식의 요구에 희생시키는 데 있다. 민중들의 매우 정교화된 정신적 성향은 동굴인들이 이방인에 대해 가졌던 적대감을 유지하고 있다. 이것은 다른 피부색을 가진 사람이나 다른 종류의 의상을 입은 사람에 대한 혐오에서뿐만 아니라, 낯설고 익숙하지 않은 사유, 심지어 주어진 사회적 질서의 요구에 의해서 표시된 경계를 넘어서 진리를 추구하는 사유 자체에 대한 혐오감 속에서 드러난다. 오늘날 사유는 자신의 진리를 통해서라기보다는 오히려 기득권 집단을 위한 유용성을 통해 너무나 빨리 스스로를 정당화하도록 강요받는다. 비록 비참함과 좌절에 맞서 저항하는 것이 모든 일관된 사유 활동 속에서의 한 요소로 드러날 수 있을지라도, 개혁에 대한 협력이 진리의 기준인 것은 아니다.

유용성과 현실 긍정의 철학

실증주의의 공로는 신화학에 맞선 계몽주의의 투쟁을 전통 논리학의 신성화된 영역으로 옮겨놓은 데 있다. 그럼에도 불구하고 실증주의자들은 현대적 신화학자들과 마찬가지로 진리를 위하여 목적을 포기하는 대신에 목적에 봉사한다고 비난받는다. 이상주의자들은 상업 문화에 더 고귀한 의미가 있다고 생각하면서 그것을 찬미한다. 실증주의자들은 이러한 문화의 원칙을 진리의 척도로 받아들이는 가운데, 현대 대중 예술과 대중 문학이 삶을 있는 그대로 찬미하는 것과 다르지 않은 방식으로 ── 동일시나 거만한 해석을 통해서가 아니라, 그림과 무대 위에서, 영화 속에서 단순히 삶을 반복하는 것을 통해서 —— 상업 문화를 찬미한다. 신토마스주의에는 민주주의가 결핍되어 있는데, 그것은 —— 아마도 실증주의자들이 주장하게 될 것처럼 —— 신토마스주의의 이념들과 가치들이 지배적인 조건들의 관점에서 충분히 검토되지 않았기 때문이 아니다. 또한 신토마스주의가 "사회적 관계에 대한 이해와 사회적 관계를 이끌어가는 일관된 능력을 얻을 수 있는 유일한 방법을 사용"[24]하기를 미뤘기 때문도 아니다. 가톨릭이 그러한 방법들을 사용한다는 것은 이미 잘 알려진 사실이다. 토마스주의는 반쪽 진리이기 때문에 실패한다. 토마스주의의 숙련된 정치 선전원들은 토마스주의 이론을 그것의 유용성에 무관하게 발전시키는 대신에, 항상 지배적인 사회적 힘들 간의 상호적인 요구에 순응시켰다. 또한 최근 몇 년간 그들은 토마스주의 이론을 현대 권위주의의 목적에 순응시켰다. 토마스주의는 현재의 패배에도 불구하고 이러한 권위주의로부터 미래를 보장받고자 한다. 토마스주의의 실패는 실용성의 결여에 있다기보다는, 오히려 성급하게 실용적 의도를 허용했다는 데 있다. 만약 이론이 부정Negation을 배제하는 고립된 원칙을 실체화한다면, 그 이론은 역설적이게도 이미 정치적 추종주의Konformismus 편에 서 있는 것이다.

진리와 지도적 원칙들에 대한 명확한 정의를 제공함으로써 일정 기간 문화적 무대를 지배하는 경향이 있는 모든 이념과 체계가 그렇듯, 신토마스주의와 신실증주의 역시 그들의 고유한 이론과 대립하

---

24 같은 책, 27쪽(원주).

는 이론들에 모든 악에 대한 책임을 전가한다. 이러한 책임 추궁은 지배적인 정치 형태에 따라 변화한다. 19세기에 헤켈[25]과 같은 자연주의자들이 기독교 철학이 초자연주의적 독소로 국가 도덕을 병들게 했다고 비난했을 때, 기독교 철학은 동일한 비난을 자연주의자들에게 가하면서 되받아쳤다. 오늘날 반목하는 학파들은 이 땅에서 민주주의 정신을 파괴한 책임을 서로에게 추궁한다. 그들은 역사의 왕국Reich der Geschichte을 탐구하는 미심쩍은 여행을 통해 그들 각자의 논증을 뒷받침하려고 시도한다. 물론 교회를 받아들이려는 의지만 있다면 어떤 억압적 지배를 돕는 데도 결코 주저하지 않았으면서도 자유의 선구자를 사칭했던 토마스주의를 공정하게 평가하기란 매우 어려운 일이다.

종교가 다윈주의에 취한 보수적 태도에 관한 듀이의 암시가 실제로 이와 같은 사태 전체를 그대로 보여주는 것은 아니다. 생물학적 이론들 속에 표현된 진보 개념은 보다 확대된 완성을 필요로 하는데, 실증주의자들이 이러한 비판에 토마스주의를 끌어들이기까지는 오랜 시간이 걸리지 않을 것이다. 서양 문명의 역사 속에서 종종 가톨릭교회와 그 위대한 선지자들은 과학이 미신과 허풍에서 해방되는 것을 도왔다. 듀이는 종교적 믿음을 가진 특수한 사람들이 과학적 정신에

---

25 헤켈Ernst Haeckel(1834~1919)은 독일 사회에 다윈의 진화론을 열광적으로 전파한 동물학자다. 그의 핵심 이론인 배아의 발생 반복설에 따르면 모든 개체의 발생 과정은 그것이 진화해온 역사, 즉 계통 발생 과정을 되풀이한다. 그런데 그는 자신의 이론을 입증하기 위해 인간의 배아 그림을 조작하기에 이른다. 헤켈은 또한 진화론을 통해 기독교를 강하게 비판하면서 사회 진화론, 인종적 우월주의, 제국주의 등을 옹호하기에 이른다. 대표적인 저서로는 《자연적 창조의 역사Natürliche Schöpfungsgeschichte》(1868) 등이 있다.

대항해왔다고 생각하는 것처럼 보인다. 이것은 복잡한 문제다. 그런데 듀이가 이러한 맥락에서 "이념의 역사가Historiker der Ideen"[26]를 인용했을 때, 그것은 듀이에게 결국 교회 없이는 유럽 과학의 발흥을 생각할 수 없었다는 것을 상기시켜주었을 것이다. 교부들은 모든 종류의 '신경 쇠약', 그 가운데 점성학, 신비주의, 심령론에 대항해 끈질긴 투쟁을 전개했다. 우리 시대의 몇몇 실증주의 철학자들은 점성학, 신비학, 심령론에 대해서, 테르툴리아누스Tertullian, 히폴리투스Hippolytus, 성 아우구스티누스보다도 면역 능력이 약한 것으로 드러났다.

과학과 가톨릭교회의 관계는 교회가 진보적 세력과 연합하는지 보수적 세력과 연합하는지에 따라 그때그때 변화한다. 스페인 종교재판소가 이성적인 모든 경제 사회적 개혁을 억압하는 부패한 왕정에 협조했던 반면에, 몇몇 교황들은 전 세계에서 일어난 휴머니즘 운동과의 관계를 돈독히 했다. 갈릴레이Galileo Galilei의 적들은 갈릴레이와 우르반 8세Urban Ⅷ의 우정을 깨뜨리는 데 어려움을 겪었으며, 그들의 최종적인 성공은 필연적으로 갈릴레이의 과학적 입장으로 귀착되기보다는, 오히려 신학과 인식론의 영역에 대한 갈릴레이의 탐구 여행으로 귀착됐다. 중세의 가장 위대한 백과사전 편집자였던 보베Vincent de Beauvais는 지구를 우주 속의 한 점이라고 말했다. 우르반 자신도 코페르니쿠스Nicolaus Kopernikus의 이론을 유익한 가설로 간주했던 것처럼 보인다. 교회가 두려워했던 것은 자연 과학 자체가 아니었다. 교회는 전반적으로 과학과 조화를 이룰 수 있는 상황에 있었

---

26 같은 책, 31쪽(원주).

다. 갈릴레이 재판에서 교회는 코페르니쿠스와 갈릴레이가 제시한 증거에 의심을 품었다. 따라서 교회는 적어도 그 재판이 성급한 결론에 맞서 합리성을 방어하는 것처럼 행세할 수 있었다. 음모가 갈릴레이의 유죄 판결에서 커다란 역할을 한 것은 분명하다. 그러나 열성적 반대자advocatus diaboli는 몇몇 추기경들이 갈릴레이 이론을 받아들이기를 주저한 것은 그 이론이 점성학 또는 오늘날의 인종학처럼 사이비 과학일 것이라고 의심했기 때문이라고 말할 것이다. 가톨릭 사상가들은 구약과 신약에 포함된 인간과 자연에 대한 이론을 그 어떤 경험주의 또는 회의주의보다도 더 많이 지지했다. 이러한 이론은 과학이나 다른 형태 속에 포함된 미신으로부터 일정한 피난처를 제공하는 가운데, 마녀를 목격했다고 주장하던 피에 굶주린 폭도에 교회가 동조하는 것을 막을 수 있었다. '민중이 항상 옳다'라고 주장하고, 종종 이러한 원칙을 민주 제도를 쇠퇴시키기 위해 사용했던 민중 선동가들이 그랬던 것처럼 교회는 다수에 굴복할 필요가 없었다. 그러나 교회가 마녀 화형에 개입했다는 사실과 방패에 새겨진 문장Wappenschild 위에 묻어 있는 피가 과학에 대한 그들의 반대를 입증하는 것은 아니다. 결과적으로 만약 제임스와 실러Ferdinand Canning Scott Schiller가 영혼에 관하여 오류를 범할 수 있다면, 교회 역시 마녀에 관하여 오류를 범할 수 있다. 그럼에도 불구하고 화형이 폭로하는 것은 그들 자신의 고유한 믿음에 대한 암묵적인 의심이다. 교회의 고문 기술자는, 예를 들어 사람이 기둥에 묶여 불태워질 때 그는 결코 피를 흘리지 않는다는 빈약한 변명에서 드러나는 것 같은, 양심의 가책에 대한 증거를 제공했다.

토마스주의의 가장 큰 결함이 그것의 현대적 형태에서만 고유하게 나타나는 것은 아니다. 그 결함은 토마스 아퀴나스, 나아가 아리스토텔레스에 이르기까지 소급될 수 있다. 이러한 결함은 토마스주의가 진리와 좋음을 현실과 동일시하는 데에서 비롯된다. 실증주의자뿐만 아니라 토마스주의자들 또한 자신들이 현실이라고 부르는 것에 대한 인간들의 순응이 현재의 위기에서 비롯된 것이라는 입장을 가진 것처럼 보인다. 그러한 현실 순응주의에 대한 비판적 분석은 아마도 두 학파의 사고 방향이 함축하고 있는 공통 지반을 드러낼 수 있을 것이다. 두 학파는 성공과 실패 —— 현세적 또는 미래적 삶에 있어서 —— 가 본질적 역할을 수행하는 질서를 하나의 행동 양식으로 받아들인다. 우리는 이론이 현실로서 인정한 것에 인간을 순응시키는 이러한 미심쩍은 원칙이 현재의 정신적 몰락을 가져온 근본 원인이라고 말할 수 있다. 우리 시대에 인간이 권력임이 틀림없는 어떤 것, 사실 또는 합리적인 것이라고 불리는 어떤 것에 순응해야 한다는 황망한 주장은 비합리적 합리성의 상태에 이르렀다. 이처럼 형식화된 이성의 시대에 교설들은 성급하게 서로 동조한다. 그 결과 각각의 교설들은 단지 또 다른 이데올로기로 간주되며, 나아가 억압과 차별을 위한 일시적 근거가 된다.

휴머니즘은 일찍이 인간이 지향하는 바에 대한 공통의 이해를 통해 인간을 통합하는 꿈을 꾼 적이 있다. 휴머니즘은 현재의 관행을 이론적으로 비판함으로써 좋은 사회를 실현할 수 있다고 믿었다. 이때 현재의 관행은 올바른 정치적 활동으로 전환될 수 있는 것이었다. 그러나 이것은 망상이었던 것처럼 보인다. 오늘날 말은 행위를 제안하는 것이어야만 한다. 사람들은 존립하는 것das Bestehend의 요구가 존립하는 것의 하녀인 철학으로 뒷받침되어야 한다고 생각한다. 이것

144

또한 커다란 망상이다. 실증주의와 신토마스주의는 이러한 망상을 공유하고 있다. 유토피아적 이념 대신에 사실과 상식을 따르라는 실증주의적 명령은 종교 제도가 해석하는, 또한 결국에는 사실인 그러한 현실에 복종하라는 요구와 크게 다르지 않다. 각각의 진영은 확신에 차서 진리를 표현하는데, 그것은 진리가 배타적으로 타당하다는 왜곡을 통해서 이루어진다. 실증주의는 진리의 원칙을 무효화하는 데까지, 그래서 그 원칙의 이름하에 오직 비판만이 의미를 갖게 되는 데까지 독단론에 대한 비판을 계속한다. 신토마스주의는 너무나 엄격하게 이러한 진리의 원칙을 고수한다. 그 결과 실질적으로 진리는 그것의 반대로 이행한다. 두 학파는 타율적인 성격을 띠고 있다. 한 학파는 자율적인 이성을 자동 장치라는 초현대적 방법론으로 대체하는 경향이 있고, 다른 학파는 독단적 교설의 권위로 대체하는 경향이 있다.

자연 지배와 인간 지배

이성이 삶의 최고 목표를 규정할 수 없다고 설명되고, 관계된 모든 것을 단순한 도구로 환원시키는 데 스스로 만족해야만 한다면, 이성에게 남은 유일한 목표는 자신의 획일적 활동을 단순히 영속화하는 것이다. 이러한 활동은 한때 자율적 '주체'가 하는 일로 여겨졌다. 그러나 주관화의 과정은 모든 철학적 범주를 훼손시켰다. 주관화의 과정은 철학적 범주를 상대화하거나, 더 잘 구조화된 사유의 통일 속에서 보존하지 않고, 오히려 목록으로 만들 수 있는 사실들의 지위로 환원시켰다. 이것은 또한 주체의 범주에도 똑같이 적용된다. 칸트 이래로 변증법적 철학은 비판적-초월적 사유의 유산, 즉 무엇보다도 우리의 세계 이해의 기본 특성과 범주들이 주관적 요소에 의존한다는 원칙을 고수하려고 했다. 개념을 주관적 원천으로 소급하는 과제에 대한 의식은 객체를 규정하는 모든 발자취에 분명히 남아 있다. 이것은 심리학적 또는 사회학적 관계만큼이나, 사실, 사건, 사물, 객체, 자연과 같은 근본적인 이념들에도 적용된다. 칸트 이래로 관념론은 비판 철학의 이러한 요구를 결코 망각한 적이 없다. 심지어 유심론 학파에 속하는 신헤겔주의자들도 "결코 참된 형식은 아니지만 우리가 가지는 경험의 최고 형식"[1]을 자아에서 찾았다. 왜냐하면 주체의 이념은 철학적 사유를 통해 상대화되어야만 하는 고립된 개념이기 때문이다. 그러나 형이상학에서 경험을 최고의 지위로 끌어올린다는 점에서 브래들리와 때때로 일치하는 것처럼 보이는 듀이는 "자아 또는 경험의 주체가 사건 진행의 본질적인 구성 요소"[2]라고 설명한다. 그에 따르면 "유기체 —— 자아 또는 행위의 '주체' —— 는 경험 내부의 요인이다."[3] 그는 주체를 사물화한다. 그러나 "모든 자연이 상이한 종류의 물질들이 완전히 뒤섞인 상태"[4]('뒤섞임'은 의심할 여지 없이 자연의 구조가 인간적 실천에 상응하지 않는 데서 비롯된다)로 간주될수록, 또는 자연이 인간적 주체와의 관계에서 단순한 객체들의 총화로 간주되면 될수록, 한때는 자율적인 것으로 여겨졌던 주체는 모든 내용을 상실하고 결국 아무것도 가리키지 않는 단순한 이름이 된다. 실제로 모든 존재 영역을 총체적으로 수단의 영역으로 변형하는 것은 수단을 사용하는 주체를 파산시킨다. 이것은 현대 산업 사

---

1   Francis Herbert Bradley, *Appearance and Reality*, Oxford, 1930, 103쪽(원주).
     브래들리(1446~1924)는 헤겔의 변증법적 방법을 통해 영국의 경험론적 전통과 독일 관념론을 결합하려고 했던 영국의 철학자다. 이런 이유 때문에 그는 영국의 관념론자라 불린다. 그는 특히 원자적 개인주의를 비판하기 위해 '사회적 자아'라는 헤겔적 개념을 토대로 자신의 윤리학을 정초한다.

2   John Dewey 외, *Creative Intelligence*, New York, 1917, 59쪽(원주).

3   *The Philosophy of John Dewey*, Paul Arthur Schilpp ed., Evanston & Chicago 1939; The Library of Living Philosophers, Bd. I, 552쪽(원주).

4   Harry Todd Costello, "The Naturalism of Frederick Woodbridge", in *Naturalism and the Human Spirit*, 299쪽(원주).

회에 허무주의적 양상을 부여한다. 주관화는 주체를 드높이는 동시에 주체를 붕괴시킨다.

인간은 자신이 해방되는 과정에서 나머지 세계와 운명을 공유한다. 자연 지배는 인간 지배를 포함한다. 모든 주체는 외적 자연, 즉 인간적이거나 비인간적인 외적 자연을 지배하는 데 가담할 뿐만 아니라, 이를 수행하기 위해 자기 자신 안에 있는 자연을 지배한다. 지배는 지배를 위해 내면화된다. 통상적으로 목표라고 일컬어지는 것들, 예를 들어 개인의 행복이나 건강 그리고 부유함은 그것이 어떤 기능을 수행할 가능성이 있을 때만 의미를 획득한다. 이러한 개념들은 정신적·물질적 생산을 위한 우호적 조건들을 가리킨다. 따라서 산업 사회에서 개인의 자기부정은 산업 사회를 넘어서는 어떤 목표도 갖지 않는다. 그러한 단념은 수단과 관련해서 합리성을, 인간적 현존과 관련해서 비합리성을 산출한다. 사회와 사회 제도는 개인 못지않게 분명하게 이러한 불일치에서 비롯된 영향을 보여준다. 내적·외적 자연에 대한 인간의 지배는 의미 있는 동기에서 비롯된 것이 아니기 때문에, 자연은 실제로 초월되거나 화해되지 않고 단순히 억압된다.

이러한 자연 억압에서 발생하는 저항과 반항은 문명을 그것이 시작됐을 때부터 공격해왔다. 이 공격은 16세기의 자발적인 농민 봉기 또는 지능적으로 기획된 우리 시대의 인종 폭동과 같은 사회적 폭동의 형태를 통해 또는 개인적 범죄나 정신 장애의 형태로 이루어져왔다. 현재 우리 시대의 전형적 특징은 문명의 지배적인 세력에 의해 폭동이 조작된다는 것, 즉 폭동이 일어나게 하는 조건 그리고 폭동이 철폐하고자 하는 바로 그 조건들을 영속시키는 수단으로서 폭동을 이용하는 것이다. 합리화된 비합리성으로서 문명은 자연의 폭동을 또 다른 수단이나 도구로 끌어들인다.

여기서 이러한 메커니즘의 몇 가지 양상을 간략하게 논의해볼 필요가 있다. 자기 자신을 위해 추동되는 자기보존의 문화 안에서 인간이 처한 상황, 추상적 주체와 자아의 전개를 통한 지배의 내면화, 인간을 그가 억압하는 바로 그 자연의 도구로 만드는 지배 원칙의 변증법적 전도, 사회적 지배의 가장 극단적인 체제에 의해 거세된 파괴력으로서 억압된 미메시스적 추진력을 그 예로 들 수 있다. 다윈의 진화론은 지배와 폭동의 상호 관계에 대한 징후를 나타내는 정신적 경향 가운데 한 가지 사례로 설명된다. 이는 인간의 자연 지배와 인간의 자연에 대한 종속의 동일성에 대한 더 전형적인 철학적 예증이 없어서가 아니라, 불가피한 논리로 현재의 문화적 상황에 이르는 도정을 예견했던 대중 계몽의 전환점 가운데 하나가 다윈의 진화론이기 때문이다.

자기보존과 자유의 변화

문명의 한 요소는 자연 선택이 점차 합리적인 행위로 대체된 것이라 기술할 수 있을 것이다. 생존, 또는 우리가 성공이라고 말하는 것은 사회가 강요하는 속박에 적응할 수 있는 개인의 능력에 달려 있다. 인간은 살아남기 위해 매 순간 철저하게 순응적인 반응으로 자신의 삶을 이루는 혼란스럽고 곤란한 상황에 응답하는 기계로 변한다. 각자는 어떤 상황이든지 맞닥뜨릴 준비가 되어 있어야만 한다. 이것은 의심할 여지 없이 오직 현대만을 특징짓는 징표가 아니다. 이러한 특징은 인류의 전 역사에 걸쳐 유효한 것이었다. 그럼에도 불구하고 개인의 정신적, 심리적 자원은 물질적 생산 수단과 함께 변화해왔다. 17세기 네덜란드 농민이나 수공업자 또는 18세기 상점 주인의 삶은 확실히 오늘날 노동자의 삶보다 훨씬 더 불안정한 것이었다. 그러나 산업주의의 출현은 질적으로 새로운 현상을 초래했다. 이제 적응의 과정은 고의적인 것이 되었으며, 따라서 전면화되었다.

　오늘날 모든 삶이 점점 더 합리화와 기획에 복속되는 경향이 있는 것처럼, 예전에는 사적 영역을 형성했던 개인의 가장 은밀한 충동을 포함한 모든 개인의 삶은 이제 합리화와 기획의 요구를 따라야만 한다. 개인의 자기보존은 체제 보존의 요구에 개인이 적응해야 함을 전제한다. 개인은 더 이상 체제를 벗어날 여지가 없다. 합리화의 과정은 더 이상 시장의 알 수 없는 힘에 의한 결과가 아니고, 시장을 기획하는 소수의 의식 안에서 결정되는 것이기 때문에, 대중적 주체는 스스로를 의도적으로 적응시켜야만 한다. 주체는 실용주의적인 정의 Definition의 의미에서 "사물의 운동 속에 존재하고 사물의 운동에 속하기"[5] 위해 소위 모든 에너지를 쏟아야 한다. 예전에는 실재란, 자율적이라고 여겨지는 개인이 전개했던 이상과 대립되고 상충하는 것이었다. 그리고 실재는 이러한 이상과 일치해야만 했다. 오늘날 그러한 이데올로기는 조롱거리가 되었으며, 진보적 사유에 의해서 무시되고 있다. 진보적 사유는, 의도하지는 않았지만, 실재가 이상의 지위로 고양되는 것을 용이하게 만들었다. 따라서 적응은 생각할 수

5　John Dewey, *Creative Intelligence*, 59쪽(원주).

있는 모든 유형의 주체적 태도들을 위한 척도가 된다. 주관적이고 형식적인 이성의 승리는 또한 절대적이며 압도적인 주체에 맞서는 실재의 승리다.

오늘날의 생산 방식은 그 어느 때보다도 훨씬 더 많은 유연성을 요구한다. 실천적으로 삶의 모든 활동 영역 안에서 필요한 보다 강한 자발성은 변화하는 상황에 대한 더 강력한 적응력을 요구한다. 만약 중세 시대의 수공업자가 다른 업종을 받아들일 수 있었다면, 그의 전환은 한 사람이 잇달아 기술자, 판매원 그리고 보험 회사의 관리자로 직업을 바꾸는 오늘날의 그 어떤 전환보다도 더 급진적이었을 것이다. 기술적 진보에 의해 지속적으로 강화되는 단조로움은 사람들로 하여금 더 쉽게 직업을 바꿀 수 있게 했다. 그러나 어떤 활동에서 다른 활동으로 전환하는 것이 보다 쉬워졌다는 것이 기존의 삶의 패턴들에 대해 심사숙고하거나 그것들을 벗어나는 데 보다 많은 시간을 할애하게 되었다는 것을 의미하지는 않는다. 우리는 자연 지배를 위한 기계적 장치를 더 많이 발명하면 할수록, 살아남기 위해서 그 기계에 점점 더 많이 헌신해야만 한다.

인간은 행위의 절대적인 규범적 척도와 보편적 구속력을 갖는 이념들로부터 점진적으로 자유로워졌다. 인간은 자기 자신의 척도 이외에 어떠한 척도도 필요로 하지 않기 때문에 완전히 자유로운 것으로 간주된다. 그러나 역설적으로 독립성의 증대는 그에 상응하는 수동성의 증대를 낳았다. 인간은 그의 수단과 관련된 계산을 하는 데는 예민해졌지만 목적을 선택하는 데는 무뎌졌다. 예전에는 목적을 선택하는 것이 객관적 진리에 대한 믿음과 서로 연관되어 있었다. 객관적 이성의 신화를 포함한 신화의 모든 잔여물로부터 정화된 개인은 적응이라는 일반적 패턴에 따라 자동적으로 반응한다. 사회 경제적 권력은 맹목적인 자연적 힘의 성격을 받아들인다. 이 힘은 인간이 스스로를 보존하기 위해 적응하는 힘이며, 또한 그러는 가운데 지배해야만 하는 힘이다. 우리는 과정의 최종적 결과로서 한편으로 자기Selbst, 즉 추상적 자아를 지니게 되는데, 이것은 하늘과 땅 위에 있는 모든 것을 자기보존의 수단으로 변형시키려는 자아의 시도를 제외한 나머지 모든 실체를 상실한 것이다. 우리는 또한 다른 한편으로 공허한 자연, 단순한 물질로 전락한 자연, 바로 그 자아의 지배 외에는 다른 어떤 목적으로도 지배될 수 없는 단순한 물질적 소재를 갖게 된다.

평범한 사람에게 자기보존은 그가 반응하는 속도에 좌우된다. 이성 자체는 이러한 적응력과 동일시된다. 오늘날 인간은 그 선조들보다 훨씬 더 자유로운 선택 가능성을 가진 것처럼 보이고, 어떤 의미에서는 실제로 그렇기도 하다. 인간의 자유는 결정적으로 생산력의 증가와 함께 증대되었다. 양적 측면에서 현대의 노동자는 앙시앙 레짐Ancien régime의 귀족들보다 훨씬 더 다양하게 소비 상품을 선택할수 있다. 이러한 역사적 발전의 중요성이 과소평가되어서는 안 된다. 그러나 우리는 컨베이어 벨트 생산에 열광하는 사람들이 그렇듯 선택지의 증가를 자유의 증대로 해석하기에 앞서, 이러한 선택으로부터 분리할 수 없는 압력 그리고 이러한 새로운 선택 방식과 함께 나타난 질적 변화를 염두에 두어야만 한다. 압력은 현대의 사회적 관계를 모든 사람에게 강요하는 지속적인 강압 속에 존재한다. 변화는 훌륭한 물건을 만들기 위해 그에 꼭 맞는 도구를 고르는 오래된 유형의 수공업자와, 많은 레버 또는 스위치 중에 어떤 것을 작동시킬지를 신속하게 결정해야만 하는 오늘날의 노동자 간의 차이로 설명할 수 있다. 말을 타고 모는 것과 오늘날의 자동차를 운전하는 것 사이에는 매우 다른 정도의 자유가 관련된다. 마차보다 자동차를 이용할 수 있는 인구의 비율이 훨씬 더 높다는 사실을 제외하고라도, 자동차는 더 빠르고, 더 많은 일을 수행할 수 있고, 더 수월하게 관리할 수 있으며, 아마도 다루기도 더 쉬울 것이다. 그럼에도 불구하고 자유의 증대는 자유의 성격에 변화를 야기했다. 그것은 마치 우리가 준수해야 하는 수많은 법률, 규정, 지침이 자동차를 운전하는 것이지 우리가 자동차를 운전하는 것이 아닌 것과 마찬가지다. 속도 제한, 운행 금지, 서행 규정, 정차 규정, 정해진 차선 안에서 머물러야 하는 규정이 있고, 심지어 앞에 있는 커브 길의 형태를 알려주는 표지도 있다. 우리는 계속해서 눈을 도로에 고정하고 매 순간 알맞은 동작으로 반응할 준비가 되어 있어야만 한다. 우리의 자발성은 우리에게 모든 감각이나 사유 —— 우리가 자신에게 밀려오는 인간적인 것과는 무관한 요구에 민첩하게 반응하는 것을 방해할 수도 있는 감각과 사유 —— 를 포기하도록 강요하는 정신 규율로 대체된다.

이러한 예에서 설명한 변화는 우리 문화의 거의 모든 영역에 뻗어 있다. 옛 상인이 사용했던 설득 방법을 화려한 네온 불빛, 거대한 플래카드, 귀를 쩌렁쩌렁 울리는 스피커를 동원한 현대 광고의 설득 방법과 비교하는 것만으로도 충분하다. 경이로울 것이 아무것도 없는 슬로건의 유치한 빈말 뒤에는 대기업의 힘을 공표하는 눈에 보이지 않는 텍스트가 있다. 대기업은 호사스러운 방식으로 우리의 감각을 무디게 하는 데 드는 비용을 지불할 능력이 있다. 실제로 이러한 산업체 간의 연합에 드는 입회비와 회비는 너무 비싸서 영세 창업자들은 시작하기도 전에 패배하게 된다. 눈에 보이지 않는 텍스트는 또한 힘을 행사하는 회사 간의 연고 관계와 담합 그리고 결과적으로 전체 경제 기구의 집중된 힘을 전달한다.

소위 선택이 소비자에게 맡겨진다고 할지라도, 소비자는 그가 어떤 상표를 고르든 자신이 지불한 돈보다 단 한 푼의 가치도 더 많이 얻지 못한다. 같은 가격의 두 가지 인기 상품이 가진 질적 차이는 통상적으로 두 가지 상표의 담배가 가진 니코틴 함유량의 차이만큼이나 사소한 것이다. 그럼에도 불구하고 '과학적 실험'을 거쳐 확인된 이러한 차이는 수천 개의 전등이 밝히는 전광판을 통해서, 라디오를 통해서, 그리고 신문과 잡지의 모든 지면을 통해서 소비자들의 의식에 반복적으로 주입된다. 이러한 광고들은 그 차이가 줄담배를 피우는 사람에게조차도 어떠한 실제적 차이를 만들지 않을 만큼 허구적이고 사소한 것이 아니라, 마치 세계의 전반적 흐름을 변화시키는 계시라도 되는 것처럼 주입한다. 사람들은 어떤 방식으로든 행간에서 이러한 권력의 언어를 읽을 수 있다. 그들은 이해하고 순응한다.

나치 독일에서 경쟁 관계에 있던 상이한 경제 세력들은 '민족 공동체'라는 장막하에서 다른 민족에 대항해 공동 전선을 형성했고, 그들 간의 표면적인 차이를 제거했다. 그러나 민족은 계속되는 강력한 정치 선전에 굴복했기 때문에, 새로운 권력관계에 수동적으로 적응하고, 경제적, 사회적 그리고 정치적 틀 안에 스스로를 끼워 맞출 수 있는 반응 방식만을 허용할 준비가 되어 있었다. 독일인은 정치적 독립성 없이 지내는 법을 배우기 이전에, 마치 공장의 기계나 도로교통법에 반사적으로 적응하는 것과 똑같은 방식으로 정부 형태를 그들이 적응해야만 하는 부차적 유형으로 간주하는 법을 배웠다. 앞에서 언급했듯이 적응의 필요성은 물론 과거에도 있었다. 차이가 있다면, 그 것은 사람들이 스스로를 순응시키는 신속함에 있고, 이러한 태도가 인간 존재 전체를 사로잡았던 정도와 획득된 자유의 본성을 변화시 켰던 정도에 있다. 그리고 그 차이는 무엇보다도 현대인이 권위를 자 연스럽게 신뢰하는 어린아이처럼 이러한 과정에 몰입하는 것이 아 니라, 자신이 획득했던 개별성을 벗어버린 어른처럼 몰입한다는 사 실에 있다. 문명의 승리는 너무 완벽해서 참된 것으로 보인다. 따라 서 우리 시대에 적응은 원한 감정과 억압된 분노의 요소를 포함한다.

현대인은 정신적인 면에서, 사회의 유물론적 실행을 관념론에 대 한 경건한 성구를 통해 숨겼던 19세기의 선조들만큼 기만적이지 않 다. 오늘날 어떤 사람도 더 이상 이러한 방식의 기만에 속지 않는다. 그러나 이것은 과장된 성구와 현실 사이의 모순이 사라졌기 때문이 아니다. 모순은 단지 제도화되었을 뿐이다. 기만은 냉소적인 것이 되 었다. 기만은 더 이상 단 한 번이라도 신뢰받을 것을 기대하지 않는 다. 예술, 우정 또는 종교와 같은 더 고상한 삶의 문제에 관해 설교하 는 목소리와 똑같은 목소리가 청중에게 특정한 상표의 비누를 선택 할 것을 권고한다. 사람들이 어떻게 자신의 웅변술을 개선시키고 어 떻게 음악을 이해하는가 그리고 어떻게 구원받을 수 있는가를 이야 기하는 팸플릿이 변비약의 장점을 선전하는 것과 똑같은 양식으로 쓰인다. 실제로 노련한 카피라이터 한 명이 그것들 모두를 작성했을 수도 있다. 고도로 발전된 분업에서 표현은 기술자들이 생산 활동에 기여하는 데 이용하는 도구로 전락한다. 작가 지망생은 학교에 가서 잘 정돈된 우화들을 조합하는 다양한 방식들을 배울 수 있다. 이러한 도식들은 일정한 범위에서 다른 대중문화 산업의, 특히 영화 산업의 요구에 부합하도록 조정되었다. 소설은 영화화될 수 있는 가능성을 미리 염두에 두고 쓰이며, 교향곡과 시는 그것의 선전 가치를 고려해서 작곡되고 집필된다. 우리는 일찍이 예술과 문학 그리고 철학이 사물과 생명의 의미를 표현하고, 말하지 못하는 모든 것의 목소리가 되고, 자연이 겪는 고통을 알릴 수 있는 유기체적 구조를 자연에 부여하려고 노력했으며, 또한 현실을 그것의 올바른 이름으로 부르려고 노력했다고 말할 수 있을 것이다. 오늘날 자연은 언어를 빼앗겼다. 한때는 모든 표현, 모든 단어, 모든 외침 또는 모든 몸짓이 내적인 의미를 갖는다고 믿었다. 오늘 문제가 되는 것은 단순한 과정이고 사건이다.

자연에 대한 무관심과 유용성

하늘을 쳐다보고 "아빠, 달이 무엇을 선전하죠?"라고 묻던 소년의 이야기는 형식화된 이성의 시대에 인간과 자연의 관계에서 비롯된 하나의 알레고리Allegorie다. 한편으로 자연은 모든 내적인 가치나 의미를 빼앗겼다. 다른 한편으로 인간은 자기보존이라는 목적 이외의 다른 모든 목적을 박탈당했다. 인간은 자신의 세력 안에 있는 모든 것을 이 목적을 위한 수단으로 변형시키려고 한다. 실용적 관계 이외의 다른 관계를 가리키는 모든 낱말, 모든 문장은 의심스러운 것이다. 어떤 사람이 사물에 대해 감탄하고, 감정이나 태도를 존중하고, 한 인격체를 그 자체로 사랑할 것을 요구받는다면, 그는 그러한 요구가 감상적인 생각이라는 것을 알아차리고, 누군가 자신을 조롱하려고 한다거나 자신에게 무언가를 팔려고 한다고 의심한다. 사람들은 달이 무엇을 선전하는지 물어보지 않더라도, 탄도학이나 항공 거리를 떠올리면서 달을 생각하게 되었다.

목적보다는 오히려 수단을 우선시하는 세계로 완전히 전환한 것은 그 자체가 생산 방식이 역사적으로 발전한 결과다. 물질 생산과 사회 조직이 더 복잡해지고 더 사물화되는 가운데, 수단 자체를 인식하는 것은 더 어려워진다. 왜냐하면 수단이 자율적 본성을 가진 것처럼 나타나기 때문이다. 생산 수단이 원시적인 한, 사회 조직의 형태 또한 원시적이다. 폴리네시아 부족의 제도는 자연의 직접적이고 압도적인 압력을 반영한다.[6] 그들의 사회 조직은 그들의 물질적 욕구에 따라 형성되었다. 젊은이들보다 허약하지만 경험이 풍부한 나이 든 사람들이 사냥, 다리 건설, 정착지 선택 등을 위한 계획을 세우면, 젊은이들은 복종해야만 한다. 남자들보다 힘이 약한 여자들은 사냥하러 나가지 않으며, 큰 사냥감을 조리하고 먹는 데 동참하지 않는다. 여자들의 의무는 식물을 채집하고 조개류를 잡는 것이다. 잔혹한 마법 의식은 한편으로는 젊은이들을 북돋아주는 데 기여하고, 한편으로는 제사장과 노인들의 힘을 향한 커다란 존경심을 주입하는 데 기여한다.

원시인들에게 타당한 것은 보다 문명화된 공동체에도 마찬가지로 나타난다. 인간이 발전의 상이한 단계에서 사용하는 무기의 종류나 기계의 종류는 특수한 형식의 명령이나 복종 그리고 협력과 종속을 요구하며, 그 때문에 또한 특수한 법적, 예술적, 종교적 형식을 만

---

6 '많은 섬'을 의미하는 명칭인 폴리네시아Polynesia는 일반적으로 오세아니아 동쪽 해역에 분포한 수천 개의 섬을 총칭한다.

드는 데 영향을 미친다. 인간은 오랜 역사 속에서 가끔 직간접적으로 자기보존을 위한 계획을 세우지 않고도 자연과 현실에 대해서 숙고할 수 있는 자유, 즉 직접적인 자연의 억압으로부터의 자유를 획득했다. 아리스토텔레스가 이론적 관조로 서술했던 상대적으로 독립적인 사유의 형식들은 특별히 철학에서 장려되었다. 철학은 유용한 계산에 기여하는 통찰이 아니라, 자연 자체에 대한 이해를 증진하는 통찰을 얻고자 노력했다.

경제적 관점에서 볼 때 사변적 사유는 의심할 여지 없이 집단 통치에 의존하는 사회 속에서 노동의 고역으로부터 제외된 계층에 속하는 사람들만이 누릴 수 있는 사치였다. 플라톤과 아리스토텔레스를 유럽을 대변하는 최초의 위대한 인물로 간주했던 지식인들은 사변에 전념할 수 있는 여가와 자신들의 실존 전체를 그들이 정신적으로 벗어나고자 했던 지배 체제에 빚지고 있다. 이러한 역설적인 상황의 흔적은 상이한 여러 사유 체계들 속에서 찾아볼 수 있다. 오늘날 대중들은 관조할 수 있는 그와 같은 자유가 아주 가끔씩만 주어진다는 것을 알고 있다. 이것은 분명히 진보다. 관조를 위한 자유는, 항상 자신들의 특권을 인간적 미덕으로 실체화함으로써 자동적으로 이데올로기를 구축했던 특정 집단의 특권이었다. 이 인간적 미덕은 매우 실제적인 이데올로기적 목적에 헌신했으며 육체노동에서 제외된 사람들을 찬미했다. 따라서 이러한 집단을 통해서 불신이 야기되었다. 우리 시대에 지식인은 지속적으로 변화하는 현실의 요구에 따를 것을 강요하는 경제의 압력에서 결코 벗어날 수 없다. 결과적으로 영원성을 동경했던 명상은 바로 다음 순간을 겨냥하는 실용적 지성에 의해 폐기되었다. 사변적 사유는 특권적 성격을 잃어버린 것이 아니라 완전히 제거되었다. 이것을 진보라고 말하기는 어렵다. 자연은 이러한 과정에서 두려움을 갖게 하는 자신의 성질, 즉 은폐된 질qualitates occultae을 상실했다. 그러나 자연은, 이러한 특권을 가진 집단들의 왜곡된 언어로라도 사람들의 의식을 통해서 말할 가능성을 완전히 박탈당함으로써 복수를 행하는 것처럼 보인다.

자연에 대한 현대의 무관심은 사실 서양 문명 전반을 특징짓는 실용적 태도의 변형일 뿐이다. 변형의 형태는 다양하다. 과거의 사냥꾼은 초원과 산에서 단지 성공적인 사냥을 위한 전망만을 보았다. 그러나 현대의 사업가는 풍경을 보면서 담배 광고판을 설치할 좋은 기회를 살핀다. 몇 년 전 신문에 실렸던 기사를 통해 우리 세계에서 동물의 운명이 어떠한가를 상징적으로 살펴볼 수 있다. 그 기사는 아프리카에서 종종 코끼리나 다른 동물들의 무리 때문에 비행기가 착륙하는 데 어려움을 겪는다고 전한다. 이때 동물은 단순히 교통 장애물로 간주된다. 이처럼 인간을 주인으로 표상하는 것은 창세기 첫 번째 장으로까지 소급될 수 있다. 동물들을 위한 몇 안 되는 성경의 계율은 바울, 토마스 아퀴나스 그리고 루터와 같은 가장 뛰어난 종교적 사상가들에 의해서 다음과 같이 해석되었다. 계율은 오직 인간의 도덕적 교육에 관계되는 것이지, 결코 다른 피조물에 대한 인간의 의무에 관한 것이 아니다. 오직 인간의 영혼만이 구원받을 수 있다. 동물은 단지 고통받을 권리만을 가질 뿐이다. 몇 년 전 영국의 한 성직자는 "몇몇 남자와 여자들은 다른 이들의 삶과 안녕 그리고 행복을 위해 고통받고 죽어간다"라고 썼다. "이러한 법칙은 지속적으로 효력을 발생시킨다. 그 최고의 예는 골고다에서 (나는 경의를 표하면서 이 글을 적는다) 세계에 분명히 알려졌다. 왜 동물은 이러한 법칙이나 원칙의 효력에서 제외되어야 하는가?"[7] 교황 피우스 9세는 로마에서 동물 학대를 저지하려는 협회가 설립되는 것을 허락하지 않았다. 왜냐하면 그가 말했듯이 신학은 인간이 동물에 대한 의무를 지지 않는다고 가르치기 때문이다.[8] 나치는 자신들이 동물을 보호한다고 자랑했지만, 그것은 단지 그들이 한낱 자연으로 취급했던 저 '저열한 종족'을 더 아래로 깎아내리기 위해서였다.

이러한 예들은 단지 실용적 이성이 결코 새로운 것이 아니라는 것을 보여주기 위한 것이다. 그럼에도 불구하고 실용적 이성의 배후에서 있는 철학, 즉 인간이 가진 최고의 정신적 능력인 이성이 오로지 도구들과 관계할 뿐이고, 심지어 그 자체가 하나의 도구라는 표상은 오늘날 예전보다 더 분명하게 정식화되고 더 일반적으로 받아들여진다. 지배 원칙은 모든 것을 희생 제물로 만드는 우상이다.

자연을 지배하려고 노력해온 인간의 역사는 또한 인간이 인간을 지배해온 역사다. 자아 개념의 발전은 이러한 이중적인 역사를 반영한다.

자아의 원칙과 자연

서양 세계의 언어가 어느 특정한 시대에 자아라는 개념으로 무엇을 표현하려고 했는지를 정확하게 서술하기란 매우 어렵다. 자아 개념

---

7 Edward Westermark, *Christianity and Morals*, New York, 1939, 388쪽(원주).
8 같은 책, 389쪽(원주).

은 모호한 연합들로 묶여 있다. 일반적으로는 자연에 맞선 투쟁에서, 특수하게는 다른 인간과 맞선, 그리고 자기 자신의 충동에 맞선 투쟁에서 승리하기 위해 온 힘을 다하는 자기의 원칙으로서 자아Ich는 지배, 명령, 조직의 기능과 결합된 어떤 것으로 지각된다. 자아 원칙은 자신의 부하들에게 진군을 명령하거나 피의자에게 사형 선고를 내리는 지배자의 내뻗은 팔에서 분명하게 표현되는 것처럼 보인다. 자아 원칙은 정신적으로 빛의 특성을 가진다. 자아 원칙은 어둠을 헤쳐 나아가면서 그림자 속에 숨어 있기를 좋아하는 믿음과 감정의 영혼을 몰아낸다. 역사적으로 자아 원칙은 본래 정신노동과 육체노동, 정복자와 피정복자 사이의 분열로 특징지어지는 배타적 특권 계급의 시대에 속하는 것이다. 자아 원칙은 시대적으로 부계 사회에서 분명하게 나타난다. 바호펜과 모건[9]이 전해준 바에 따르면, 자아 원칙은 대지의 신을 숭배했던 모권 중심적 시대에는 어떠한 결정적인 역할도 할 수 없었을 것이다. 그와 마찬가지로 우리는 고대의 노예나 사회적 피라미드의 밑바닥에 있는 무형의 대중amorphe Masse이 본래적인 의미의 자아나 자기를 가지고 있다고 생각할 수 없다.

근원적으로 잔혹한 폭력에 바탕을 두었던 지배 원칙은 시간이 지나면서 점점 더 정신적인 성격을 띠게 되었다. 내면의 목소리가 지배자를 대신해서 명령을 내리게 되었다. 자아 형성의 문제와 관련해

---

9 바호펜Johann Jakob Bachofen(1815~1887, 스위스)과 모건Lewis Henry Morgan(1818 ~1881, 미국)은 고대에 부권 사회에 앞서 모권 사회가 존재했음을 주장했다. 바호 펜은 신화와 묘의 상징을 해설하면서 태고의 여성 지배를 도출했는데, 그는 이 과정에서 농경신, 지모신으로서 여신의 우월성, 혹은 제사장으로서 여성의 특권적 지위는 소유와 독점이 아닌 재산과 성의 공유를 지향했다고 말한다.

서 볼 때 서양 문명의 역사는 부하가 어떻게 자기 규율에 있어서 자신보다 우선하는 지배자의 명령을 드높이는지, 즉 내면화하는지에 관한 연구 기록일 수 있다. 이러한 관점에서 본다면 지도자와 엘리트는 일상생활에서 수행하는 다양한 일들 사이의 정합성과 논리적 연관을 견지했던 사람들로 표현될 수 있다. 그들은 매우 원시적인 생산 과정에서 일관성, 규칙성, 심지어 동질성을 강요했다. 자아는 모든 주체 속에서 지도자의 화신이 되었다. 자아는 상이한 인격체들이 겪는 상이한 종류의 경험들 사이에 합리적 연관을 고무시켰다. 지도자가 자신의 부하들을 보병과 기마병으로 나누고 미래를 기획하듯이, 자아는 경험을 범주나 종류에 따라 분류하고 개인의 삶을 설계한다. 프랑스 사회학[10]은 원시 사회에서 통용되었던 일반 개념들의 위계 질서가 부족의 조직과 그 조직이 개인에게 미치는 힘을 반영했다고 가르쳤다. 프랑스 사회학은 전체적인 논리적 질서, 즉 선차성과 후 차성, 상급과 하급에 따른 개념 분류 그리고 그들 각각의 영역과 경 계를 표시하는 것이 사회적 관계와 분업을 반영한다는 것을 보여주 었다.

자아 개념은 어느 시대에도 자신의 근원이 사회 지배 체제 속에 있다는 오명을 벗어버리지 못했다. 심지어 데카르트의 자아 이론처 럼 이상화된 형태조차 강압Zwang을 연상시킨다. 《성찰》에 대한 가상 디[11]의 비판은 작은 정신의 표상인 자아, 즉 두뇌 속에 잘 숨겨진 요

---

10 David Émile Durkheim, "De quelques formes primitives de classification", in *L'Année sociologique*, I, Bd. 6, 1903, 1~72쪽 참조(원주).

새 arcem in cerebro tenens [12]를 통해 또는 심리학자들이 말하듯이 두뇌 속에 있는 송수신소를 통해, 전달된 감각을 가공하고 다양한 신체 부위에 명령을 보내는 자아를 웃음거리로 삼았다.

자아는 자연 속에 있지 않지만, 자연에 영향을 미치기에 충분할 만큼 자연에 가까이 있다. 이러한 자아를 위한 자리를 찾으려는 데카르트의 노력을 추적해보는 것은 의미 있는 일이다. 자아의 일차적 관심사는 욕정이 우리 안에서 느껴지는 한 그 욕정을 다스리는 것, 즉 자연을 다스리는 것이다. 자아는 즐겁고 유익한 감정에 대해서는 관대하면서도 슬픔을 야기하는 모든 것에 대해서는 엄격하다. 자아의 핵심 과제는 감정이 판단을 흐리지 못하도록 하는 것이다. 형식화된 이성의 전통적인 도구, 즉 분명하고, 확고하고, 자족적인 것으로서 수학은 이러한 강력한 기관이 수행하는 일을 가장 잘 예시한다. 자아는 자연을 지배한다. 무한히 자신을 고집하려는 의미 이외에 자아의 다른 목표를 서술하는 것은 자아의 개념을 손상시킬 것이다.

데카르트 철학에서 자아와 자연의 이원론은 그의 전통적인 가톨릭주의를 통해 어느 정도 약화된다. 그 이후에 발전한 합리주의 그리고 주관적 관념론은 점점 더 자연의 개념 —— 결국에는 경험의 모든 내용 —— 을 초월적으로 구상된 자아 속으로 용해하려고 시도함으로

---

11 가상디Pierre Gassendi(1592~1655)는 프랑스의 철학자, 수학자, 물리학자다. 그는 유물론적 입장에서 형이상학과 이성의 전능함을 부정했다. 〈아리스토텔레스 철학에 대한 역설적 논고〉를 발표하면서 아리스토텔레스 철학을 공격했고, 데카르트와는 《성찰》과 관련해서 논쟁을 벌였다. 그는 데카르트의 심신이원론에서 핵심적 의미를 갖는 마음 또는 이성의 자율성을 비판하고, 마음도 일종의 기계와 같은 원리로 움직인다고 주장했다.

12 *Œuvres de Descartes*, Paris, 1904, Ⅶ, 269쪽(원주).

써 이원론을 화해시키려는 경향을 띤다. 그러나 이러한 경향이 극단적으로 발전되면 될수록, 낡고 더 단순하고 그 때문에 화해하기가 그렇게 어렵지 않은 이원론, 즉 데카르트 학파의 이원론적 실체론이 자아 자체의 영역 속에서 미치는 영향도 점점 더 커진다. 이와 관련해서 가장 인상적인 예는 극도로 주관적인 피히테의 초월 철학이다. 세계의 유일한 존재 이유raison d'être가 지배적인 초월적 자아에게 활동 영역을 제공하는 데 있다고 보는 그의 초기 이론에서 자아와 자연의 관계는 전제정치의 관계다. 자아가 자기 자신의 무제한적인 활동 밖에서는 어떠한 실체나 의미도 가지지 못함에도 불구하고 우주 전체는 자아의 도구가 된다. 현대의 이데올로기는 일반적으로 생각하는 것보다 피히테에 훨씬 더 가깝지만, 피히테 철학의 형이상학적인 정착에서는 벗어났다. 그리고 명백한 주인으로서 추상적인 자아와 모든 고유한 의미를 박탈당한 자연 사이의 갈등은 진보, 성공, 행운 또는 경험 등의 이념처럼 모호한 절대자Absoluta를 통해 은폐되었다.

그럼에도 불구하고 오늘날 자연은 그 어느 때보다 인간의 단순한 도구로 이해된다. 자연은 이성이 내세우는 어떠한 목표도 알지 못하고 따라서 어떠한 한계도 알지 못하는 전면적인 착취의 대상이다. 인간의 끝을 모르는 침략주의는 결코 충족되지 않는다. 인류의 지구 지배는 다른 동물들이 유기적 발전의 최고 형태를 보여주었던 자연사의 그 어떤 시대에도 유례가 없는 것이다. 동물의 욕구는 물리적 생존에 필요한 것들로 제한되었다. 물론 자신의 힘을 두 가지 무한성, 즉 소우주와 우주로까지 확장하려는 인간의 탐욕은 직접적으로 인간 자신의 본성에서 비롯된 것이 아니라, 사회 구조에서 비롯된 것이다. 제국주의적 국가들이 여타의 세계에 가하는 공격이 소위 말하

는 그들의 민족성보다는 그들의 내적 갈등으로 설명되어야 하는 것
처럼, 자신을 배제한 모든 것에 대한 인류의 전체주의적 공격은 본
래의 인간적 특성보다는 인간들 사이의 관계에서 비롯된 것이다. 전
쟁 속에도 있고 평화 속에도 있는 인간들 사이의 전시 상태는 인류
의 탐욕과 그 탐욕의 결과로 나타나는 실천적 행동 방식을 설명하는
열쇠다. 그리고 또한 점점 더 가장 효과적인 착취의 관점에서 자연
을 바라보는 과학적 지식의 범주와 방법을 설명하는 열쇠이기도 하
다. 또한 지각의 이러한 형태는 인간들이 경제적, 정치적 관계 속에
서 서로를 어떠한 형상으로 바라보는가를 결정했다. 인간이 자연을
바라보는 전형적 방식은 결국 인간 정신 속에 있는 인간의 영상에
다시 영향을 미치고, 그 영상을 결정지으며, 과정에 동기를 부여했
던 궁극적인 객관적 목적을 제거한다. 사회가 자아를 매개로 도달하
게 된 바람Wünsche에 대한 억압은 전체 사회 구성원에 대해서뿐만 아
니라, 각각의 개인들에 대해서도 점점 더 비이성적으로 가해진다. 합
리성의 이념이 더 강하게 선포되고 인정될수록, 문명 그리고 개인 속
에 있는 문명의 기관인 자아에 대한 의식적 또는 무의식적 원한 감정
Ressentiment이 인간의 마음속에서 점점 더 커져간다.

저항과 복종

인간의 내부와 외부에서 일어나는 억압의 모든 국면에서 자연은 이
러한 적대적 관계에 어떻게 반응하는가? 어디에서 자연의 폭동에 대
한 심리학적, 정치적 그리고 철학적 징후가 나타나는가? '자연으로

복귀'함으로써, 또는 오래된 교설을 부활시키거나 새로운 신화를 만들어냄으로써 대립을 해소하는 것이 가능한가?

모든 인간 존재는 태어나는 순간부터 문명의 포악한 측면을 경험한다. 어린아이에게 아버지의 힘은 문자 그대로의 의미에서 압도적이며 초자연적인 것으로 보인다. 아버지의 명령은 자연에서 벗어난 이성이며, 무자비한 정신적 폭력이다. 어린아이는 이러한 폭력에 복종하는 가운데 고통받는다. 혀를 내밀지 마라, 다른 사람을 흉내 내지 마라, 얌전히 굴어라, 귀 뒤를 깨끗이 씻는 것을 잊지 마라 등등 부모의 셀 수 없는 훈계를 따르면서 어린 시절 경험했던 고통을 성인이 되어서도 모두 기억한다는 것은 거의 불가능하다. 이러한 요구 속에서 문명의 근본적인 요구 사항은 어린아이와 맞서게 된다. 어린아이는 자신의 충동이 가하는 직접적인 압력을 견뎌낼 것, 자신과 주변 세계를 구별할 것 그리고 간단히 프로이트의 용어를 빌리자면 초자아를 성공적으로 형성할 것을 강요받는다. 초자아는 아버지와 아버지 상Vater-Figuren이 어린아이에게 내세웠던 소위 모든 원칙들을 통합한다. 어린아이는 이러한 모든 요구들의 동기를 눈치채지 못한다. 어린아이는 꾸지람을 듣거나 처벌받지 않기 위해, 마음 깊이 열망하는 부모의 사랑을 잃어버리지 않기 위해 복종한다. 그러나 복종과 결합된 불쾌감은 지속되며, 어린아이는 아버지에 대한 깊은 적대감을 키워간다. 그리고 이 적대감은 결국 문명 자체에 대한 원한 감정으로 전환된다.

이러한 과정은 특히 복종이 개인보다 집단을 통해서, 즉 놀이터와 학교에 있는 다른 어린이들을 통해서 강요될 때 노골적으로 드러날 수 있다. 집단은 논쟁하지 않고, 주먹을 휘두른다. 산업 사회는 어린아이가 직접적으로 집단적 힘에 직면하게 되는 단계로 이행한다. 그 이행의 과정에서 대화 그리고 결과적으로는 사유조차 어린아이의 심리적 자산Haushalt을 형성하는 데 점점 더 보잘것없는 역할을 맡게 되었다. 따라서 양심이나 초자아는 붕괴된다. 여기에 형식적 합리성으로의 전환이 어머니의 태도에 초래한 변화가 덧붙여질 수 있다. 모든 형태의 정신 분석학적 계몽이 특정한 도시 집단에 가져다주었던 엄청난 이익은, 동시에 어린아이가 성장하는 데 필요한 본능적인 사랑을 베푸는 어머니의 편에서 볼 때 더 합리화되고 더 의식화된 행동 방식을 향해 나가는 발자취이다. 어머니는 보모로 변하고, 그녀의 친절함과 권고는 점차 기술의 구성 요소가 되어간다. 사회는 모성을 학문의 대상으로 만듦으로써 이익을 얻는 만큼, 개인으로부터 예전에는 사회생활에서 구속력 있는 힘을 가졌던 특정한 영향력을 빼앗는다.

문명 혐오는 몇몇 정신 분석 잡지에서 해석된 바와 같이 단지 개인의 심리적 고통을 세계에 비합리적으로 투사한 것만은 아니다. 젊은이는 자신에게 기대되었던 대로 충동 욕구를 부정했음에도 그에 대해 합당하게 보상받지 못한다는 것을 경험한다. 예를 들어 문명은 물질적 안정의 이름으로 전파되지만, 문명이 요구한 성적인 목표의 승화는 그 젊은이에게 물질적 안정을 보장해주지 않는다. 산업주의는 성적 관계를 사회적 지배에 점점 더 귀속시키려는 경향을 갖는다. 교회는 결혼을 성스러운 의식으로 만드는 동시에 여전히 자유분방한 축제Saturnalie, 사소한 성적 방종, 심지어 매춘까지 허용함으로써 자연과 문명 사이를 매개했다. 현대에는 결혼이 점점 더 두드러지게 사회적 승인의 특징을 띤다. 즉 결혼은 여성들이 인정하는 남성 특권

클럽의 회원이 되기 위해 회비를 지불하는 것과 같다. 여성들에게 결혼은 얻으려고 노력해야만 하는 가치, 승인된 안전이라는 가치의 성격을 가진다. 관습을 어기는 소녀는 더 이상 동정받거나 저주받지 않는다. 왜냐하면 그녀는 현세는 물론 내세에서도 자신의 몫을 상실하기 때문이다. 즉 그녀는 단지 자신의 기회를 깨닫지 못한 것이다. 소녀는 비극적인 것이 아니라, 어리석은 것이다. 무게 중심은 사회적 기계에 부합하는 도구로서 결혼이 가지는 합목적성으로 완전히 옮겨진다. 힘 있는 기관들은 결혼의 작동 방식을 감시하고 유흥 산업은 결혼의 선전 중개를 맡게 된다. 사회가 사랑을 돈벌이로 만드는 소규모 매춘 범죄단을 제거하는 데 열성적으로 몰두하는 동안, 삶에 대한 모든 흐름의 충동들은 점점 더 상업 문화의 정신에 순응하게 된다. 이러한 경향이 야기한 좌절은 문명화 과정에 깊게 뿌리박혀 있다. 좌절은 개체 발생적으로가 아니라 계통 발생적으로 이해되어야만 한다. 왜냐하면 심리적 복잡성은 어느 정도 문명 이전의 역사를 재생산하기 때문이다. 물론 이러한 원시적인 과정은 문명의 현재 국면에서 체험된다. 이 더 높은 수준에서 갈등은 이상으로 집중되고, 그 때문에 좌절이 전면화된다. 젊은이에게 무엇보다 큰 고통을 주는 것은 이성, 자아, 지배 그리고 자연이 서로 긴밀한 연관을 가지며 거의 동일하다는 점에 대한 그의 흐릿하고 헷갈리는 의식이다. 그는 자신에게 고무된 희망과 더불어 제시되었던 이상과 그에게 복종하길 강요하는 현실 원칙 사이에서 괴리감을 느낀다. 이로부터 발생하는 그의 폭동은 경건해 보이고, 자연으로부터 멀리 떨어져 있는 것Naturferne처럼 보이며, 강력한 힘으로 강탈하는 자의 무한히 압도적인 지배를 은폐하는 상황에 대적하게 된다.

이러한 발견은 그것이 변화시키는 개인의 성격에 저항과 복종이라는 중요한 두 가지 요소 중 어느 하나를 부가할 수 있다. 저항하는 개인은 진리에 대한 요구와 현존재의 비합리성을 화해시키려는 모든 실용적 시도에 대항할 것이다. 그는 지배적인 척도에 순응함으로써 진리를 희생하는 대신에, 이론에서와 마찬가지로 실천에서도 가능한 한 많이 자신의 삶 속에서 진리를 표현하려고 고집할 것이다. 그는 충돌이 많은 삶을 살아갈 것이다. 그는 극단적인 고독의 위험을 감수할 준비가 되어 있어야만 한다. 내면적인 어려움을 세계에 투사하도록 그를 유혹하는 비합리적 적대감은 그의 아버지가 어릴 적 환상 속에서 보여주었던 것, 즉 진리를 실현하려는 열정을 통해 극복된다. 이러한 유형의 젊은이는 —— 만약 그것이 일종의 유형이라면 —— 자신에게 가르쳐졌던 것을 진지하게 받아들인다. 그는 내면화의 과정에서 적어도 외적 권위와 소위 현실에 대한 맹목적인 숭배에 대항하는 정도의 성공을 거둔다. 그는 현실을 끊임없이 진리와 대조하는 것, 이상과 실재 사이의 갈등을 폭로하는 것에 겁을 내고 물러서지 않는다. 그의 이론적이고 실천적인 비판 자체는 어렸을 때 가지고 있었던 긍정적 믿음을 부정적으로 다시 주장하는 것이다.

또 하나의 요소는 복종이다. 대다수의 사람들은 복종이라는 요소를 받아들이도록 내몰린다. 그들 대부분이 자기 자신의 고통 때문에 세계를 책망하는 습관을 결코 버리지 못한다고 할지라도, 현실에 대항하기에 너무 약한 사람들은 현실과 동일화됨으로써 스스로를 완전히 소멸시키는 것 외에 다른 선택을 가지지 못한다. 그들은 결코 문명과 합리적으로 화해할 수 없다. 그 대신 그들은 아무리 어깨를 으쓱하며 모른 체하더라도 이성과 지배, 문명과 이상의 동일성을 은

밀히 받아들임으로써 문명에 굴복하게 된다. 잘 알려진 냉소주의는 단지 순종의 여러 종류 가운데 하나일 뿐이다. 이러한 사람들은 강자의 지배를 영원한 규범으로서 기꺼이 받아들이거나, 그 지배를 인정하도록 스스로를 강요한다. 그들의 삶 전체는 외적 자연이나 내적 자연을 억압하고 저열한 것으로 만들며, 자연의 더 강력한 대체물 ── 인종, 조국, 선조, 파벌과 전통 ── 과 스스로를 동일화하려는 지속적인 노력이다. 그들에게 이 모든 단어는 같은 것, 즉 존중하고 복종해야만 하는 압도적인 현실을 의미한다. 그럼에도 불구하고 문명의 다양한 요구에 대립하는 그들의 고유한 자연적 충동은 그들 내부에서 기형적이고 은밀한 생명을 유지한다. 정신 분석학 개념에서 우리는 순종적인 개인을 친부모에 대한 반항이 억압된 단계에 무의식이 고착된 사람이라고 말할 수 있을 것이다. 이러한 반항은 사회적, 개인적 조건에 따라 과장된 순종이나 범죄로 표출된다. 저항을 수행하는 개인은 그의 초자아에 그리고 어떤 의미에서는 자신의 이상적인 아버지 상에 충실히 머물러 있다. 그러나 세계에 대한 인간의 저항은 단순히 부모와의 해소되지 않은 대립으로 소급될 수 없다. 반대로 이러한 갈등을 넘어서는 사람들만이 저항할 능력이 있다. 저항할 수 있는 태도를 위한 실제적인 근거는 현실이 '참되지 않다'는 의식, 즉 인간이 자신의 부모가 대변하기를 요구하는 이상과 그 부모를 비교함으로써 도달하게 되는 의식이다.

부모의 교육적 기능이 점점 학교나 사회 집단으로 옮겨 가면서 일어나는 부모의 역할 변화, 즉 현대의 경제생활을 통해 야기된 이와 같은 변화는 지배적 사회 경향에 대한 개인의 저항이 점차적으로 사라지는 이유를 잘 설명해준다. 그럼에도 불구하고 최근의 역사에서 중요한 역할을 맡고 있는 대중 심리학의 특정한 현상을 이해하기 위해서는 특수한 심리학적 메커니즘에 각별한 관심을 기울일 필요가 있다.

문명과 미메시스적 충동

최근 연구자들의 보고에 따르면 어린아이의 미메시스적 충동, 즉 자신의 감정을 포함하여 모든 것을 모방하려고 하는 어린아이의 고집은 학습의 수단 가운데 하나라고 한다. 특히 개인의 최종 성격을 결정하는 성장의 거의 무의식적인 초기 단계에서 미메시스적 충동은 어린아이의 반응 방식이며 일반적인 행동 유형이다. 몸 전체는 미메시스적 표현 기관이다. 인간은 이러한 능력을 바탕으로 웃고 울고, 말하고 판단하는 특정한 방식을 습득한다. 아동기의 후기 단계에서야 비로소 무의식적 모방은 의식적 모방과 합리적 학습 방법에 예속된다. 이것은 예를 들어 몸짓, 목소리의 억양, 흥분의 정도와 방식, 걸음걸이, 간단히 말해서 소위 한 종족의 자연적 특징이, 그 특징들에 영향을 주는 환경적 요인이 사라진 지 많은 시간이 지난 후에도 유전을 통해 보존되는 것처럼 보이는 이유를 설명해준다. 성공한 유대인 사업가들의 반응과 몸짓은 선조들이 체험했던 불안을 반영한다. 개인의 특성은 합리적 교육의 결과라기보다는 미메시스적 전통에서 비롯된 원시적인atavistisch 흔적이기 때문이다.

　현재의 위기에서 미메시스는 특히 절박한 문제다. 문명은 인간의 타고난 미메시스적 충동에서 시작되지만, 인간은 결국 이러한 충동을 벗어나야만 하고 그 가치를 새롭게 평가해야만 한다. 개인적 교육과 마찬가지로 총체적인 문화적 진보, 즉 계통 발생적이며 개체 발생적인 문명의 과정은 광범위하게 미메시스적 행동 방식이 합리적 행동 방식으로 전환되는 것을 의미한다. 원시인들이 마법을 사용할 때보다 토지를 올바로 경작할 때 더 많이 수확할 수 있다는 것을 배워야만 하는 것처럼, 현대의 어린이는 미메시스적 충동을 억제하고 특정한 목적을 위해 조종하는 법을 배워야만 한다. 의식적인 적응 그리고 결국에는 지배가 미메시스의 상이한 형식들을 대체한다. 과학의 진보는 이러한 변화의 이론적 징후다. 공식은 형상을, 계산기는 종교 의식적 춤을 몰아낸다. 적응한다는 것은 자기보존을 위해 스스로를 대상의 세계처럼 만드는 것을 의미한다. 이처럼 의도적으로(반사적인 것과는 반대로) 자기를 주변 세계처럼 만드는 것은 문명의 포괄적인 원칙이다.

유대교와 기독교는 이처럼 원시적 충동을 억제하는 것에 의미를 부여하고, 맹목적인 체념Resignation을 이해와 희망으로 변화시키려고 노력했다. 그들은 이것을 메시아의 구원과 축복을 통해 성취했다. 유럽의 철학 학파들은 이러한 종교적 유산을 합리적인 사유, 더 정확하게 말하자면 합리주의적인 사유를 통해 계승하려고 시도했다. 심지어 부정적, 무신론적 경향을 가진 학파들까지도 중립적인 종교의 울타리를 특별한 영역으로 존중하길 거부함으로써 이러한 이념들에 생명력을 주었다. 철학의 유산인 대혁명들은 지속적으로 대중의 절대적인 신앙관을 정치적 영역으로 전환시켰다. 그럼에도 불구하고 현대의 민족주의는 분명히 종교가 대중에게 전해주었던 내적으로 충만한 믿음을 불러일으킬 능력이 없었다. 프랑스인들은 비록 언제든지 조국과 황제를 위해 목숨을 바칠 각오를 했음에도, 저 유명한 사회 개혁의 틀 안에서 살아갈 희망은 거의 발견하지 못했다. 나폴레옹이 가톨릭을 부활시킨 것은 대중이 그의 정치적, 사회적 기획이 강요했던 본능적 충동에 대한 고통스러운 억압을 초월적인 것의 위로 없이는 견뎌내지 못했다는 사실을 보여준다. 현대의 러시아에서도 비슷한 성찰을 얻을 수 있다.

미메시스적 충동에 대한 전적인 거부가 인간의 잠재 능력을 실현시킬 가망이 없을 때, 이러한 충동은 지속적으로 잠복된 상태에서 파괴적인 힘으로 분출되어 나올 준비를 갖추게 된다. 즉 현재 상태Status quo의 규범 이외에 다른 어떠한 규범도 존재하지 않는다면, 또한 이성이 제공할 수 있는 행복에 대한 모든 희망이 기존 상황을 있는 그대로 방어하고, 심지어 기존 상황의 압력을 증가시킨다면, 미메시스적 충동은 실제로 결코 극복되지 않는다. 인간은 퇴화되고 왜곡된 형식 속에서 미메시스적 충동으로 되돌아간다. 점잔을 빼는 음란물 검열관처럼 인간은 증오와 경멸을 가지고 금기시된 충동에 몰두한다. 지배당하는 대중은 강압적인 힘과 스스로를 기꺼이 동일시한다. 그리고 실제로 밀려드는 미메시스적 충동과 표현의 욕구에 응할 수 있는 대중의 자유로운 행보는 유일하게 그들의 헌신에서만 허용된다. 억압에 대한 대중의 반응은 모방하는 것이고, 제어할 수 없는 소망을 추구하는 것이다. 이러한 소망은 다시 그 소망을 양산하는 체계를 유지하는 데 사용된다. 이러한 관점에서 현대의 인간은 스스로 희생의 제물을 선택했다는 점을 제외하면 중세의 선조들과 다를 바가 거의 없다. 정치적으로 추방당한 자, 독일의 여호와의 증인처럼 이단적인 종교 분파들 그리고 지나치게 화려한 옷을 차려입은 사람들이 마녀나 주술사 그리고 이단자의 자리를 대신한다. 그리고 또한 유대인도 그 자리를 대신한다. 독일에서 개최된 나치 집회에 참여해보았던 사람은 연사와 청중이 사회적으로 억압된 미메시스적 충동을 작동시키는 것에서 주된 즐거움을 얻는다는 것을 알 것이다. 그러나 실제로 억압된 미메시스적 충동을 실현하는 것은, 고유한 미메시스적 습관을 뻔뻔스러운 방식으로 드러내 보인다고 비난받는 '인종적 적'을 우스꽝스럽게 만들거나 공격함으로써만 가능하다. 그 집회는 연사가 유대인을 묘사하는 시점에서 절정에 이른다. 연사는 자신이 제거하기를 원했던 유대인을 모방한다. 이러한 묘사는 박장대소를 일으킨다. 왜냐하면 비난받을 것을 걱정하지 않고도 금지된 자연적 충동을 실현하는 것이 허락되기 때문이다.

어느 누구도《웃는 사나이 *L'Homme qui rit*》라는 소설을 쓴 빅토르 위고[13]만큼 재기 넘치게 유쾌함과 분노 그리고 모방의 긴밀한 인간학적 친화성을 서술하지 못했다. 폭소가 진리에 대해 승리를 구가하는 영국 상원 의회의 장면은 사회 심리학에 대한 탁월한 강의와도 같다. 이 장은 '인간의 광란은 바다의 광란보다 더 파멸적이다'라는 제목을 달고 있다. 위고에 따르면 폭소는 항상 잔인함의 요소를 포함하며, 군중의 폭소는 유쾌한 광기다. '기쁨을 관통하는 힘'이 중요한 의미를 갖는 우리 시대에는 영국의 상원 의원을 능가하는 작가들이 있다. 이스트먼[14]은 기쁨을 하나의 원칙으로서 옹호한다. 절대자의 개념에 대해 말하면서 그는 "우리의 중요한 미덕은 사람들이 그러한 사물('절대자')에 대해 말하는 것을 들을 때 웃어줄 수 있는 것"이라

---

13 빅토르 위고Victor Hugo(1802~1885)는 프랑스의 낭만파 시인이면서 소설가다.
14 이스트먼Max Eastman(1883~1969)은 미국의 작가이면서 비평가다.

고 설명한다. "폭소는 바로 이러한 '절대자'가 독일에서 행했던 역할을 실제로 수행한다." 18세기에는 위대한 낱말들에 대한 철학의 폭소가 해방적인 힘을 가진 고무적이고 대담한 음조를 띠었다. 그러한 낱말들은 실제적인 전제정치의 상징이었다. 그 낱말들을 야유하는 것은 고문과 죽음의 위험을 포함하고 있었다. 20세기에는 순응적인 군중이 아니라, 오히려 여전히 독자적인 사유를 감행하려는 별난 사람이 폭소의 대상이다.[15] 반지성주의에 대한 이러한 지적 접근이 오늘날의 문학적 경향을 표현한다는 것은 비어드[16]가 이스트먼의 관점에 동의하면서 인용하는 부분에서 드러난다.[17] 그럼에도 불구하고 이러한 경향은 이 작가들이 암시하려는 것처럼 보이는 민족정신의 전형적인 특징과는 거리가 멀다. 우리가 에머슨 작품의 첫 권을 펼친다면 이스트먼이 "'절대자'로부터의 침투"라고 불렀을 만한 어떤 것을 발견하게 될 것이다. "우리는 정의와 진리의 본성을 은폐되지 않은 채로 파악하는 가운데, 절대적인 것과 제약된 것 또는 상대적인 것 사이의 차이를 경험하게 된다. 우리는 절대자를 포착한다. '말하자면 우리는 처음으로 실존하는 것이다.'"[18] 이러한 모티브는 에머슨의 전 작품에서 중심적인 이념으로 유지된다.

---

15 역사 속에서 회의론이 행한 상이한 기능들에 대해서는 Max Horkheimer, "Montaigne und die Funktion der Skepsis", in *Zeitschrift für Sozialforschung*, Ⅶ, 1938, 1쪽 이하를 참조하라(원주).

16 비어드 Charles Austin Beard(1874~1949)는 미국의 역사학자다.

17 Charles Austin Beard, *The American Spirit*, New York, 1942, 664쪽(원주).

18 같은 책, I, 57쪽(원주).

합리성과 자연의 폭동

미메시스적 충동의 악의적인 사용은 현대 정치 선동가들의 일정한 특성을 설명해준다. 그들은 종종 삼류 배우로 묘사되기도 한다. 우리는 괴벨스[19]를 떠올릴 수 있다. 유대인 제거를 주장했던 그의 외모는 희화화된 유대인 상인들의 모습을 띠고 있다. 무솔리니는 촌스러운 프리마돈나 또는 희극 오페라의 보초병을 연상시킨다. 히틀러가 들고 다닌 마술 가방은 찰리 채플린에게서 훔친 것처럼 보인다. 히틀러의 돌발적이고 과장된 몸짓은 채플린이 초기의 소란스러운 코미디에서 위대한 사람들을 희화화한 모습을 연상시킨다. 현대 정치 선동가들은 일반적으로 부모나 선생 또는 문명화에 힘쓰는 그 밖의 다른 기관으로부터 계속해서 경고를 받거나 제지당하는 버르장머리 없는 개구쟁이처럼 행동한다. 그들은 부분적으로는 분명히 억압된 충동을 방치함으로써 문명에 정면으로 대항하고 자연의 폭동을 지지하는 것처럼 보인다는 점에서 대중에게 영향을 미칠 것이다. 그러나 그들의 저항은 결코 진실하거나 순수하지 않다. 그들의 어릿광대 같은 행위는 의도하는 목표를 결코 잊지 않는다. 그들의 확고한 목표는 억압적인 힘에 굴복하도록 자연을 유혹하는 것이다. 이러한 억압적인 힘을 통해 자연은 압도당하게 된다.

　서양 문명은 단 한 번도 억압당한 대중에게 강력한 영향력을 행사

19　괴벨스Joseph Goebbels(1897~1945)는 독일 나치 정권의 정치 선전을 관장한 장관이다. 그는 문화를 완전히 통제하고 국민을 전쟁에 동원함으로써 1930년대 당세가 확장되는 데 크게 기여했다.

하지 못했다. 실제로 최근에 일어난 사건들은 위기 상황에서 문화가, 이상을 대변하면서 스스로를 정당화하는 자신의 옹호자 중에 극소수만을 신뢰한다는 사실을 예증한다. 거대 종교나 철학적 체계가 지속적으로 행해왔던 것처럼 진리와 현실을 구분할 수 있는 사람이 한 명이라면, 미메시스적 충동이나 다른 원시적 충동으로 되돌아가려는 경향을 극복할 능력이 전혀 없는 사람들은 수천 명이다. 이것은 단순히 대중의 책임이 아니다. 대다수의 사람들에게 문명은 성인이 되어 책임을 떠맡아야 하는 압력을 의미하고, 때로는 빈곤을 의미한다. 심지어 지배자들조차도 기술 발전의 승리에 대한 대가로 인간이 지불해야 하는 파괴적인 결과들을 피해 가지 못한다. 바꾸어 말하면 압도적으로 대다수인 사람들에게는 '인격'이 없다. 그들에게 자신의 내적 가치와 숨겨진 능력을 발휘하라고 요구한다면 그들의 불신을 불러일으킬 것이다. 이는 내적 가치나 숨겨진 능력과 같은 낱말들이 대다수 사람들을 굴종의 상태로 옭아매는 단순한 상투어가 되어버렸기 때문에 당연한 것이다. 그러나 그들의 정당한 회의는 자신의 고유한 '내적 자연'을 악의적이고 잔혹하게 다루고, 그들이 냉혹한 지배자에게 지배당했던 것과 같이 자신의 내적 자연을 지배하려는 매우 뿌리 깊은 경향과 결부되어 있다. 그들이 자신의 내적 본성을 자유롭게 내버려 둔다면, 그들의 행동은 전제 군주가 된 노예의 방종처럼 비뚤어지고 끔찍할 것이다. 힘은 그들이 실제로 존경하고, 따라서 혼신을 다해 추구하는 유일한 것이다.

이것은 민주주의적 논증이 전체주의적 방법과 경쟁해야만 하는 상황에서 언제나 빠져들고 말았던 비극적인 무력함을 설명해준다. 예를 들어 바이마르 공화국 당시에 독일 민중은 헌법과 민주주의적 생활 방식의 배후에 적어도 실제적인 힘이 있다고 믿는 한에만 그것에 충실한 것으로 보였다. 공화국의 이상과 원칙이 더 강력한 힘을 보여주었던 경제적 세력의 이해와 충돌하게 되자, 전체주의적 정치 선동가는 게임에서 손쉽게 승리할 수 있었다. 히틀러는 자신이 권력을 공고히 할 능력이 있다는 것을 암시함으로써 청중들의 무의식에 호소했다. 그는 그 권력의 이름으로 억압된 자연을 옭아매고 있는 마력이 제거될 것임을 암시했다. 합리적인 설득은 결코 효과적일 수 없다. 왜냐하면 그것은 겉으로만 문명화된 민중의 억눌린 원시적 충동에 부합하지 않기 때문이다. 마찬가지로 민주주의는 무의식이 가지고 있는 파괴적인 힘을 분출시킴으로써 민주주의적 생활 방식을 약화시키지 않고서는 전체주의적 정치 선전과의 경쟁에서 승리를 기대할 수 없다.

민주주의적 국가들의 정치 선전이 최근의 국제 분쟁을 정치적 이해나 이상에 관한 문제로 설명하지 않고 무엇보다 두 인종 사이의 쟁점으로 설명했다면, 많은 경우에 그 국가 구성원들 속에 잠재되어 있는 가장 강력하고 호전적인 충동을 불러일으키기가 보다 쉬웠을 것이다. 그러나 바로 이러한 충동이 결국 서구 문명에 치명적인 것으로 밝혀질 위험이 존재한다. 그 경우에 '다른 인종'이라는 표현은 '인간보다 더 저열한 종, 그렇기 때문에 단순한 자연일 뿐인 종'이라는 의미를 갖게 된다. 대중 가운데 몇몇은 스스로를 공적이며 사회적인 자아와 동일시할 수 있는 기회를 포착하고, 인격적 자아가 성취할 수 없는 것, 즉 자연의 훈육과 본능의 지배를 분노를 통해 실현한다. 그들은 자기 내부의 자연 대신에 자기 외부의 자연에 대항한다. 자신의 고유한 공간 속에서 무력한 초자아는 사회 속에서 사형 집행관이 된다. 이러한 개인들은 스스로를 문명의 대변자로 느끼고 동시에 자신의 억압된 소망을 분출하는 데 만족한다. 그들의 분노는 내적 대립을 극복하지 못하고, 그들 안에 있는 분노를 해소하기 위해서 점점 더 많은 다른 분노를 만들어내기 때문에, 이와 같이 틀에 박힌 억압의 과정은 계속해서 새로운 것으로 반복된다. 따라서 억압은 전면적인 파멸로 향한다.

자연의 반란과 나치의 관계는 복합적이었다. 그러한 반란은 그것이 아무리 '순수한' 것일지라도 언제나 퇴행적인 요소를 가지고 있기 때문에 애초부터 반동적인 목적의 도구로 사용되기에 적합하다. 그런데 오늘날 반동적인 목적은 강력한 조직과 무자비한 합리화를 수반하며, 어떤 의미에서는 '진보'적이다. 따라서 '자연적' 폭동은, 어떤 시점에 명령되고 위로부터 중단된 나치의 유대인 학살만큼 자연 발생적이지 않았다. 대다수 국민들은 유대인 학살에 적극적으로 관여하지는 않았을지라도 그 사건을 용인했다. 이 때문에 지배적 당파에만 사건에 대한 전적인 책임을 물을 수 없을지도 모른다. 그럼에도 불구하고 이러한 잔혹함은 비록 그것이 아무리 '자연적'이었다고 할지라도 최상의 합리적 계획에 의해 유발되고 조종된 것이었다. 현대의 파시즘에서 합리성은 단순하게 자연을 억압하는 것만으로는 더 이상 만족할 수 없는 단계에 이르렀다. 이제 합리성은 자기 자신의 체제에 자연 반란의 잠재력을 포섭함으로써 자연을 착취한다. 나치는 독일 민족의 억압된 소망을 교묘하게 조작했다. 나치 그리고 나치의 산업적, 군사적 후원자들이 나치 운동을 선전했을 때, 그들은 자신들과 물질적 이해가 일치하지 않는 대중의 동의를 얻어내야만 했다. 그들은 산업 발전 과정에서 천대받았던, 즉 대량 생산 기술을 통해 착취당했던 뒤처진 계층에 호소했다. 여기서 억압된 자연을 앞장 서서 분출하는 사람들, 즉 도구적 이성의 희생자들은 농부, 중산층 수공업자, 자영업자, 주부와 영세 사업가 중에서 찾을 수 있었다. 이 러한 그룹들의 지원이 없었다면 나치는 결코 권력을 장악하지 못했 을 것이다.

억압된 자연적 충동은 나치적 합리주의의 요구에 종사했다. 이 억 압된 자연적 충동은 관철되면서 곧바로 부정되었다. 나치를 추종했 던 영세 제조업자와 상인들은 남아 있던 독립성을 통째로 상실했으 며, 독재 정부의 단순한 하급 직원으로 전락하게 되었다. 심리학적으 로 특수한 그들의 '자연적 본성'이 폐기되었을 뿐만 아니라, 합리적 획일화의 과정에서 그들의 물질적 이해도 좌절되었다. 그들의 생활 수준은 낮아졌다. 같은 방식으로 제도적 법률에 맞서는 반란도 지배 권력에 헌신하는 가운데 무법적이고 무절제하며 잔혹한 폭력으로 발전해갔다. 도덕이란 단순한 것이다. 자아와 자기보존의 원칙 자체 에 대한 숭배는 개인의 극단적인 불확실성 속에서, 즉 완전한 자기부 정 속에서 정점에 이른다. 의심할 여지 없이 문명에 대한 자연의 나 치적 반란은 이데올로기적 외형 이상의 것이었다. 개별성은 원자화 된 무정부적인 인간에 가까운 어떤 것 —— 슈펭글러[20]가 예전에 '새 로운 원시인'이라고 불렀던 것 —— 을 산출했던 나치 체제의 영향 하 에서 파괴되었다. 합리성의 성장에 대항하는 자연적 인간 —— 뒤처 진 계층의 국민을 의미하는 인간 —— 의 폭동은 현실적으로 이성의

---

20 슈펭글러Oswald Spengler(1880~1936)는 독일의 역사학자며, 대표적 저서로는《서 구의 몰락Der Untergang des Abendlande》(박광순 옮김, 범우사, 1995)이 있다.

형식화를 촉진했고, 자연을 해방시키기보다는 오히려 자연에 족쇄를 채우는 데 이용되었다. 이러한 점에 비추어볼 때 우리는 파시즘을 이성과 자연의 사악한 종합이라고 표현할 수 있을 것이다. 이러한 종합은 철학이 지속적으로 꿈꾸어왔던 두 축의 화해와는 정반대의 것이다.

이른바 모든 자연 폭동의 도식은 이와 같은 방식으로 역사 전반에 걸쳐 나타난다. 자연이 최고의 원칙으로 추앙되고 사유와 문명에 대항하는 사유의 무기가 될 때마다, 사유는 일종의 기만으로 전락하며 양심의 가책ein schlechtes Gewissen을 양산해낸다. 왜냐하면 사유가, 겉으로 보기에는 자신이 맞서 싸우는 바로 그 원칙을 포괄적으로 받아들이기 때문이다. 이러한 관점에서 농경 생활의 장점에 대한 로마 궁중 시인의 칭송 그리고 혈통, 대지, 성실한 농민들을 축복하는 독일 중공업자의 빈말 사이에는 거의 차이가 없다. 두 가지 모두 제국주의적 선전에 봉사한다. 실제로 자연 폭동의 한 형태인 나치 정권은 그 자체가 폭동으로서 의식된 바로 그 순간에 허구가 되었다. 나치 정권은 기계화된 문명을 거부한다고 주장했지만, 결국 기계화된 문명의 하수인으로서 문명에 내재해 있는 억압적인 수단들을 받아들였다.

다윈주의와 자유로운 사유

미국에서 자연 폭동의 문제는 본질적으로 유럽에서의 그것과는 다르다. 왜냐하면 미국에서는 자연을 정신의 단순한 생산물로 간주하는 형이상학적 사변의 전통이 구대륙에서보다 훨씬 더 약하기 때문이다. 그러나 실제적인 자연 지배의 경향은 똑같이 강하다. 이러한 근거를 통해서 볼 때 미국의 사유 구조 또한 자연의 지배와 자연의 폭동 사이에 숙명적으로 밀접한 연관성이 있음을 드러내준다. 이러한 연관성은 아마도 신학적 유산을 제외한 다른 어떤 정신적 힘보다도 미국의 사유에 더 많은 영향력을 행사했던 다윈주의에서 가장 분명하게 드러날 것이다. 실용주의는 다윈으로부터 직접적으로, 또는 철학적 중개를 통해 (특히 스펜서의 철학적 중개를 통해) 유래된 진화론과 적응 이론Anpassungstheorie을 통해 창설되었다.

다윈주의는 그것이 내재하고 있는 자연에 대한 겸허함으로 인해 자연과 인간을 화해시키려는 과제를 수행하는 데 도움이 될 수도 있었다. 다윈주의적 이론은 겸허의 정신을 강화할 때마다(그리고 많은 경우에 다윈주의적 이론은 이를 행했다), 결과적으로 그에 대립적인 이론들을 능가하게 되고, 자아와 관련해서 앞에서 논의한 저항의 요소에 부응하게 된다. 그럼에도 불구하고 우리 시대의 대중문화와 공적 도덕의 많은 양상을 관통하는 대중적 다윈주의는 이러한 겸허함을 드러내지 않는다. '적자생존'의 이론은 사회에 도덕적 명령을 부과하겠다는 그 어떤 요구도 하지 않는 유기체적 진화론으로만 머물러 있으려고 하지 않는다. 어떻게 표현되었는가에 전혀 관계없이 이러한 이념은 윤리적 태도와 윤리학의 가장 중요한 공리가 되었다.

자연 폭동은 통상적으로 낭만주의, 즉 문명에 대한 감성적인 불만 그리고 사회나 인간적 자연의 원시적 단계를 소생시키려는 소망과 결합되기 때문에, 다윈주의가 이성에 대한 자연 폭동을 반영하는 철학들 가운데 거론되는 것이 놀라운 일로 보일 수도 있다. 다윈의 이론은 확실히 그러한 감수성과는 무관하다. 다윈의 학설은 계몽의 주요 성과에 속할 뿐 결코 낭만적이지 않다. 다윈은 신이 인간을 자신의 형상에 따라 창조했다는 기독교적인 믿음의 근본적인 교설을 깨뜨렸다. 동시에 다윈은 아리스토텔레스로부터 헤겔에 이르기까지 지배적이었던 형이상학적 진화 개념을 무너뜨렸다. 그는 진화를 사건의 맹목적인 연쇄 과정으로 이해했다. 그 과정에서 생존은 엔텔레케이아Entelecheia[21]에 따른 유기적 본성의 전개에 의존하기보다는 생활 조건에 대한 적응에 의존한다.

다윈은 본질적으로 철학자가 아니라 자연 과학자였다. 그의 개인적인 종교적 감정에도 불구하고, 그의 생각의 근간이 되는 철학은 순수하게 실증주의적이었다. 따라서 그의 이름은 상식적인 의미에서 자연에 대한 인간의 지배 이념을 옹호하는 것으로 이해되는 상황에 이르렀다. 우리는 심지어 적자생존 개념이 형식화된 이성 개념을 자연사의 언어로 번역한 것에 지나지 않는다고까지 말할 수 있을 것이다. 대중적 다윈주의에서 이성은 단지 하나의 기관일 뿐이며, 정신이나 영혼은 자연물일 뿐이다. 다윈에 대한 최근의 해석에 따르면 살아남기 위한 투쟁은 필연적으로 아주 천천히 자연 선택을 통해 비이성적인 것으로부터 이성적인 것을 선별해야만 한다. 바꾸어 말하면 이성은 자연을 지배하는 기능에 봉사함으로써 자연의 일부로 전락한다. 이성은 결코 독립적인 능력이 아니라, 더듬이나 발톱처럼 어떤 유기적인 것으로서 자연 조건에 적응해가면서 진화하며, 또한 특히 식량을 획득하고 위험을 방지할 때 자연 조건을 극복하기에 적합한

---

21 아리스토텔레스에 따르면 엔텔레케이아는 존재자가 갖추고 있는 능력과 가능성의 능동적 실현을 가리킨다. 예를 들어 영혼은 육체의 엔텔레케이아다.

수단으로 드러나기 때문에 살아남는다. 이성은 자연의 일부이면서 동시에 자연에 대립하고 있다. 즉 이성은 자신의 고유한 삶을 제외한 모든 생명체의 경쟁자이고 적이다.

이처럼 세계가 일정한 의미에서 정신의 생산물이라는 모든 관념적 형이상학에 내재되어 있는 이념은 정신이 세계와 자연 과정의 생산물이라는 정반대의 명제로 전환된다. 따라서 자연은 자신을 대변하기 위해 철학을 필요로 하지 않는다. 자연은 피지배자라기보다는 오히려 지배자다. 다윈주의는 신학이냐 철학이냐에 상관없이 이성이 인식하고자 하는 진리를 표현하는 어떤 것으로 자연 자체를 고찰하는 모든 학설을 파괴함으로써 궁극적으로 자연의 반란을 돕는다. 이성이 비하되고 야생적인 자연이 추앙되는 이성과 자연의 동일시는 합리화의 시대에 전형적인 오류 추리다. 도구적인 주관적 이성은 자연을 철학이 해석할 수 있는 텍스트 그리고 만약 올바르게 읽는다면 무한한 고통의 역사가 펼쳐져 있는 텍스트로 취급하는 대신에, 순수한 생명력으로 칭송하거나 잔혹한 폭력으로 하찮게 평가한다. 인간은 자연과 이성을 동일시하는 오류를 범하지 말고 두 가지를 화해시키려고 시도해야만 한다.

전통적인 신학과 형이상학에서 자연적인 것은 대개 나쁜 것으로, 정신적인 것이나 초자연적인 것은 좋은 것으로 파악되었다. 이에 비해 대중적 다윈주의에서 좋음은 잘 적응한 것이고, 유기체가 적응한 것의 가치는 확고부동한 것이거나 또는 오직 계속되는 적응 여부에 따라 평가된다. 그럼에도 불구하고 주변 세계에 잘 적응한다는 것은 사람들이 그들을 둘러싸고 있는 힘을 통제하기 위해 성공적으로 주변 세계를 다룰 수 있는 능력이 있다는 것과 동일한 의미를 갖는다.

따라서 정신과 자연의 적대적 대립에 대한 이론적 거부는, 심지어 인간을 포함한 다양한 형태의 유기적 생명에 관한 상호 관계 이론조차 이러한 갈등을 함축하고 있듯이, 실천에 있어서는 종종 자연에 대한 인간의 지속적이고 극단적인 지배 원칙으로 오용되는 결과를 낳는다. 이성을 자연적 기관으로 고찰하는 것은 이성이 지배로 나아가는 경향을 제거해주지 않으며, 이성에게 더 커다란 화해의 가능성을 제공해주지도 않는다. 반대로 대중적 다원주의에서 정신의 퇴출은 적응 기능을 벗어나는, 그리고 결과적으로는 자기보존의 도구가 아닌 사유의 모든 요소를 제거하는 것이다. 이성은 자신의 고유한 우월성에서 멀어지고 자연 선택을 위한 단순한 기여자로서 인식된다. 겉으로 보기에 이처럼 새로운 경험적 이성은 형이상학적 전통의 이성보다 자연에 대해 더 겸손한 것처럼 보인다. 그러나 현실적으로 그것은 '유용하지 않은 정신적인 것'을 가차 없이 무시하고, 인간의 활동에 자극을 주는 것 이상으로 간주될 수 있는 자연에 대한 모든 관점을 폐기하는 오만한 실천적 오성이다. 이러한 관점의 영향은 현대 철학에만 한정된 것이 아니다.

정신을 버린 대가로 자연이나 원시성을 숭배하는 이론들은 자연과의 화해를 선호하지 않는다. 반대로 그러한 이론들은 자연에 대한 냉혹함과 맹목성을 강조한다. 인간은 의도적으로 자연을 자신의 원칙으로 삼으려고 할 때마다 원시적 충동으로 퇴행한다. 어린아이들은 자연이 강제하는 상황을 현실적으로 인식하지 못하기 때문에 미메시스적 반응을 할 때 잔인해진다. 그들은 종종 거의 동물처럼 서로를 차갑고 아무런 생각 없이 대한다. 그리고 우리는 심지어 군서 동물들이 함께 모여 있을 때조차도 그중 몇몇은 고립된다는 사실을 알고 있다. 분명히 개별적 고립은 무리지어 살지 않는 동물 중에서, 그리고 상이한 동물류의 집단 안에서 훨씬 더 자주 확인될 수 있다. 그럼에도 불구하고 이 모든 것은 일정한 정도에서는 악의가 없는 것처럼 보인다. 동물들 그리고 어떤 의미에서는 어린아이들도 이성적으로 사유하지 않는다. 철학자들과 정치인들이 현실에 굴복함으로써 이성을 거부하는 것은 훨씬 더 사악한 형식의 퇴보를 미화하고, 무자비한 자기보존과 전쟁을 철학적 진리와 혼동하는 가운데 불가피하게 극단으로 치닫는다.

요약하자면, 좋든 싫든 우리는 계몽과 기술적 진보의 상속자다. 원시적 단계로의 퇴보를 통해 계몽과 기술적 진보에 저항하는 것은 그것이 만들어냈던 항구적 위기를 완화하지 못한다. 반대로 그와 같은 해결책은 역사적으로 이성적인 사회적 지배의 형식에서 극단적으로 야만적인 사회적 지배의 형식으로 나아간다. 자연과 더불어 있을 수 있는 유일한 길은 겉으로 보기에는 자연의 대립물인, 독립적 사유를 해방시키는 것이다.

사물화와 개인의 몰락

개인의 행동 원칙으로 발전했던 이성의 위기는 개인의 위기 속에서 나타난다. 개인과 이성에 관하여 전통적 철학이 품었던 환상 ── 그것들의 영원성에 관한 환상 ── 은 이제 사라지려고 한다. 개인은 한때 이성을 전적으로 자아의 도구로 파악했다. 개인은 지금 자기 숭배의 역전을 경험하고 있다. 기계가 조종사를 내동댕이친 것이다. 그래서 기계는 맹목적으로 공간을 향해 질주한다. 이성은 자신이 완결되는 바로 그 순간에 비합리적이고 어리석은 것이 되어버렸다. 이러한 시대의 주제는 자기보존이지만, 보존해야 할 그 어떤 자기도 존재하지 않는다. 이러한 상황을 고려할 때 우리는 개인의 개념에 대해 성찰해볼 필요가 있다.

우리가 하나의 역사적 범주로서 개인을 이야기한다면, 그것은 단지 인류의 특수한 구성원이 갖는 시공간적이고 감각적인 실존만을 언급하려는 것이 아니라, 그에 덧붙여서 개인이 자신의 정체성에 대한 인식을 포함하여 하나의 의식된 인간적 존재로서 자신의 고유한 개별성을 인식하고 있음을 말하려는 것이다. 자기의 정체성에 대한 이러한 이해가 모든 사람에게 똑같이 나타나지는 않는다. 이것은 스스로에 대해 '나'라고 말하는 것 —— 정체성에 대한 가장 기본적인 주장 —— 부터 먼저 배워야 하는 어린아이들보다는 성인들에게서 더 명확하게 규정된다. 마찬가지로 정체성에 대한 파악은 문명화된 사람들보다 원시인들에게서 더 빈약하다. 실제로 최근에야 비로소 서양 문명의 역동성을 접하게 된 토착민은 종종 자신의 정체성에 대해 매우 불확실한 태도를 갖는 것처럼 보인다. 순간의 향유와 좌절 속에서 살아가는 그는 자신이 개인으로서 내일의 우연들과 마주쳐야만 한다는 사실을 명확하게 의식하고 있지 않은 것처럼 보인다. 이러한 뒤처짐 —— 이것은 거의 언급할 필요가 없는데 —— 은 부분적으로 이들이 게으르거나 거짓말쟁이라는 일반적 견해를 설명하는데, 이는 바로 자신들이 잃어버린 정체성에 대한 감각을 피고인들에게 전제하는 비난일 뿐이다. 흑인들처럼 억압된 민중들에게서 극단적 형태로 마주치게 되는 이러한 속성들은 물려받은 재산으로 만들어지는 경제적 토대가 없는 억압된 사회 계급에 속하는 사람들의 성향으로 나타난다. 따라서 미국 남부의 빈곤한 백인 계층에서도 마찬가지로 위축된 개별성을 찾아볼 수 있다. 만약 이러한 극빈층 사람들이 상류층 사람들을 모방하는 것에 익숙해져 있지 않다면, '인격'을 수양하라고 권고하는 소란스러운 광고나 교육적 호소들은 그들에게 필연적으로 위선적인 것은 말할 것도 없고, 위장된 겸손으로까지 보이게 될 것이다. 즉 그것은 기만적인 만족 상태로 이끌어가기 위해 그들을 달래는 노력일 뿐이다.

개별성은 안전을 위해서, 그리고 자신의 고유한 실존을 물질적, 정신적으로 보존하기 위해서 직접적인 만족을 자발적으로 포기하는 것을 전제한다. 그와 같은 삶으로 향하는 길들이 막혀 있다면, 사람들은 순간의 즐거움을 거부해야 할 동기를 거의 갖지 못할 것이다. 이 점에서 볼 때 개별성은 소위 엘리트들보다 대중에게서 훨씬 덜 통합적이고, 덜 지속적이다. 물론 엘리트는 언제나 계속해서 권력을 쟁취하고 유지하는 전략에 더 많이 몰입한다. 오늘날 사회적 권력은 그 어느 때보다도 더 크게 사물에 관한 권력에 의해 중개되고 있다. 사물을 지배하는 권력에 대한 개인의 관심이 강해지면 강해질수록, 사물이 점점 더 개인을 지배할 것이며, 개인은 점점 더 진정으로 개인적인 특성을 잃을 것이며, 개인의 정신은 점점 더 형식화된 이성의 자동 장치로 변질될 것이다.

단순히 개별성의 개념을 만드는 데 그치지 않고 서구 문화의 모형을 정초했던 고대 그리스에서조차도 개인의 역사는 아직 전혀 기술되지 않았다. 최근 부상한 개인의 모형은 그리스의 영웅이다. 그는 대담하고 자기 확신에 차 있으며, 생존 투쟁에서 승리하고, 또한 스스로를 그의 종족에서 해방시키듯이 전통에서 스스로를 해방시킨다. 부르크하르트[1]와 같은 역사학자들이 보기에 그러한 영웅은 천박하고 방종한 이기주의의 화신일 뿐이다. 그럼에도 불구하고 영웅의 무제한적 자아가 지배의 혼을 발산하고, 개인과 공동체 그리고 공동체의 관습 사이의 대립적 갈등을 격화시키는 반면, 영웅 자신은 자기 자아와 세

---

1 부르크하르트Jacob Burckhardt(1818~1897)는 스위스의 역사학자로 19세기 독일의 역사학계를 대표했던 랑케Leopold von Ranke에게 역사학을 배웠지만, 랑케나 드로이젠Johann Gustav Droysen처럼 국가 권력을 절대적인 선으로 규정하는 것에 반대하고, 오히려 국가 권력을 악 자체로 인식했다. 그의 대표적인 저서로는 《이탈리아 르네상스의 문화》(1860)가 있다.

계 사이에 발생하는 충돌의 본성에 모호한 태도를 견지하며, 그 때문에 가능한 모든 음모에 희생된다. 공포를 불러일으키는 그의 행동들은 악의나 무자비와 같은 개인적 동기에 기인하는 것이 아니라 오히려 범죄를 응징하거나 저주를 막기 위한 소망에서 비롯된 것이다. 영웅 정신의 개념은 희생의 개념과 분리될 수 없다. 비극적 영웅은 종족과 종족 구성원 사이의 충돌 속에, 즉 개인을 지속적으로 좌절시키는 충돌 속에 자신의 원천을 갖는다. 우리는 영웅의 삶이 자기보존과 자기희생의 결합을 통해 영웅의 탄생을 알리는 서곡으로서 개별성을 천명하는 것은 아니라고 말할 수 있다. 오디세우스는 호메로스의 영웅 중에서 개별성과 자기 결단의 힘을 가졌다는 인상을 주는 유일한 영웅이다. 그런데 그는 진정한 영웅으로 보기에는 지나치게 교활하다.

개인의 탄생과 철학

전형적인 그리스적 개인은 폴리스 또는 도시국가의 시대에 시민 계급의 형성과 더불어 전성기를 맞는다. 아테네의 이데올로기에서 국가는 시민보다 우선하는 고귀한 것이었다. 그러나 폴리스의 이러한 우월함은 개인의 상승을 방해하기보다는 오히려 촉진했다. 폴리스의 우월함은 국가와 그의 구성원 그리고 개인의 자유와 공동체의 안녕을 균형 있게 조정했는데, 이것은 페리클레스의 비문Grabrede에서 가장 웅변적으로 묘사되고 있다. 《정치학》[2]의 한 유명한 구절에서 아리

---

2 *Politik*, Ⅶ, 7, 1327 b(원주).

스토텔레스는 그리스의 시민을 개인의 한 전형으로 서술하는데, 여기서 개인은 유럽인의 용기와 동양인의 총명함을 동시에 타고났으며, 자기보존 능력을 반성과 결합하고, 자신의 자유를 상실하지 않으면서도 다른 사람을 지배할 수 있는 능력을 습득한 개인의 전형이다. 아리스토텔레스는 그리스 민족이 "하나의 국가로 연결된다면 모든 민족을 지배할 수 있을 것"[3]이라고 말한다. 예를 들어 15세기의 피렌체에서처럼 도시 문명이 정점을 경험하게 되면 언제나 이에 걸맞은 심리학적 에너지의 균형이 성취되었다. 개인의 운명은 언제나 도시 사회의 발달과 연결되어 있었다. 시민은 진정한 의미에서 par excellence 개인이다. 루소와 톨스토이처럼 도시 생활을 비판했던 위대한 개인주의자들 역시 그들의 정신적 뿌리를 도시적 전통에 두고 있다. 소로[4]가 감행한 숲속으로의 도피는 한 농부의 사상이라기보다는 오히려 그리스적 폴리스를 사랑했던 사람의 사상이었다. 이들에게서 싹튼, 문명에 대한 개인주의적 혐오는 문명의 결실을 통해 성장해나갔다. 이러한 작가들이 표현한 것처럼 개인의 경제적이고 사회적인 생존 조건과 개별성 사이의 대립은 개별성 자체의 본질적 요소다. 오늘날 이러한 대립은 현실에 순응하려는 소망을 통해 개인의 의식 속에서 사라졌다. 이러한 과정은 개인이 처한 현재적 위기를 나타내는 징

---

3 Eugene Rolfes(Leipzig, 1948)의 번역 참조(원주).

4 소로 Henry David Thoreau(1817~1862)는 호숫가에서 직접 체험한 자급자족의 자연주의적 생활을 토대로 《월든》(1854)을 저술한 문학자다. 《월든》에서 물질주의에 대한 비판과 함께 자연에 대한 자세한 관찰과 교감 그리고 단순하고 소박한 삶의 원칙을 제안했던 소로는 사회적 순응에 대해서도 강하게 비판하고 있다. 국가와 사회의 부조리에 대한 저항의 상징이 된 《시민 불복종 Civil Disobedience》(1849) 역시 그의 대표작이다.

후이며, 또한 이러한 위기는 이천오백 년 동안 서양 역사를 지배했던 전통적인 도시 이념이 붕괴했음을 반영한다.

플라톤은 폴리스의 이상과 조화를 이룰 수 있는 개별성의 철학을 체계적으로 기획하고자 시도했던 첫 번째 인물이다. 그는 인간과 국가를 지성, 욕망 그리고 용기가 서로 의존하면서도 조화를 이룬 구조로 파악했다. 물론 이 구조는 그 속에서의 노동 분업이 세 가지 등급으로 나뉜 인간 영혼들 각각의 입장에 부합할 때만 비로소 최선의 상태로 조직된다. 플라톤의 '국가'는 공동체의 관심에 비추어 개별적 자유와 집단 통제 사이의 균형을 유지한다. 기회가 있을 때마다 플라톤은 실천적 영역과 이론적 영역 내부의 조화와 함께 두 영역 사이의 조화를 보여주려고 노력한다. 실천적 영역에서 조화는 각각의 신분에 그에 부합하는 기능과 권리를 분배함으로써 그리고 사회의 구조와 그 사회 구성원의 본성을 합치시킴으로써 성취된다. 이론적 영역에서 조화는 광범위한 위계적 계급 관계 안에서 각각의 '유형'에 충분한 자율 공간을 허용하는 체계를 통해, 그리고 이상적 모형에 따라 각각의 개인에게 '할당된 몫'을 보장하는 체계를 통해 획득된다. 존재하는 모든 것 각자의 가치는 생전에 확정되는 목적론의 관점에서 정해진다.

플라톤 존재론의 많은 부분은 여전히, 모든 생명체와 현존재가 거부할 수 없는 냉혹한 힘의 지배를 받는다는 진부한 우주진화론의 특징을 가지고 있다. 여기서 계절의 주기적 변화와 삶과 죽음의 순환에 저항하는 것이 자연 속의 다른 모든 유기체에 무의미한 것처럼, 운명을 거역하는 것 역시 인간에게는 무의미하다. 만약 우리가 플라톤적 우주가 갖는 원대한 시각에 감탄하게 된다면, 우리는 당시 사회가 노예 노동에 의존했기 때문에 그러한 시각이 나올 수 있었다는 사실을 망각해서는 안 된다. 한편으로 플라톤이 적어도 자신의 타고난 성향을 실현한 인간은 자기 자신을 만들어갈 수 있다고 가정했을 때, 그는 개인주의를 향한 길을 제시한 것이다. 다른 한편 아리스토텔레스가 어떤 사람들은 노예로, 어떤 사람들은 자유인으로 태어나며, 나아가 여자나 어린아이들이 갖는 덕과 마찬가지로 노예의 덕 역시 복종하는 것이라고 가르쳤을 때, 그는 플라톤의 이론에서 벗어나지 않은 것이다. 이러한 철학에 따르면 오직 자유로운 인간들만이 경쟁의 결과나 의견 일치로부터 생겨나는 조화를 지향할 수 있다.

플라톤의 체계에는 주관적이거나 형식화된 이성보다 객관적 이성의 이념이 더 많이 내재되어 있다. 이러한 방향성은 인간 본성에 대해 플라톤 체계가 가진 거리와 함께 그것의 구체성을 설명하는 데 도움을 준다. 냉혹함의 요소는 많은 존재론, 특히 조화로운 인격의 가치를 강조하는 잘 알려진 존재론 속에서 발견된다 ─ 심지어 중세 철학의 조화로운 우주상에 관하여 침묵으로 일관하는 괴테의 이른바 부드러운 쾌활함 속에서조차도 발견된다. 인격은 변화시킬 수 없는 사회적이고 자연적인 위계질서에 상응하는 소우주를 가리킨다. 우주 질서는 불변한다는 고집스러운 주장은 정태적 역사관으로 귀결되며, 나아가 자연과 공동체 속에서의 영원한 미성숙에서 주체가 진보적으로 해방될 수 있다는 희망을 배제한다. 객관적 이성에서 주관적 이성으로의 이행은 필연적인 역사 과정이었다.

그렇지만 진보의 개념 역시 문제가 많고 냉혹한 것이라는 점에 대해 간략하게나마 언급할 필요가 있다. 존재론들이 객관적 개념들을 매개로 자연의 힘을 간접적으로 실체화하고 나아가 자연에 대한 인간의 지배를 비호한다면, 진보 이론은 자연 지배의 이상을 직접적으로 실체화하며, 결국 스스로가 하나의 정체되고 파생된 신화로 변질된다. 운동 자체는 그것의 사회적 연관과 그것이 갖는 인간적 목표로부터 분리되었을 때 단순한 가상적 운동으로 전락하며 끝없는 기계적 악순환에 빠진다. 진보를 최고 이상의 지위로 격상시키는 것은, 비록 그것이 역동적 사회 안에서 생겨난 것일지라도, 각각의 모든 진보가 갖는 모순적 성격에 주의를 기울이지 않은 것이다. 아리스토텔레스의《형이상학》같은 서양 철학의 고전 속에서 보편적 잠세태 Dynamismus의 이념이 부동의 원동자와 직접적으로 결합되어 있다는 것은 결코 우연이 아니다. 기술의 맹목적 발전이 사회적 억압과 착취를 강화하는 상황은 매 단계에서 진보를 그것의 반대인 저속한 야만으로 전복시키려고 위협한다. 정태적 존재론뿐만 아니라 진보적 이론도, 그리고 철학의 주관주의적 형식과 마찬가지로 객관주의적 형식들도 인간을 망각한다.

자신의 제자인 플라톤과 아리스토텔레스보다 덜 형식적이면서도 더 부정적이었던 소크라테스는 개인의 자율성을 명시적으로 드러낸 최초의 선구자, 즉 개별성의 추상적 이념을 알린 참된 선구자였다. 소크라테스는 양심을 긍정함으로써 개별자와 보편자의 관계를 새로운 단계로 끌어 올렸다. 균형은 더 이상 폴리스 안에 정착된 조화로부터 유도되지 못했다. 오히려 반대로 보편자는 이제 인간의 정신에 거처를 갖는 진리, 즉 내적이고 거의 자기 확증적인 진리로 파악되었다. 위대한 소피스트들의 사변에 동의했던 소크라테스가 볼 때 반성 없이 권리를 희망하거나 심지어 그것을 행하는 것은 충분하지 못했다. 의식적인 선택은 인륜적 생활 방식의 전제 조건이었다. 그래서 그는 숭배받는 관습과 제례 문화를 대변했던 아테네의 재판관들과 충돌했다. 소크라테스에 대한 재판[5]은 문명의 역사에서 개인의 양심과 국가 그리고 이상과 실재가 마치 하나의 심연에 의해서 분리되기 시작한 단계를 가리키는 것처럼 보인다. 외적 현실에 대립하는 주체는 모든 이념 중에서 최고의 것으로 자신을 사고하기 시작한다. 고대 사회에서 주체의 의미가 계속 확대됨에 따라 점진적으로 현존하는 것에 대한 관심은 사라져버렸다. 철학은 점점 더 내적 조화를 통해 위로받으려는 특성을 취하게 되었다. 헬레니즘 사회는 스토아처럼 소크라테스 이후에 등장하는 체념의 철학들에 사로잡혔다. 이들 철학 속에서 인간에게 보장된 것은, 최고의 좋음이란 독립적 삶을 위해 필요한 모든 본질적인 것을 갖게 됨으로써 주어지는 것이 아니라, 어떤 것도 갈망하지 않음으로써 성취되는 자기만족(자족) 속에 깃들어 있다는 것이다. 고통을 회피하고 무관심해지라는 이 같은 권고는 개인을 공동체에서 분리시켰으며, 그와 더불어 이상적인 것을 실재적인 것에서 분리시켰다. 개인은 현실을 진리의 형상에 따라 조형할 수 있는 자신의 특권을 포기함으로써 전제정치에 스스로를 굴복시킨다.

이 모든 것에는 하나의 규범, 즉 모든 사람이 자신의 문제를 혼자서만 해결하려고 한다면 개별성은 손상되고 만다는 교훈이 있다. 평범한 인간이 정치 문제에 대한 참여에서 멀어지는 가운데, 사회는 개별성의 모든 흔적을 말살하는 정글의 법칙으로 되돌아가는 경향이 있다. 완전히 고립된 개인은 언제나 하나의 환상이었다. 독립성, 자유를

---

5 소크라테스의 재판에 관한 분석은 헤겔의 《역사 철학》 참조(원주).

향한 의지, 동정과 정의감처럼 가장 높이 평가된 개인적 품성들은 개인적 덕이면서 사회적 덕이기도 하다. 완전히 성장한 개인은 완전히 성장한 사회의 완성이다. 개인의 해방은 사회에서의 해방을 의미하는 것이 아니라, 오히려 집단화와 대중문화의 시기에 정점에 이를 수 있는 원자화, 바로 그 원자화에서 사회를 구제하는 것을 의미한다.

개인과 자유주의

기독교적 개인은 헬레니즘 사회의 붕괴에서 탄생했다. 무한하고 초재적인 신을 고려할 때 기독교적 개인은 한없이 작고 무기력하며, 나아가 완전한 자기 거부를 영원한 구원의 대가로 지불하기 때문에 자체 안에 모순을 지닌다고 생각될 수도 있다. 그러나 사실상 개별성에 대한 추구는 지상에서의 삶이 영원한 영혼의 역사의 간주곡에 불과하다는 이론을 통해 엄청나게 강력해졌다. 영혼의 가치는 신이 자신의 형상에 따라 인간을 창조하고 그리스도가 전 인류를 위해 속죄양이 되었다는 이념, 즉 평등의 이념을 통해서 고양되었다. 신이 머무르는 장소이자 내면의 빛인 영혼이라는 개념은 오직 기독교와 더불어 생겨났다. 이에 반해 고대의 모든 문화는 공허와 고독의 요소를 가지고 있다. 갈릴리의 보잘것없는 어부와 수공업자에 대한 복음서의 몇몇 이론과 이야기들은 가장 잘 만들어진 그리스 작품을 어리석고 영혼이 없는 것으로 보이게 만들었고 (여기에는 영혼이라는 '내면의 빛'이 없다), 고대 이전의 중요한 인물들을 미숙하고 야만적으로 보이게 만들었다.

기독교에서 인간적 자아와 유한한 자연은 엄격한 유대교적 전통의 일신론에서처럼 일치하지 않은 채로 대립하고 있지 않다. 그리스도는 무한한 진리와 유한한 인간적 현존재의 중개자이다. 그 때문에 영혼을 추앙하고 자연을 저주한 전통적인 아우구스티누스의 이론은 결국 관념적인 세계와 경험적인 세계의 화해를 위한 위대한 계획인 아리스토텔레스적 토마스주의에 굴복해야만 했다. 경쟁 관계에 있는 세계 종교들이나 헬레니즘적 도덕 철학과는 매우 대조적으로, 기독교는 자연적 충동의 거부와 억제를 모든 법칙을 넘어서는 포괄적인 사랑과 일치시킨다. 자기보존의 이념은 영혼의 영원한 생명을 보장하는 형이상학적 원칙으로 바뀐다. 바로 이처럼 개인은 자신의 경험적 자아를 평가절하함으로써 새로운 심연과 복합성을 획득한다.

정신이 자연과의 대립적 관계를 고집하는 한 그것이 자연의 요소에 불과한 것처럼, 개인이 자기보존에 봉사하는 기능들의 조화로 규정되는 자아의 단순한 체화일 뿐인 한, 개인은 생물학적 표본에 불과하다. 사회가 결합력을 상실하기 시작하고 인간이 자신의 삶과 영원한 것처럼 보이는 공동체 사이의 차이를 알아챘을 때, 인간은 개인으로 탄생했다. 죽음은 전면적이고 냉혹한 양상을 띠게 되었고, 개인의 삶은 대체할 수 없는 절대적인 가치가 되었다. 종종 참으로 현대적인 최초의 인간으로 불리는 햄릿은 최종적인 것으로서의 죽음과 타락의 공포를 두려워했기 때문에 개별성의 이념을 체화한 인물이다. 햄릿의 형이상학적 반성의 깊이, 즉 그의 정신이 지닌 섬세한 음영은 기독교가 부여한 제약을 전제하고 있다. 몽테뉴의 훌륭한 제자였던 햄릿은 비록 기독교적 신앙을 상실했음에도 불구하고, 현대 개인의 실제적인 원천을 특징짓는 방식으로 자신 속에 깃들어 있는 기독교적 영혼을 간직했다. 기독교는 신의 형상인 영혼이 불멸한다는 이론을 통해 개별성의 원칙을 창조했다. 그러나 동시에 기독교는 구체적이고 죽음을 면치 못하는 개별성을 상대적인 것으로 간주했다. 르네상스의 휴머니즘은 기독교가 이해했던 바와 같은 개인의 무한한 가치를 고수하지만, 그럼에도 불구하고 개인을 절대시한다. 이를 통해 휴머니즘은 개인을 완전하게 각인시키면서도 개인의 파괴 역시 준비하고 있었다. 햄릿에게 개인은 절대적인 실체인 동시에 완전히 무상한 것이다.

영혼의 영원성을 보존하기 위해 지상에서의 자기보존 의지를 부정하는 것, 바로 그것을 통해 기독교와 심지어 서양 세계의 비기독교적이고 반기독교적인 체계를 실현했던 이념들조차 인간들 각각의 무한한 가치를 주장했다. 물론 이에 따른 대가는 생명력 넘치는 본능의 억압과 그러한 억압이 결코 성공할 수 없기 때문에 우리 문화를 전반적으로 지배하게 된 부정직함이었다. 그럼에도 불구하고 바로 이러한 억압의 내면화가 개별성을 고양했다. 스스로를 부정하고 희생 제물인 그리스도를 모범으로 삼게 되면서 동시에 개인은 새로운 차원과 지상에서의 자신의 삶을 규정짓는 새로운 이상을 얻는다.

처음에는 권력자들에게 환영받았던 사랑과 박애Caritas라는 기독교적 이론이 나중에는 고유한 힘으로 발전했으며, 결국 기독교적 영혼은 자신을 보호해주고 자신의 우선성에 대한 이념을 선전해주었던 바로 그 권력, 즉 교회에 저항하게 되었다고 볼 수도 있다. 교회는 전통적인 고대 문화를 형성한 사회 제도가 파고들지 못했던 영역, 즉 내면적 삶에 대한 지배를 확장했다. 그러나 중세 말 무렵 정신적이고 세속적인 교회의 통제는 점점 더 약화되었다. 개인의 이념과 관련해서 종교 개혁과 철학적 계몽 사이에는 명백한 수평적 유사성이 존재한다.

자유로운 기획의 시대, 즉 소위 개인주의의 시대에 개별성은 거의 전적으로 자기보존적 이성에 종속되었다. 이 시기에 개별성의 이념은 형이상학적 사치를 벗어던지고 단순하게 개인이 가진 물질적 관심들의 종합 명제가 된 것처럼 보였다. 이를 통해 개별성의 이념이 이데올로기에 의해 구실로 사용되는 것으로부터 보호받지 못한다는 사실은 어떠한 증명도 필요로 하지 않을 만큼 명백하다. 개인주의는 사회가 자유 시장 내에서 서로 충돌하는 이익 관심들의 자동적인 상호 작용 속에서 발전한다고 보는 부르주아적 자유주의가 추구하는 이론과 실천의 가장 내면적인 핵심이다. 개인은 단지 자신의 일시적이고 직접적인 만족에 드는 비용에 대해 장기적인 관심을 가질 경우에만 사회적 존재로서 유지될 수 있었다. 기독교의 금욕적인 교리에 의해 생겨난 개별성의 성품은 이를 통해 강화되었다. 부르주아적 개인은 자신을 필연적으로 집단과의 대립 속에서 보지 않고, 오히려 자신이 오직 개인적 이익 관심의 무제한적 경쟁을 통해서만 가장 조화로운 상태에 도달할 수 있는 사회에 속해 있다고 믿거나 그렇게 믿도록 교육받았다.

자유주의가 스스로를, 특별히 방해되는 몇몇 불균등을 고르게 만드는 것 이상의 다른 것을 필요로 하지 않았던, 이미 실현된 유토피아의 후원자로 여기고 있다고 말할 수도 있다. 이러한 불균등의 책임은 자유주의적 원칙에 있는 것이 아니라, 자유주의 원칙의 완전한 성공을 가로막는 유감스러운 비자유주의적 방해물에 있다. 자유주의의 원칙은 자유주의적 사회를 결속하는 무역과 교환의 평준화된 원칙을 통해 동형同形의 원칙으로 변화되었다. 부르주아 사회의 원자적인 경제적 개인에 대한 17세기의 상징인 모나드는 사회적 원형이

되었다. 모든 모나드는 사리사욕의 도랑Gräben을 침으로써 고립된 상태에 있을지라도, 바로 이렇게 사리사욕을 추구한다는 점에서 서로 점점 더 유사해진다. 거대한 경제 동맹과 대중문화가 지배하는 우리 시대에 동형의 원칙은 개인주의라는 베일을 벗어던지고 공개적으로 선언되며, 그 자체가 하나의 이상의 지위로 격상되었다.

자유주의는 초기에 재산을 모으는 데 힘쓰고 적대적인 사회 세력으로부터 그 재산을 지키려고 했던 다수의 독립적인 사업가들을 통해 특징지어졌다. 이러한 사업가들의 경제적 요구가 시장의 움직임과 생산의 일반적인 발전 경향을 결정지었다. 상인과 제조업자는 똑같은 방식으로 경제적이고 정치적인 모든 우발적 사태에 대비해야만 했다. 이러한 요구가 그들로 하여금 과거로부터 그들이 할 수 있는 것을 배우고 미래를 위한 계획을 세우도록 자극했다. 그들은 스스로 사유해야만 했다. 대개 긍정적으로 평가되는 사유의 독립성이 어느 정도는 가상에 불과할지라도, 그들의 사유는 주어진 형식과 시기에 사회의 이익에 기여하기에 충분한 객관성을 가졌다. 부르주아 사회의 유산자들, 특히 중개 무역에 종사하는 사람들 그리고 특정한 유형의 제조업자들은 독립적인 사유가 그들의 특수한 이익에서 벗어날 수 있을 때조차도 그러한 사유를 촉진해야만 했다. 사업가는 계속해서 자신의 가족 내에서 상속될 것을 기대했던 사업 자체로 인해 자신이 살아온 시간을 훨씬 넘어서는 지평을 고려할 수 있게 되었다. 그의 개별성은 미래를 예견하는 인간의 개별성이다. 이러한 인간은 자신과 자신의 가문을 자랑스럽게 여기며, 공동체와 국가가 자신 그리고 자신과 비슷한 사람들, 즉 명확하게 물질적 이익의 자극에 사로잡힌 모든 사람을 기반으로 존립한다는 것을 확신한다. 생존 경쟁 사회의 도전에 잘 대응하기 위한 그의 감각은 자신의 직접적인 욕구들을 넘어서는 이익 관심들을 관철하는 강하고 냉철한 자아 속에서 표현되었다.

독립적인 사업가는 더 이상 거대 산업의 시대인 오늘날을 대표하는 전형이 아니다. 평범한 사람은 자신의 상속인을 위해 계획을 세우거나 자신만의 먼 미래를 위해서 계획을 세우는 것조차 점점 더 어려워진다는 것을 알고 있다. 오늘날의 개인은 자신의 조상보다 더 많은 기회를 가질 수 있게 되었지만, 그가 구체적으로 전망할 수 있는 기간은 점점 더 짧아지게 된다. 미래는 개인의 인생 계획 속에서 더 이상 확실하게 전망되지 않는다. 개인은 자신이 계속 쓸모 있는 사람으로 남아 있고, 회사, 협회, 노동조합에 소속되어 있을 때 자신이 완전히 상실되지 않았다고 느낀다. 따라서 이성을 가진 개별적 주체들은 사라져가는 현재의 포로, 즉 축소된 자아로 전락하는 경향을 보인다. 이때 축소된 자아는 한때 현실 속에서 자신의 위치를 넘어설 수 있게 해주었던 지적 기능의 사용을 망각한다. 이제 이러한 기능들은 시대의 거대한 경제적, 사회적 힘이 떠맡게 된다. 개인의 미래는 자기 자신의 전망과는 점점 더 멀어지게 되고, 오히려 거대한 권력들 사이의 국내적, 국제적 투쟁에 의존하게 된다. 개별성은 자신의 경제적 기반을 상실한다.

도구화와 사회 통합

인간들 내부에는 아직 약간의 저항력이 남아 있다. 집단적 기획이 계속해서 몰려오더라도 인간성의 정신이 아직 살아 있다는 것은 사회적 염세주의에 대한 반증이다. 인간성의 정신은 사회적 집단의 구성원으로서의 개인 속에 살아 있는 것이 아니라 홀로 남겨진 상태의 개인 속에 살아 있다. 그러나 현재의 주도적인 관계는 앞에서 언급한 굴복형이 압도적으로 우세하게 되는 방식으로 평균적인 인간의 삶에 막대한 영향을 미친다. 개인은 어릴 때부터 세계 속에서 잘 살아갈 수 있는 유일한 길이 궁극적인 자기실현에 대한 희망을 포기하는 길이라는 견해를 갖게 된다. 개인은 오직 모방을 통해서만 이 길을 얻을 수 있다. 개인은 자신을 끌어들이는 모든 집단적인 것으로 대변되는 특성이나 행동 방식과 경쟁하는 가운데, 의식을 통해서뿐만 아니라 자신의 전 존재를 통해 지속적으로 자기 주변에서 알게 된 것에 이끌리게 된다. 놀이 집단, 동급생, 스포츠 동호회 그리고 앞서 언급한 집단적인 것들은 19세기의 어떤 아버지나 선생이 요구했던 것보다도 더 엄격한 동질성을 강요하고, 완전히 동화됨으로써 더 철저히 복종할 것을 강요한다. 개인은 자신의 주변 환경을 반영하고, 반복하고, 모방함으로써 자신이 궁극적으로 속하게 되는 모든 강력한 집단에 순응하며, 인간적 존재에서 조직의 한 부분으로 전락하는 가운데, 기꺼이 그러한 조직을 만족시키고 조직에서 영향력을 행사하기 위해서 자신의 가능성을 희생하는 가운데 비로소 살아남게 된다. 이는 가장 오래된 생물학적 생존 수단인 위장술로써 모방을 통해 이루어지는 생존이다.

아이가 어머니가 말하는 낱말들을 따라 하고, 젊은이가 자신에게 고통을 주는 기성세대의 가혹한 행위를 따라 하는 것처럼 거대한 문화 산업의 스피커는, 상업화된 여가 활동과 점점 차이가 없어지는 대중적인 선전 속에서 울려 퍼지는 가운데, 피상적 현실을 끝없이 재생산한다. 유흥 산업의 모든 교묘한 장치들은 계속해서 일상생활의 진부한 장면을 새롭게 재생산한다. 그럼에도 불구하고 이러한 진부한 장면들은 재생산의 기술적 정확성이 이데올로기적 내용의 오류나 그러한 내용을 도출한 의도를 은폐하기 때문에 기만적이다. 이러한 재생산은 현실을 비판하기 위해 그것을 있는 그대로 묘사하는 위대한 사실주의적 예술과는 아무런 공통점도 없다. 현대의 대중문화는 비록 빛바랜 문화적 가치를 강하게 지향할지라도 있는 그대로의 세계를 찬양한다. 영화, 라디오 그리고 대중적인 전기와 소설은 동일한 반복구를 지닌다. 이는 우리에게 익숙한 노선이며 위대한 사람, 그리고 충분히 위대하다고 할 수 있는 사람의 발자취다. 이는 있는 그대로의 현실이며, 있어야만 했고, 또 있게 될 현실이다.

심지어 성공에서 얻은 성과 너머에 무언가가 있을지도 모른다는 희망을 표현할 수 있었던 낱말들조차 그 성공을 위한 업무에 종사하는 가운데 억압받는다. 영원한 구원의 이념 그리고 절대자와 결합되었던 모든 것은 일종의 여가 활동이라고 말할 수 있는 종교적 수양의 기능으로 전락하게 되었다. 이처럼 희망을 표현하는 낱말들은 이제 주일학교에서 사용하는 은어의 일부가 되었다. 이와 유사하게 행복의 이념도, 진지한 종교적 사유를 비판하곤 했던 사람들의 평범한 생활 태도와 일치하는 그러한 진부함으로 환원된다. 심지어 진리의 이념조차 자연을 통제하는 데 유용한 도구가 되어야 하는 목표에만 한정되었고, 인간에 내재되어 있는 무한한 가능성의 실현은 사치품의 지위로 밀려났다. 기득권 집단의 이익에 기여하지 못하거나 산업이 수행하는 업무와 관련이 없는 생각은 설 자리가 없으며, 아무것도 아닌 쓸모없는 것으로 간주되었다. 굶주림으로 인한 죽음이 세계 곳곳에서 발생하고 있음에도 불구하고, 기계 장치의 많은 부분을 사용하지 않고, 중요한 많은 생각을 제쳐두고, 어리석기 짝이 없는 광고와 파괴적 도구의 생산에 수많은 노동 시간을 바치는 사회, 즉 이렇게 사치스러운 사회는 역설적이게도 유용성을 자신의 복음서로 삼았다.

현대 사회는 하나의 전체이기 때문에 개별성의 몰락은 높낮이와 관계없이 모든 사회적 집단에, 즉 사업가 못지않게 노동자들에게도 손상을 입혔다. 개별성의 가장 중요한 특성 중의 하나인 자발적 행위는 자본주의 사회에서 경쟁에 의해 부분적으로 배제됨으로써 사라지기 시작했지만, 사회주의 이론에서는 중요한 역할을 수행했었다. 그러나 오늘날 노동 계급의 자발성은 개별성이 전반적으로 해체됨에 따라 손상되었다. 노동자들은 19세기의 위대한 정치적, 사회적 사상가들이 정립한 비판적 이론들에서 점점 더 멀어져갔다. 영향력 있는 진보 옹호자들은 독일에서의 파시즘 승리를 독일 노동자 계급이 이론적 사유에 부과했던 가치로 환원하기를 주저하지 않는다. 실제로 이제 지배권을 행사하는 대변인이 자본의 대리인이든 노동의 대리인이든, 기존 권력에 대한 복종을 부추기는 것은 이론이 아니라 이론의 몰락이다. 그럼에도 불구하고 순응적인 대중은 집단적인 것에 완전히 항복하지는 않았다. 오늘날의 실용주의적 현실이 가하는 강압하에서 인간의 자기 의식은 지배적인 체계 안에서 그가 수행하는 역할과 동일시된다. 그는 절망에 빠진 채 자기 자신뿐만 아니라 다른 사람 속에 있는 다른 모든 충동을 억압한다. 그럼에도 불구하고 기존의 모범에 부합하지 않기 때문에 받아들여지지 않는 요구들을 갖게 될 때마다 그를 엄습하는 분노는 꺼지지 않는 원한 감정을 표시하는 기호다. 만약 억압이 제거된다면 이러한 원한 감정은, 사회 구성원들로 하여금 사회의 고유한 억압 구조를 통찰하지 못하도록 하는 내면적인 경향을 지닌 전체 사회 질서로 향하게 될 것이다. 전 역사에 걸쳐 물리적, 조직적, 문화적 강압은 정당한 또는 부당한 질서 안으로 개인을 통합하고자 지속적으로 그 역할을 수행해왔다. 오늘날 노동자 조직은 노동자의 여건을 개선하려고 노력할 때조차 불가피하게 이와 같은 압력을 행사하는 데 기여할 수밖에 없다.

현대 산업 사회의 사회적 통합과 그 이전 시대의 사회적 통합 사이에는 결정적인 차이가 있다. 더 오래된 사회적 통합은 위계적으로 조직된 구조물이 되었다는 의미에서 총체적인 특징을 갖는다. 토템 부족, 씨족 사회, 중세 교회 그리고 시민 혁명 시대의 국가에서의 삶은 역사적 발전을 통해 형성된 이데올로기적 모형에 따랐다. 마법적이고, 종교적이거나 철학적인 이데올로기적 모형들은 당시의 사회적 지배의 형식을 반영했다. 그 모형들은 심지어 생산에서 그것들이 맡았던 역할이 사라진 이후에도 문화를 결속하는 역할을 수행했고, 따라서 공유된 진리의 이념도 증진시켰다. 이는 다름 아니라 이데올로기적 모형들이 객관화되었다는 사실에서 비롯되었다. 이념들 각각의 체계는 그것이 종교적이든, 예술적이든, 논리적이든, 의미 있는 언어로 표명되는 한에서만 보편적인 뜻을 갖게 되며, 일반적인 의미에서 진리일 것을 필연적으로 요구한다.

이전 사회의 집단적 통일의 이데올로기가 주장했던 객관적이고 보편적인 타당성은 그 이데올로기가 실존하기 위한 본질적인 조건을 사회라는 유기적 체계 속에서 형성했다. 그러나 중세 교회와 같은 조직들의 모형들은 세밀한 부분까지 물질적 삶의 형식과 일치하지는 않았다. 단지 평신도나 성직자의 위계적 구조와 종교의식에서 그들이 수행하는 역할들만이 엄격하게 규율화되었다. 그것을 제쳐두고라도, 삶 자체뿐만 아니라 그 삶의 정신적 구조 역시 완전히 통합되지 않았다. 정신적 특성을 갖는 기본 개념들은 실용적 고려와 완전히 융합되지 않았고, 어느 정도의 자율적인 성격을 보유하고 있었다. 여전히 문화와 생산 사이에는 균열이 있었다. 이러한 균열은 근본적으로 개인을 기능적으로 반응하는 단순한 세포로 위축시키는 현대의 거대 조직보다 더 많은 탈출구를 열어둘 수 있었다. 노동의 총체성에서 볼 수 있듯이 현대의 조직적 통일은 유기적인 사회 경제적 체제의 구성 요소들이다.

추상적인 정신 모형에 일치해야만 했던 이전의 총체성들은 단순히 실용적인 산업주의의 총체성에서 벗어나 있는 요소를 포함하고 있었다. 산업주의의 총체성 역시 위계적 구조를 가지고 있다. 그러나 이러한 총체성은 철저하고 무자비하게 통합되어 있다. 예를 들어 산업주의적 구조 내에서 간부들이 더 높은 지위로 승진하는 것은 그 어떤 정신적 이상과 결합된 자질 때문이 아니다. 그들의 승진은 거의 전적으로 인간을 조작할 수 있는 능력에 달려 있다. 여기서 단순히 행정적이고 기술적인 능력 여하에 따라서 관리 직원의 선발이 결정된다. 이와 같은 자격을 갖추는 것이 이전 사회의 위계적 관리에서도 전혀 없었던 것은 아니다. 그러나 이는 지도자적 품성과 정신적 이상이 객관화된 조직 사이의 관계, 즉 현대적 총체성에 특수한 성격을 부여하는 그러한 관계를 해체하는 것이다. 현대 교회는 예전의 형식을 전승하고 있다는 것을 보여준다. 그럼에도 불구하고 이와 같은 형식들이 살아남게 된 것은 단순히 기계적으로 구상된 개념에 대한 포괄적인 순응과 연관이 있다. 덧붙이자면 기독교적 신학에 내재되어 있는 실용주의는 이 기계적으로 구상된 개념을 선전하는 데 도움을 주었다.

사회 이론은, 그것이 반동적이든, 민주적이든, 또는 혁명적이든지와 상관없이, 사람들이 과거의 총체성의 모형이라고 받아들이는 오래된 사유 체계의 유산이었다. 이러한 오래된 체계들은 그 체계들이 요구했던 연대성의 형식들이 기만적인 것으로 밝혀지고 그 체계들과 결합된 이데올로기가 공허하고 변명만 늘어놓는 것이 되었기 때문에 사라져버렸다. 최근의 사회 비판은 변명하기를 단념했으며 사회 비판의 대상을 찬양하지도 않았다. 마르크스는 한 번도 프롤레타리아를 예찬하지 않았다. 그는 자본주의에서 사회적 부조리의 마지막 형식을 보았다. 그는 자신의 이론이 천착했던 피지배 계급의 미신과 지배적 이념들을 질책했다. 대중문화가 보여주는 경향과는 정반대로 이러한 이론 중에 어떠한 것도 인간에게 생활 방식을 주선하려고 시도하지 않았다. 인간은 자신을 끌어들이는 생활 방식을 무의식적으로 혐오하면서도 공공연하게 환호하며 받아들였다. 사회 이론은 노동자의 왜곡된 사유 자체를 포함한 현실에 대한 비판적인 분석을 제공했다. 그럼에도 불구하고 현대 산업주의의 제약 아래 심지어 정치 이론조차도 총체적 문화를 변호하는 경향에 감염되었다.

대중문화와 노동의 왜곡

이것이 오래전의 형식들로 복귀하는 것이 바람직하다는 것을 의미하지는 않는다. 조직의 발전이 포기되거나 단지 이론적으로 거부될 수 없는 것처럼 이러한 시간은 되돌릴 수 없다. 오늘날 대중의 과제는 전형적인 전통적 당파에 매달리는 것이 아니라, 오히려 대중의 고유한 조직 속으로 침투해 그들의 의식을 개별적으로 지배하는 독점적인 구조를 인식하고 그것에 저항하는 것이다. 이성적인 미래 사회에 대한 19세기의 전망에서는 무게 중심이 개인의 억압받는 상황보다 체계의 기획, 조직화, 집중화에 있었다. 그 자체가 자유주의의 산물인 의회의 노동당들은 자유주의의 비합리성을 고발하고 무정부적인 자본주의에 대립하는 사회주의적 계획 경제를 대변했다. 노동당들은 반이성의 시대에 이성이 요청한 사회적 조직화와 집중화를 대변했다. 그럼에도 불구하고 산업주의의 현재적 형식하에 증대되는 억압 속에서 합리성의 또 다른 측면이 드러난다. 이때 합리성의 다른 측면이란 사회적 삶과 개별적 주체의 자발성을 형성하는 데 있어서 그리고 개별적 주체가 현재 통용되고 있는 행동 양식과의 대립을 형성하는 데 있어서 비동일적이고 비판적인 사유가 맡는 역할이다. 한편으로 세계는 적대적 집단들인 경제적, 정치적 블록으로 여전히 계속해서 분열되어 있다. 이러한 상황은 이성의 입장에서 볼 때 보편적인 것의 요소를 대변하는 조직화와 집중화를 요구한다. 다른 한편으로 인간은 유년 시절부터 근본적으로 소집단, 단체 그리고 조직들에 속해 있기 때문에, 이성의 관점에서 특수한 것의 요소인 개별성은 완전히 억압되고 빼앗긴다. 이것은 사업가뿐만 아니라 노동자도 마찬가지다. 19세기에 프롤레타리아는 아직 상당히 무형적이었다. 따라서 프롤레타리아가 민족 단위의 집단들로, 또는 고학력 노동자와 저학력 노동자로, 나아가 고용된 사람과 실업자로 분열되었을지라도, 그들의 관심은 공통된 경제적, 사회적 표상들 속에서 결정될 수 있었다. 의존적인 국민의 무정형성 그리고 역사적으로 이 무정형성과 연관해서 이론적 사유를 발전시켜나가는 경향은 기업 경영의 실용주의적 총체성과 대립 관계를 형성했다. 자본주의 발전 과정에서 수동적인 역할로부터 적극적인 역할로의 노동자의 지위 상승은 보편적인 체계로의 통합을 대가로 지불했다.

현실과 이데올로기에서 노동을 경제적 중심 주제로 끌어 올렸던 이러한 과정은 이미 산업의 대상이었던 노동자를 또다시 노동자 조직의 대상으로 만들었다. 이데올로기가 점점 더 실제적이고 현실적인 것이 되어가는 가운데 그에 내재되어 있는 현실과의 모순, 즉 이데올로기의 부조리는 확대되었다. 스스로를 자신의 고유한 운명의 창조자로 간주하는 과정에서 대중은 지도자의 대상으로 전락한다. 물론 노조 간부들이 성취하는 모든 것은 노동자들에게 적어도 일시적으로나마 약간의 이익을 보장한다. 노동조합 정책에 맞서는 신자유주의자[6]들은 진부한 낭만주의에 빠지며, 그들이 경제학의 영역으로 진출하는 것은 철학적 영역에서 그들이 하는 노력보다 더 위험하다. 노동조합이 독점적으로 조직된다는 사실이, 노동 귀족을 제외한 노동조합의 구성원들이 독점적인 권력자들이라는 것을 의미하지는 않는다. 그 사실은 대기업의 사장들이 원자재, 기계들, 또는 다른 생산 요소들을 통제하듯 노조 간부가 노동 공급을 통제한다는 것을 의

---

6 여기서 말하는 신자유주의는 오늘날의 신자유주의가 아니라, 20세기 초 자유주의 이념의 한계와 모순을 깨닫고 기존의 자유주의에 새로운 시각을 도입하려고 한 수정 자유주의를 의미한다. 이러한 신자유주의의 대변자인 홉하우스Leonard Hobhouse는 맹목적으로 찬양되는 자유 경쟁의 힘을 제거하고, 산업 생산물의 분배에 힘써야 한다고 주장한다. 그는 노동조합주의, 협동조합 운동, 국가 및 도시 사회주의 등을 공동의 목적을 실현하기 위한 방법으로 제시한다.

미한다. 노조 간부들은 노동자들의 매니저다. 그들은 노동자들을 조정하고 선전하며, 노동자들의 가격을 가능한 한 높게 책정하려고 노력한다. 동시에 개별 노동자들의 힘, 지위, 수입 전체를 훨씬 능가하는 노조 간부들의 고유한 사회 경제적 힘, 지위, 수입은 산업 체계에 의존하고 있다.

노동의 조직화가 이윤을 목적으로 하는 모든 기업의 업무와 동일한 업무로 인정된다는 사실은 인간의 사물화 과정을 완결짓는다. 노동자의 노동력은 공장에 매입되고 기술의 요구에 종속될 뿐만 아니라 노동조합을 통해 관리된다.

종교적이고 도덕적인 이데올로기가 사라지고 정치 이론이 경제적, 정치적 사건들의 진행 과정을 통해 쇠퇴하는 가운데 노동자의 사유는 노조 간부들의 경제적 이데올로기에 맞추어 변형되는 경향을 보인다.[7] 세계의 노동하는 대중과 현재하는 사회적 불의 사이에 생기는 내적 갈등의 이념은 더 많은 권력 집단들 사이의 갈등에서 전

---

7 이론이 붕괴하고 실증주의적 의미에서 경험적 연구로 대체된 것은 정치적 사상뿐만 아니라 대학의 사회학에도 반영된다. 일반적인 관점에서 계급 개념은 미국의 사회학이 출현하는 데 중요한 역할을 했다. 나중에는 그러한 개념을 점점 더 형이상학적인 것으로 밝혀내는 연구가 강조되었다. 사회 이론을 철학적 사유와 연결할 수 있었던 이론적 개념들은 관습적으로 파악된 일군의 사실들을 위한 기호로 대체되었다. 이러한 진행 과정의 근거는 사회학의 진보에서보다는 여기서 서술된 사회적 과정에서 찾아볼 수 있다. 사회학이 "사회적 구조와 사회적 변화의 이론적 체계를 구성하는" 자신의 "포괄적인 과제"를 신뢰했던 시기, 즉 제1차 세계대전이 일어나기 전 시대는 "이론적 사회학이 어떤 식으로든 우리 사회의 진보적 발전을 위해 더 커다란 구성적 역할을 수행할 수 있다는 일반적인 믿음으로 특징지어졌다. 사회학은 젊은이의 위대한 야망을 가졌었다"(Charles Henry Page, *Class and American Sociology*, New York, 1940, 249쪽). 그러나 사회학의 현재적 야망은 분명 그렇게 위대하지 않다(원주).

략의 의미를 갖는 개념으로 대체된다. 물론 과거에 노동자들은 사회 이론이 드러낸 메커니즘을 결코 개념적으로 인식하지 못했으며, 몸과 마음에 억압의 징표를 걸치고 있었다. 그럼에도 불구하고 노동자들의 비참함은 개별적 인간의 비참함이었고, 따라서 그것은 노동자들을 모든 나라와 사회의 모든 영역 속에서 비참하게 살아가는 모든 민중과 연결했다. 노동자들의 미성숙한 의식은 노동 시간이나 여가 시간 동안 그들의 눈과 귀와 근육에 산업주의적 행동 양식을 주입하는 대중문화의 기술로 인해 계속해서 성숙하지 못했다. 오늘날 노동자들은 여타의 국민과 똑같이 지적으로 보다 나은 교육을 받고, 더 많은 정보를 가지게 되었으며, 훨씬 덜 순진하다. 그들은 국제 관계를 상세하게 알고 정치 운동의 속임수도 알고 있으며, 특히 부패에 대항하는 정치 선전으로 먹고사는 사람들의 속임수도 알고 있다. 노동자들, 적어도 파시즘의 지옥을 경험하지 않은 노동자들은 게임 규칙을 어겼기 때문에 공개적으로 비난받는 자본가나 정치가를 추방하는 모든 활동에 동조할 것이다. 그러나 그들은 규칙 자체를 문제 삼지는 않는다. 그들은 사회적 불의, 심지어 그들 자신이 속한 집단 내부의 불평등조차 강력한 사실로 수용하는 법을 배웠고, 또한 강력한 사실을 존중해야만 하는 유일한 사실로 간주하는 법을 배웠다. 그들의 의식은, 근본적으로 다른 세계에 대한 꿈속에 갇혀 있으며, 이와 마찬가지로 사실을 단순히 분류하기보다는 이러한 꿈의 현실적 실현을 지향하는 개념들 속에 갇혀 있다. 현대의 경제적 관계들은 노조의 조합원들뿐만 아니라 간부들에게까지 실증주의적 태도를 갖도록 영향을 미치기 때문에, 그들은 점점 더 서로 유사해진다. 비록 이러한 추세가 대립되는 경향을 통해 지속적으로 도전받는다 하더라도, 이는 노동자들을 사회생활 속에서 새로운 세력으로 강화시킨다.

불평등이 줄었다고는 말할 수 없다. 다양한 사회 집단들의 개별적 구성원들이 갖는 사회적 힘들 간의 오래된 차이는 점점 더 늘어났다. 특정한 노동 계층을 위해 타협하는 노동조합은 그들의 가격을 높일 수 있는 상태에 있었지만, 이때 사회적 힘의 무게 중심은 조직적이든 비조직적이든 다른 집단으로 넘어간다. 더 나아가 노동조합의 조합 원들과 조합으로부터 어떤 이유에서든 배제된 사람들 사이에 균열이 존재한다. 그리고 이처럼 점점 작아지는 세계 속에서 국가의 고유한 전통적 엘리트뿐만 아니라 발전된 산업 국가의 지도적 집단의 지배 를 받는 사람들과 특권을 가진 국가의 국민 사이에 균열이 존재한다.

현재 임금 노동과 자본은 동일하게 그것들이 행하는 통제를 지속 하고 확장하는 데 관심을 갖는다. 두 집단의 지도자들은 인간적 현존 재가 처한 조건들을 혁명적으로 변화시킬 것을 약속하는 위대한 기 술적 진보로 인해 이론적 사회 비판이 불필요하게 되었다고 점점 더 강하게 주장한다. 기술 지상주의자들은 거대한 컨베이어 벨트에서 생산되는 상품의 과잉이 자동적으로 모든 경제적 빈곤을 제거해줄 것이라는 관점을 옹호한다. 업무 능력, 생산력, 지적인 기획은 현대 인의 신으로 선포되었다. 소위 '비생산적'인 집단들과 '약탈 자본'은 사회의 적으로 낙인찍혔다.

아마도 이 시대의 상징이라고 할 수 있는 기술자들은 산업가나 상 인들처럼 이윤만을 배타적으로 추구하지 않는다. 기술자의 역할이 생산 활동 자체의 요구와 더 직접적으로 결합되어 있기 때문에 그의 지시는 보다 큰 객관성을 가리키는 표시다. 그의 부하 직원들은 적어 도 그가 내린 명령의 일부가 사물의 본성과 관계가 되고, 따라서 일반적인 의미에서 합리적이라는 것을 인정한다. 그러나 근본적으로 이러한 합리성은 또한 지배에 속할 뿐 이성에 속하지는 않는다. 기술자는 사물 자체를 위해서나 사물에 대한 통찰을 얻기 위해서가 아니라 오히려 도식에 짜 맞추기에 적합하다는 것 때문에 그 사물을 이해하는 데 관심을 갖는다. 이때 기술자는 도식이 사물들 자체의 내적 구조에 얼마나 낯선 것인가는 전혀 상관하지 않는다. 이것은 영혼이 없는 사물과 마찬가지로 살아 있는 존재에도 타당하다. 기술자의 의식은 가장 현대적인 형식의 산업주의가 갖는 의식이다. 그의 계획적인 지배는 사람들을 고유한 목적이 없는 도구들의 집합으로 만들 것이다.

개인의 몰락과 산업 지상주의

산업 활동의 신성화는 한계를 모른다. 이후의 더 나은 활동을 위해서 꼭 필요한 것이 아니라면, 휴식은 거의 일종의 부도덕으로 간주된다. 애런슨Moses Aronson은 다음과 같이 말한다. "미국 철학은 열려 있고 역동적인 우주의 현실을 요청한다." "유동적인 우주는 우리가 쉴 수 있는 장소가 아니며, 수동적 관조를 심미적으로 향유하기를 고무하지도 않는다. 지속적인 전개 과정에 있는 세계는 적극적인 상상력을 자극하고 강건한 지성의 훈련을 요구한다."[8] 애런슨의 관점에 따르면 "실용주의는 농업 경제의 배경과 충돌하면서 확대되고 있는 산

---

8 Charles Beard, *The American Spirit*, 666쪽 참조(원주).

업주의의 거대한 흐름이 야기한 혼돈을 진지하게 잘 다루는 기질, 즉 불모지Grenze 개척을 통해 길러진 단련된 기질의 특징을 반영한다."[9]

그럼에도 불구하고 미국의 실제 개척자들이 개척을 통해 얻은 기질과 현대 정치 선동가들의 기질 사이에는 아주 명백한 차이가 있는 것처럼 보인다. 개척자들 스스로는 목적을 위한 어떠한 수단도 실체화하지 않았다. 그들은 그들의 직접적인 생존 투쟁에 있어서 고된 노동을 수행했다. 그들은 자신들의 꿈속에서 전반적으로 덜 역동적이고 더 고요한 우주의 기쁨을 생각했을 수도 있다. 그들은 아마도 구원에 대한 자신들의 표상 속에서 또는 도달하고자 하는 문화에 대한 자신들의 이상 속에서 '수동적 관조의 심미적 향유'를 가치 있는 것으로 여겼을 것이다.

미국의 개척자들을 가장 최근에 계승하고 있는 사람들이 현대의 노동 분업에서 지적 직업을 가질 때, 그들은 앞에서 말한 가치와 정반대되는 가치를 칭송한다. 그들은 이론적 노력을 '건장하고' '단련된' 것이라고 말하고, 어느 정도 '자발적이며 자연스러운 성장'이라고 말한다. 이 과정에서 그들은 양심에 거리낌이 있더라도 '개척자'로부터 전승된 '휴식 없는 삶'이라는 유산을 고수하려고 했고, 자신들의 언어를 수공업의 활동적인 어휘에, 특히 농업 노동과 산업 노동의 활동적인 어휘에 맞게 사용하려고 했다. 그들은 심지어 이념의 영역에서조차도 획일화와 균일성을 찬양한다. 애런슨에 따르면 "몇 가지 유럽적인 구성 요소들"이 틀림없이 미국 철학의 종합 명제 속으

---

9 같은 책, 665쪽(원주).

로 유입되었다. "그럼에도 불구하고 이러한 낯선 요소들은 수용되었고 토착적인 통일체로 녹아 들어갔다."[10] 이처럼 획일화를 꾀하는 자들이 지구를 관조와 기쁨의 장소로 만들 가능성에 더 가까이 다가갈수록, 그들은 피히테의 의식적이거나 무의식적인 추종자들로서 국가의 이념을 숭상하고 영구적 활동을 찬양할 것을 점점 더 강하게 주장한다.

개인의 몰락은 기술이나 자기보존의 동기 자체로 환원될 수 없다. 문제는 생산 자체가 아니라 오히려 생산이 발생하는 형식들, 즉 산업주의의 특수한 영역 내에서 형성된 인간들의 상호 관계다. 인간의 노력과 연구, 발명은 필연적 요구에 따른 도전의 결과다. 이 구조는 오직 인간의 노력과 연구, 발명이 우상화되는 경우에만 불합리한 것이 된다. 이러한 이데올로기는 그것이 찬양하려고 하는 바로 그 문화의 휴머니즘적 토대를 대신하려는 경향을 보인다. 완전한 충족과 무제한적 향유에 대한 생각들이 진보 세력을 불러일으킨 희망에 더 근접했던 반면, 진보에 대한 숭배는 진보에 역행하는 반대 방향으로 나아간다. 의미 있는 목표를 위한 고된 노동은 기쁨을 줄 수 있고, 심지어 사랑받을 수 있다. 노동 자체를 목적으로 간주하는 철학은 결국 모든 노동을 증오하게 된다. 개인의 몰락에 대한 책임을 인간의 기술적 성과나 심지어 인간들 자신에게 돌려서는 안 된다(인간들은 대부분 그들이 생각하고 말하고 또는 행동하는 것보다 훨씬 더 나은 존재). 오히려 그러한 책임은 모든 영역에 걸쳐 사회생활 전반을 지배하는 정신,

---

10   같은 곳(원주).

즉 객관 정신의 현재적 구조와 내용에 물어야 한다. 인간들이 대중문화의 제작자들로부터 완성된 형태로 받아들인 사유와 행위의 모형들은 마치 그것들이 인간들 스스로의 이념이기라도 한 것처럼 다시금 대중문화에 영향을 끼치는 결과를 낳는다. 우리 시대의 객관 정신은 산업, 기술 그리고 국적을 숭배한다. 이때 객관 정신은 이러한 범주들에 의미를 부여할 수 있는 원칙을 지적하지는 않는다. 객관 정신은 어떠한 일탈과 휴식도 허용하지 않는 경제 체제의 압력을 반영한다.

생산성의 이상과 관련해서 확실한 것은 오늘날 경제적 의미가 모든 사람의 욕구를 위한 유용성이 아니라 권력 구조를 위한 유용성에 따라 결정된다는 것이다. 개인은 국내 경제와 국제 경제를 통제하는 데 있어서 보다 큰 몫을 차지하기 위해 투쟁에 뛰어들고, 이 투쟁 속에 얽혀 있는 이런저런 집단들에 자신의 가치를 증명해야 한다. 더 나아가 개인이 사회를 위해 바치는 재화나 직무 수행의 양과 질은 개인의 성공을 결정짓는 요소 중 하나에 불과할 뿐이다.

마찬가지로 모든 개인의 순수한 현존재를 위한 현대적 기준이자 유일한 정당화인 효용성efficiency을 실제적인 기술적 능력이나 관리직에 적합한 역량과 혼동해서는 안 된다. 오히려 효용성은 '젊은 사람들 사이에 있을 수 있는' 능력, 스스로를 주장하는 능력, 다른 사람에게 깊은 인상을 주는 능력, 스스로를 '선전하고', 올바른 친분 관계를 유지하는 능력, 즉 오늘날 매우 많은 사람의 생식세포를 통해서 전승되는 것처럼 보이는 재능과 관계가 있다. 상이한 생산 영역과 사업 영역에서 성공을 이루게 하는 특성들의 유사성을 과소평가하는 것과, 생산 수단의 합리적인 사용을 특정한 생산 중개인의 합리적인 성향과 혼동하는 것은 생시몽[11]으로부터 베블런[12]과 그의 추종자들에 까지 이어지는 기술 지상주의적 사유의 잘못된 추론이었다.

현대 사회가 개별성의 모든 특성을 부정하는 경향을 보일 때, 사회 구성원들이 과연 사회 조직의 합리성을 통해 보상받을 수 있는가라 는 의문이 제기될 수 있을 것이다. 기술 지상주의자들은 종종 자신들 의 이론이 언젠가 실천으로 전환될 경우, 경제 불황은 과거의 일이 되 고 근본적인 경제적 불균형이 사라질 것이라고 주장한다. 또한 전체 적인 생산 구조가 기획에 따라 순조롭게 진행될 것이라고 주장한다. 실제로 현대 사회에서 기술 지상주의적 꿈의 현실화는 그리 요원한 일이 아니다. 자유 시장 체제하에 왜곡되고 비합리적인 형식으로 관 철되는, 즉 경제적 위기에서 절정에 달하는 과정에서 관철되는 생산 자들의 욕구와 마찬가지로 소비자들의 욕구 역시 이제 더 광범위한 정도로 경제적, 정치적 지도자들의 정책과 일치하는 가운데 예측될 수 있고 충족되거나 거부될 수도 있다. 인간 욕구의 표현은 더 이상 의 심스러운 시장의 경제적 지표를 통해 왜곡되지 않는다. 그 대신 이러 한 욕구는 통계에 입각해서 확정되며 산업적, 기술적, 정치적인 모든

---

11 생시몽Saint-Simon(1760~1825)은 프랑스의 공상적 사회주의자를 대표한다. 그는 인간의 형제애, 동정심 등의 감정에 호소하여 사회 구성원들 간의 조화로운 공동 목 표를 강조한다. 그는 이러한 공동 목표를 기반으로 공장주나 자본가가 노동자 중심 으로 기업을 경영함으로써 생산 수단을 합리적으로 사용한다면, 자본주의의 문제점 을 해결할 수 있다고 믿었다. 주요 저서로는 《산업 체제론Du système industriel》(1821 ~1822)이 있다.

12 베블런은 '산업 정신'과 '기업 정신'을 구별하고, '산업 정신'은 최소의 비용으로 최대 의 생산량을 올리는 것이지만, '기업 정신'은 이윤 추구를 목적으로 하기 때문에 기 업 합동·판매 우선·정부와 소유 계급의 낭비를 초래한다고 하여 배격했다.

종류의 기술자들은 그러한 욕구를 통제하려고 경쟁한다. 한편으로는 시장 체계보다 이러한 새로운 합리성이 이성의 이념에 더 가깝게 서 있다면, 다른 한편으로는 이성의 이념에서 훨씬 더 떨어져 있다.

상이한 사회 집단들의 구성원 사이에서 거래는 예전의 체계하에서 실제로 시장에 의해 결정되는 것이 아니라 불평등하게 분배된 경제적 권력을 통해서 결정되었다. 그럼에도 불구하고 인간관계가 객관적인 경제적 메커니즘으로 전환된 것은 개인에게 적어도 원칙적으로는 일정한 독립성을 부여했다. 자유주의 경제하에서 경쟁에 실패한 사람들이 궁지에 몰리거나 경쟁에서 뒤처진 집단들이 빈곤 상태에 빠졌을 때, 그들은 비록 경제적으로는 파산하게 되었지만 인간의 존엄성에 대한 의미는 간직할 수 있었다. 왜냐하면 그들이 처한 고통스러운 상황에 대한 책임이 익명의 경제적 과정에 부과되었기 때문이다. 최근에도 여전히 개인이나 집단들 전체는 맹목적인 경제적 권력을 통해 파멸할 수 있다. 그러나 이제는 보다 잘 조직되고 강력해진 엘리트들이 이러한 경제적 권력을 대신하고 있다. 비록 이러한 지배 집단들의 상호 관계가 변화하더라도 그들은 많은 부분에서 서로를 잘 이해한다. 산업 권력의 집적과 집중이 위기에 빠진 정치적 자유주의를 제거할 때, 희생자들은 완전히 저주받게 된다. 전체주의하에서 개인이나 집단이 엘리트들로부터 차별 대우를 받고 축출될 때, 그들은 단지 생존 수단만을 빼앗기는 것이 아니라 그들의 가장 깊은 내면의 인간적 본질까지 공격당하게 된다. 어쨌든 현대 산업주의의 경제적, 문화적 메커니즘이 야기한 개별적 사유와 저항의 몰락은 인간다움으로의 발전을 점점 더 어렵게 한다.

산업주의는 생산을 위한 슬로건을 일종의 종교적 믿음으로 만들어버리고, 기술 지상주의적 이념을 선포하며, 나아가 거대한 산업의 요새에 진입할 수 없는 집단을 '비생산적'이라고 비방하는 가운데, 산업 그 자체와 사회로 하여금 점점 더 대규모로 이루어지는 생산이 권력 투쟁의 수단이라는 사실을 망각하게 만든다. 사회가 현 단계에서 나날이 더 직접적으로 의존하게 되는 경제 지도자들의 정책들은 편협하고 편파적이며, 그 때문에 아마도 심지어 사회의 현실적인 욕구와 관련해서 예전에 시장을 결정했던 자동적인 경향들보다도 더 맹목적일 것이다. 비합리성이 아직도 인간들의 운명을 결정짓는다.

위기의식을 통한 개인의 지배

거대한 산업 권력의 시대는 영원할 것처럼 보이는 소유관계로부터 발생하는 안정된 과거와 미래의 관점을 제거함으로써 개인을 무너뜨리려고 한다. 개인이 처한 상황이 악화된 것은 아마도 개인의 사적 재산이 지닌 전체적인 불안정성을 통해서 가장 잘 가늠할 수 있을 것이다. 인플레이션이 발생하면서 재산이 줄거나, 심지어 완전한 파산의 위협이 불어닥친다. 자유주의에서 화폐의 구매력은 금본위 통화제 제도로 보증되는 것처럼 보였다. 금에 대한 신뢰로 상징되는 재산의 안전성은 부르주아적 실존의 계기, 귀족의 후계자인 부르주아의 계기였다. 특히 자기 개발에 대한 관심 역시 부르주아의 독립성에 속했다. 이는 오늘날처럼 더 많이 출세하기 위한 것이나 어떤 직업적 이유를 위한 것이 아니라 자신의 개별적 실존을 위한 것이었다. 개별성의 물질적 토대가 완전히 불안정하지는 않았기 때문에 노력은 의미가 있었다. 민중이 부르주아의 지위를 얻고자 노력할 수 없었다고 할지라도, 실제로 인본주의적 가치에 관심을 가졌던 개인들로 형성된 상대적으로 수가 많은 계급의 현존은 이론적 사고방식을 위한 배경뿐만 아니라 자신의 내재적인 진리를 바탕으로 사회 전반의 욕구를 표현하는 예술적 표명의 방식을 위한 배경이 되었다.

금본위 통화 제도의 폐지와 항구적인 인플레이션은 전면적인 변화의 상징이다. 심지어 중간 계급의 구성원들조차 불안을 감수해야만 한다. 개인은 자신이 속한 정부, 회사, 협회, 노동조합, 보험 회사가 자신이 병들거나 정년퇴직하게 될 때 돌봐줄 것이라는 생각으로 위안을 삼는다. (금의 사적 소유를 금지하는 다양한 법률들은 독립적인 경제적 개인을 거부하는 선언을 상징한다.)[13] 자유주의하에서 걸인은 언제나 금리 생활자에게 눈엣가시였다. 거대 산업 시대에 들어서자 걸인과 함께 금리 생활자들도 사라진다. 사회라는 도로에는 어떠한 안전지대도 존재하지 않는다. 모든 사람은 끊임없이 움직여야만 한다. 사업가는 직능을 가진 간부가 되고, 학자는 전문 직업인이 된다. '은둔하며 살아가는 자가 가장 잘 사는 자다'라는 철학자들의 준칙은 현대의 경제 위기와 모순된다. 모든 사람은 상위 기관이 휘두르는 채찍의 지배를 받는다. 최고 지휘권을 가진 사람들은 그들의 부하 직원들보다도 더 적은 자율성을 갖는다. 그들은 자신들이 행사하는 권력에 구속당한다.

---

13 본 문장은 영어본에는 있으나, 독일어본에서는 누락된 부분이다. 전체적인 맥락에서 볼 때 의식적으로 누락시킬 만한 이유가 없는 것으로 보아 단순한 실수로 여겨져 본문에 삽입했다.

대중문화의 모든 수단은 개인이 현대 사회를 완전히 원자화하는 기계 장치에 맞서서 어떤 식으로든 스스로를 보존할 수 있는 모든 가능성을 차단하는 가운데, 개별성을 압박하는 사회적 강압을 더 견고하게 하는 데 기여한다. 대중적 전기 그리고 사이비 낭만주의적 소설과 영화에서 개인적 영웅주의와 자수성가한 사람을 강조하는 것이 이러한 이해를 반박하는 것은 아니다.[14] 이처럼 기계적으로 만들어진 자기보존에 대한 자극은 실제로는 개별성의 해체를 가속화한다. 어떠한 제한도 없는 개인주의의 슬로건이 사회적 통제에서 벗어나려는 거대한 기업 연합체의 시도에 정치적으로 이용되는 것처럼, 대중문화에서 개인주의의 수사학은 집단주의적 모방의 모형을 사람들에게 제시하는 가운데, 그것이 듣기 좋으라고 제시하는 바로 그 원칙을 부정한다. 휴이 롱[15]이 말한 것처럼 모든 남자가 왕일 수 있다면, 왜 모든 소녀는 영화에 등장하는 전형적이고 유일한 여왕일 수 없는가?

개인은 더 이상 어떠한 사적인 역사도 가지지 않는다. 모든 것이 변

---

14 Leo Löventhal, "Biographies in Popular Magazines", in *Radio Research*, 1942~1943, New York, 1944, 507~548쪽 참조(원주).

15 롱Huey Pierce Long은 실업이 광범위하게 확산되고, 빈곤 및 인간적 불행의 심화가 가속화되었던 1930년대 대공황 시기에 미국 루이지애나 주지사였다. 그는 1920년대 고용 촉진 프로그램을 법제화하고, 석유 및 가스에 대한 세율 인상으로 그에 필요한 비용을 지급하도록 함으로써 뉴딜 정책에 힘썼다. 그는 1934년 전국 라디오 연설을 통해 여전히 지속되고 있는 공황에 대한 특유의 소유 해결책을 제시했는데 그것이 바로 "모든 사람이 왕이지만 아무도 왕관을 쓰지 않는다"는 것이었다. 그는 부자들로부터의 개인의 자유를 부르짖음으로써 대중과 밀접한 연대 관계를 형성했다. 파시즘의 대중 선동적인 정치를 연상시키는 롱은 1935년 암살당할 때까지 정치적 전성기를 누렸다.

함에도 불구하고 어떤 것도 움직이지 않는다. 개인은 제논도, 콕토[16]도, 엘레아학파의 변증론자도, 파리의 초현실주의자도 필요로 하지 않는다. 파리의 초현실주의자는 《거울 나라의 앨리스》[17]에 등장하는 여왕이 "동일한 장소에 머무르기 위해서는 사람들이 할 수 있는 모든 경주가 필요하다"라고 말할 때 그녀가 무엇을 염두에 두고 있는지를 그리고 롬브로소[18]의 광인이 그의 아름다운 시 속에서 무엇을 표현하려고 했는지를 설명한다.

> 우리는 우리의 자존심에 붙박여,
>
> 쇠로 된 축을 도는 수레바퀴처럼,
>
> 영원한 원환을 맴돈다,
>
> 끝없이 방황하지만, 언제나 이 자리에![19]

16 콕토Jean Cocteau(1889~1963)는 프랑스의 시인, 소설가, 문학비평가, 배우, 극작가, 연출가, 화가, 영화제작자로 폭넓은 활동을 했다. 그는 파시즘에 붙들린 세계에서 죽음과 침묵을 발견하고 이를 작품으로 형상화하기도 했다. 그는 새로운 것, 이상한 것, 미적인 것을 추구함으로써 신비주의적 측면을 보였다. 대표작으로는 소설 《무서운 아이들Les enfants terribles》(1929), 희곡 《로미오와 줄리엣》(1926), 《오르페우스Orphée》(1926), 《오이디푸스 왕Oedipe-Roi》(1928), 《미녀와 야수La Belle et la Bte》(1945) 등이 있다.

17 캐럴Lewis Carroll이 펴낸 책으로 《이상한 나라의 앨리스》의 후속편.

18 롬브로소Cesare Lombroso는 이탈리아의 범죄 심리학자다. 그는 범죄자들에게 일정한 신체적 특징이 있음을 밝혀내고, 범죄자의 인류학적 특징을 주장했다.

19 *The Man of Genius*, London, 1891, 366쪽.
Noi confitti al nostro orgoglio
Come ruote in ferrei perni,
Ci stanchiamo in giri eterni,
Sempre erranti e sempre qui!(원주)

개인은 어떤 경우에도 새로운 비인격적 제도 속에서 완전히 소멸하지 않으며, 현대 사회의 개인주의는 여느 때와 다름없이 거침없고 자유분방하다는 반론은 문제의 핵심을 간과하고 있는 것처럼 보인다. 이러한 반론은 약간의 진리, 즉 인간이 여전히 그가 살고 있는 세계보다 더 나은 존재라는 숙고를 포함하고 있다. 그럼에도 불구하고 인간의 삶은 빈칸을 채워 넣어야 하는 모든 설문지의 도식에 따르는 것처럼 보인다. 인간의 정신적 실존은 여론 조사에서 고갈된다. 특히 대중의 우상인 소위 오늘날의 위인들은 결코 진정한 개인이 아니다. 그들은 단순히 그들 자신의 광고의 산물일 뿐이고, 그들의 원래 사진을 확대한 것일 뿐이며, 사회적 진행 과정의 기능일 뿐이다. 그 누구보다도 니체 스스로가 매우 염려하며 경고했던 완전한 위버멘쉬Übermensch는 억압된 대중의 투사이며, 체사레 보르자[20]라기보다는 킹콩이다.[21] 히틀러처럼 잘못된 초인들이 행사했던 최면술의 마력은 그들의 생각과 말과 행동보다는 그들의 괴상한 몸짓에서 나온다. 이 괴상한 몸짓은 자신의 자발성을 산업적인 가공을 통해 박탈당한, 그리고 어떻게 친구들을 사귀고 사람들에게 깊은 감명을 줄 수 있는가

20 체사레 보르자Cesare Borgia(1476~1507)는 교황 알렉산더 6세의 서자로 마키아벨리가 새로운 '군주'의 본보기로 삼았던 인물이다.

21 포Edgar Allen Poe는 위인에 대해서 다음과 같이 말한다. "개인들이 그와 같은 방식으로 자신들의 종種이 남긴 지평을 고양했다는 것은 결코 의심할 수 없다. 그러나 역사 속에서 이 개인들의 발자취를 찾으려고 한다면, 우리는 정신병원(Bedlam, 런던 베들레헴 병원St. Mary of Bethlehem의 속칭)이나 노예선과 같은 감옥에서 죽어 간 가련한 사람들에 대한 몇 안 되는 보고를 세밀하게 조사하는 동시에, '선인과 위인'의 모든 전기를 무시해야만 한다." *The Portable Poe*, Philip van Doren Stern ed., Viking Press, New York, 1945, 660쪽 이하(원주).

를 배워야만 하는 인간들에게 하나의 행동 방식을 제시했다.

앞서 서술된 경향들은 유럽의 역사에서 이미 매우 끔찍한 재앙을 불러왔다. 몇 가지 원인은 유럽적인 특수성에서 비롯된 것이었다. 다른 원인들은 국제적인 발전 경향의 영향하에서 인간 성격이 근원적으로 변화했다는 사실로 소급된다. 그 누구도 머지않아 이러한 파괴적 경향이 억제되리라고 확신할 수 없다. 그럼에도 불구하고 개인을 억누르는 견디기 힘든 억압이 불가피한 것은 아니라는 의식이 확대되고 있다. 억압은 직접적으로 순수하게 기술적인 생산의 요구로부터 발생한 것이 아니라, 사회적 구조에서 발생한 것이라는 점을 사람들이 통찰할 수 있으리라 기대할 수 있을 것이다. 실제로 이미 세계의 많은 지역에서, 점점 더 커져가는 억압은 생산력의 현재적인 발전의 토대에서 일어날 수 있는 위협적인 변화에 대한 두려움을 만들어내고 있다. 산업적 원칙, 기술적 진보, 과학적 계몽, 즉 개별성의 해체를 불러온 경제적이고 문화적인 과정들은, 현재로서는 그 징후가 아직 미미하다고 할지라도, 덜 이데올로기적이고 더 인간적인 현존 형식의 구성 요소로서 개별성이 새롭게 소생할 수 있는 새로운 시대를 열겠다고 약속한다.

파시즘은 의식을 가진 인간 존재를 사회적 원자로 환원시키려고 노력하면서 테러적 방법을 이용했다. 왜냐하면 파시즘은 모든 이데올로기에 대해 계속해서 커가는 환멸이 인간에게 인간 자신과 사회의 최고의 가능성을 실현하는 길을 마련해줄 수 있다는 점을 두려워했기 때문이다. 실제로 몇 가지 사건에서 사회적 압력과 정치적 테러는 비합리성에 대한 너무나 인간적인 저항, 즉 언제나 참된 개별성의 핵심을 형성했던 저항을 약화시켰다.

우리 시대의 진정한 개인들은 정복과 지배에 저항하며 고통과 굴욕의 지옥을 통과한 순교자들이지, 대중문화가 과장하는 인격체나 관습에 따르는 성직자가 아니다. 이처럼 찬양받지 못하는 영웅들은 개인으로서의 자신의 실존을 의식적으로 테러적 파괴에 내맡기는 반면, 다른 사람들은 사회적 과정에서 이러한 테러적 파괴를 무의식적으로 감수한다. 나치 강제 수용소의 이름 없는 순교자들은 새롭게 태어나기 위해서 노력하는 인간의 상징이다. 철학의 과제는, 비록 그 순교자들의 허망한 목소리가 전제정치에 의해 침묵을 강요당했을지라도, 그들이 행한 것을 들을 수 있는 언어로 전환하는 것이다.

자아와 자연의 파괴적 적대감

이성의 형식화는 역설적인 문화적 상황을 불러온다. 한편으로 이 시대에는 자아와 자연의 파괴적인 적대감, 즉 시민사회 문명의 역사를 개괄적으로 보여주는 적대감이 정점에 이른다. 자연을 정복하려는 총체적 시도는 자아, 인간적 주체를 억압의 단순한 도구로 환원한다. 자아의 다른 모든 기능은 쓸모없는 것으로 전락한다. 반면에 화해를 시도하려고 했던 철학적 사유는, 심지어 실증주의적 사유나 소위 존재론적 사유마저도 그 적대감의 존재 자체를 거부하거나 망각하는 방향으로 나아간다. 표면적으로 이러한 철학적 사유는 다른 모든 문화 영역에 걸쳐 자아와 자연 사이의 갈등을 의식하는 대신에 은폐한다. 우리의 논의에 기초가 되는 전제는 이러한 과정에 대한 철학적 의식이 이 과정의 방향을 전환시키는 데 도움을 줄 수 있다는 것이다.

철학에 대한 신뢰는 철학이 어떤 사람의 사고력을 약화할 수 있다는 두려움을 떨쳐버리는 것을 의미한다. 최근까지 서양 역사에서 사회는 개인들, 집단들 그리고 민족들 간의 상호 이해에 도달하기 위해 필요한 충분한 문화적, 기술적 자원들을 결여하고 있었다. 지금은 물질적 조건들이 갖추어졌다. 문제는 자기 자신이 스스로를 억압하는 주체이자 앞잡이라는 것을 자각하는 인간들이 없다는 것이다. '대중의 미성숙'을 표상하는 것만으로는 아무것도 이루어지지 않는다. 표상 그 자체는 그야말로 기계적 장치에 속할 뿐이다. 유럽의 가장 낙후된 지역에서조차도 사회적 발전 과정을 관찰한 사람은, 통치받는 사람들이 적어도 그들이 존경하는 마음으로 따라야 하는 우쭐대는 조무래기 지도자만큼은 성숙하다는 것을 인정해야만 한다. 바로 이 순간 모든 것이 인간의 자율성을 올바로 사용하느냐 그렇지 못하느냐에 달려 있다고 보는 의식은 순응적이고 신뢰할 수 없는 동료들에 의한 문화의 위협적인 가치 상실이나 내부에 있는 야만인에 의한 문화의 파괴에서 문화를 보호할 수도 있다.

과정은 철회될 수 없다. 역사의 수레바퀴를 되돌리려고 마음먹은 형이상학적 치료법은 앞서 신토마스주의에 관한 논의에서 언급했던 것처럼 자신이 혐오한다고 말했던 바로 그 실용주의에 의해 변질되었다.

투쟁은 (…) 너무 늦었다. 그리고 모든 수단은 단지 질병을 악화시킬 뿐이다. 왜냐하면 질병은 정신적 삶의 정수, 즉 정신적 삶의 개념 속에 들어 있는 의식이나 순수한 본질 자체를 장악하고 있기 때문이다. 그 때문에 정신적 생활 속에는 질병을 극복할 수 있는 어떠한 힘도 없다. (…) 그리하여 오직 기억만이 정신의 지나간 형태의 죽은 형식을 어떻게인지는 모르지만 사라진 역사로서 아직 보존하고 있다. 그리고 새로이 숭배받는 지혜의 뱀은 이러한 방식으로 고통 없이 생기 없는 허물만을 벗어낸다.[1]

부활한 존재론들은 질병을 악화할 뿐이다. 대중문화와 기계화라는 계몽의 부정적인 측면을 기술했던 보수적인 사상가들은 낡은 이상을 새롭게 공표하거나 혁명의 위험을 예방하는 새로운 목표를 제시함으로써 진보를 통해 얻은 성과를 약화하려고 시도했다. 프랑스 반혁명의 철학과 독일 초기 파시즘의 철학은 첫 번째 태도의 사례들이다. 현대적 인간에 대한 그들의 비판은 낭만주의적이고 반지성주의적이다. 집단주의를 표방하는 또 다른 반대자들은 예를 들어 유럽 통합의 이념이나 문명화된 전 세계의 정치적 통일의 이념처럼 보다 진보적인 사상을 제시한다. 19세기 말에는 타르드[2]가, 현대에는 가세트[3]가 이러한 사상을 대변했다. 우리 시대의 객관 정신에 대한 그들의 분석이 매우 정확하다고 할지라도, 그들의 고유한 교양 보수주의는 확실히 객관 정신의 요소 가운데 하나다. 가세트는 대중을 버릇없는 어린아이와 비교한다.[4] 이러한 비교는 근본적으로 개별성을 박탈당한 대중에 호소한다. 대중이 과거에 감사할 줄 모른다는 가세트의 비난은 대중 선전과 대중 이데올로기의 요소들 중 하나다. 그의 철학이 대중적인 호응을 받는다는 단순한 사실, 즉 그의 철학이 가진 교

1   Georg Wilhelm Friedrich Hegel, *Phänomenologie des Geistes*, in *Sämtliche Werke*, Band 2, Glockner, Stuttgart, 1932, 418~419쪽 이하(원주).

2   Gabriel Tarde, *Les lois de l'imitation*, Paris, 1904 참조, 특히 198~204쪽과 416~424쪽을 참조할 것(원주).
   타르드(1843~1904)는 프랑스의 사회학자로 '심리학적 사회학'을 확립했다.

3   Ortega y Gasset, *Der Aufstand der Massen*, Hamburg, 1956, 133~135쪽 참조(원주).
   스페인 철학자인 가세트(1883~1955)는 20세기 스페인의 문화와 문학의 부흥에 큰 영향을 끼쳤으며《낙원의 아담》,《돈키호테의 명상》,《현대의 주요 문제》등의 주요 저작을 남겼다.

4   같은 책, 41쪽 이하(원주).

육적 성격은 그의 철학을 철학일 수 없게 한다. 역사적 과정에 대한 비판적 통찰을 기술하는 이론들은 그것이 만병통치 수단으로 사용되는 순간, 종종 억압적인 이론으로 변형된다. 최근의 역사가 보여주듯이, 이것은 보수적인 이론과 마찬가지로 급진적인 이론에서도 적용된다. 철학은 도구도 처방전도 아니다. 철학은 단지 진보의 진행 경로가 논리적, 사실적 필연성을 통해 어떻게 규정될 수 있는지를 미리 그려볼 수 있을 뿐이다. 그 과정에서 철학은 현대적 인간의 개선 행진이 불러오게 될 공포와 저항의 반응을 선취할 수 있다.

철학은 정의될 수 없다. 철학에 대한 정의는 철학이 말해야만 하는 것에 대한 명시적 서술과 동일하다. 그럼에도 불구하고 철학과 철학의 정의에 관한 몇몇 언급들은 철학이 맡을 수 있는 역할을 스케치할 수 있을 것이다. 그러한 언급들은 또한 우리가 사용하는 자연과 정신, 주체와 객체와 같은 추상적 용어들을 더 상세하게 설명해줄 것이다.

철학의 정의

정의는 역사 과정의 흐름 속에서 완전한 의미를 얻는다. 정의는 언어적 축약이 그것이 전달하려고 하는 의미를 두말할 나위 없이 제대로 드러내지 못한다는 것을 겸손하게 받아들일 때만 합리적으로 사용될 수 있다. 만약 우리가 오해의 가능성에 대한 두려움 때문에 역사적 요소를 제거하고 명목상 시대 초월적인 명제를 정의로 제시하는 것에 합의한다면, 그것은 사유와 경험이 시작된 이래로 철학이 상속해온 정신적 유산을 거부하는 것이다. 우리 시대의 반역사적, '물리학적' 철학인 논리 경험주의는 정신적 유산을 완전히 벗어나는 것이 불가능함을 보여준다. 심지어 논리 경험주의의 대변자들조차도 엄격하게 형식화된 그들의 과학 사전에서 일상적인 언어 사용 가운데 몇몇 정의할 수 없는 개념이 있음을 인정하고, 마찬가지로 언어의 역사적 본질에 경의를 표한다.

철학은 언어의 표현되지 않은 진술에 더 민감해져야 하고, 언어 속에서 지양된 경험의 층위에 몰입해야만 한다. 각각의 언어는 사유 형식과 믿음의 구조를 표현하는 정신적 실체를 형성한다. 이때 사유 형식과 믿음의 구조는 각각의 언어를 사용하는 민족이 성숙해가는 성숙 과정에 뿌리를 두고 있다. 언어는 영주와 빈민, 시인과 농부의 변화하는 관점이 저장된 곳이다. 언어의 형식과 내용은 모든 인간의 소박한 언어 사용을 통해 풍부해지거나 빈곤해진다. 그럼에도 불구하고 우리가 어떤 낱말의 본질적인 의미를 단순히 그것을 사용하는 사람들에게 물어봄으로써 발견할 수 있다고 생각하는 것은 잘못일 것이다. 이러한 시도에 있어서 여론을 조사하는 것은 거의 아무런 소용이 없다. 형식화된 이성의 시대에는 심지어 대중조차도 개념과 이념의 붕괴를 촉진한다. 거리에서 마주치는 사람 또는 오늘날 흔히 말하는 들판과 공장의 일꾼은 전문가와 거의 똑같이 낱말들을 도식적이고 비역사적으로 사용하는 법을 배운다. 철학자는 본보기를 제시하려고 하지 말아야 한다. 그는 인간, 동물, 사회, 세계, 정신 그리고 사유에 대해서 자연 과학자들이 화학적 물질에 대해 말하는 것처럼 말할 수 없다. 철학자는 정해진 공식Formel을 가지지 않는다.

정해진 공식은 없다. 다른 개념들과의 상호 관계와 미묘한 의미 차이를 고려하면서 이러한 개념들 각각의 의미를 펼쳐 보여주는 것, 즉 적확한 서술은 여전히 철학의 주요 과제다. 이때 어중간하게 잊힌 의미 층위와 연상 층위를 지닌 낱말이 우선적인 원칙이 된다. 이를테면 낱말의 이러한 함축은 새롭게 경험되어야만 하고, 더 명백해지고 더 일반화된 이념 가운데 보존되어야만 한다. 오늘날 사람들은 기본 개념들이 물리학과 공학의 진전을 통해 명백해진다는 환상에 현혹됨으로써 너무나 쉽게 복잡성을 회피하려는 유혹에 빠진다. 산업주의는 심지어 철학자들에게조차 자신들의 연구를 표준화된 식사 도구를 생산하는 과정처럼 이해하도록 압력을 가한다. 몇몇 철학자들은 개념과 범주가 예리하게 다듬어지고 혁신적인 형태로 자신들의 연구실을 벗어나야만 한다는 견해를 가진 것처럼 보인다.

따라서 정의한다는 것은 또한 본질적으로 대상들의 원칙이라고 할 수 있는 본래적인 개념 규정들을 스스로 포기하는 것이며, '본질'이 대상들 자체와는 무관하다는 규정들, 즉 특징적인 표시Merkmalen에 만족하는 것이다. 이 규정들은 오히려 단지 외면적인 반성을 위한 '표지Merkzeichen'라는 목표만을 가진다. 이러한 개별적이고 '외면적'인 규정성은 구체적인 총체성과 그 개념의 본성에 매우 부적절하다. 이는 마치 규정성이 고립적으로 선택될 수 있다거나 구체적인 전체가 그것의 참된 표현과 규정을 규정성 안에 지니고 있다고 간주하는 것만큼이나 부적절한 것이다.[5]

---

5 Georg Wilhelm Friedrich Hegel, *Wissenschaft der Logik*, in *Sämtliche Werke*, Band 5, Glockner, Stuttgart, 1936, 293~294쪽(원주).

각각의 개념은 모든 것을 포괄하는 진리에 대한 물음의 단편들로 보아야만 한다. 그 진리 안에서 개념은 자신의 의미에 도달한다. 바로 그러한 단편을 가지고 진리를 구성하는 것이 철학의 가장 중요한 과제다.

정의에 이르는 '왕도via regia'는 없다. 철학적 개념은 확정되고 동일시되어야만 하며, 단지 동일성 논리의 억압적 명령을 엄밀하게 따를 때만 사용될 수 있다는 관점은 확실성에 대한 열망의 징후이며, 지적 욕구를 소책자 형태로 재단하려는 너무나 인간적인 충동이다. 이에 따르면 한 개념을 그것의 동일성을 손상하지 않고 다른 개념으로 바꾸는 것은 불가능할 것이다. 이것은 마치 우리가 한 사람, 한 민족, 한 사회적 계급을, 비록 그것의 특성과 물질적 실존의 모든 양상이 변하게 될지라도, 동일하게 머물러 있는 어떤 것이라고 말하려는 것과 같다. 따라서 역사 연구는 자유라는 이념의 본성이 변화의 과정에서도 지속적으로 유지되어왔다는 것을 입증할 수 있을 것이다. 자유를 위해 투쟁했던 정치적 당파들의 요구는 심지어 동일한 세대에서조차 서로 모순될 수 있었다. 그렇지만 세계 속에서 이러한 당파들 또는 개인들의 편과 자유의 적대자들의 편을 완전한 구별해주는 완전히 동일한 이념이 있다. 우리가 역사 속에서 어떤 당파가 자유를 위해 투쟁했는가를 규정하기 위해서 자유가 무엇인지를 알아야 한다는 것이 옳다면, 자유가 무엇인지를 규정하기 위해 이러한 당파들의 성격을 알아야 한다는 것 역시 옳다. 그에 대한 해답은 특정한 시기의 역사가 가진 구체적인 윤곽 속에서 찾을 수 있다. 자유에 대한 정의는 역사 이론이며, 그 역도 마찬가지다.

자연 과학을 특징짓고 자연 과학 내에서 정당화된 전략, 즉 명확한 확정 전략은 실천적 유용성이 문제가 되는 곳이면 어디에서나 개념들을 마치 지적 원자처럼 조작한다. 조각으로 흩어져 있는 개념들은 판단들과 명제들로 결합되고, 이것들은 다시 체계들로 조합된다. 체계를 구성하는 원자적 요소들은 결코 변화하지 않는다. 사람들은 원자적 구성 요소들이 잘 알려진 전통 논리학의 원칙들, 즉 동일률, 모순율, 배중률 등에 따라 언제나 서로를 기계적으로 끌어당기고 밀어낸다고 가정한다. 우리는 모든 사고 활동에서 이 원칙들을 거의 본능적으로 사용한다. 그러나 철학은 다른 방법을 추구한다. 철학 역시 이러한 고귀한 원칙들을 적용하지만, 철학의 대응 방식에 있어서 이러한 도식주의는 극복된다. 이는 도식주의를 자의적으로 훼손함으로써가 아니라, 논리적 구조를 객체의 본질적 특성과 일치시키는 인식 활동을 통해 이루어진다. 철학에 따르면 논리학은 주체의 논리학이면서 객체의 논리학이기도 하다. 논리학은 사회, 자연, 역사의 기본 범주와 관계들을 포괄하는 이론이다.

일원론과 이원론 그리고 자연주의

형식주의적 정의 방식은 자연 개념에 적용될 때 특히 부적절해진다. 왜냐하면 자연과 자연의 대응 개념인 정신을 정의한다는 것은 불가피하게 그 둘을 이원론 아니면 통일로 정립하거나, 또는 자연이나 정신 중에 어느 하나를 궁극적인 것, 즉 '사실'로서 규정하는 것이기 때문이다. 그러나 실제로 이러한 두 가지 근본적인 철학적 범주는 분리되지 않은 채 서로 결합되어 있다. '사실'과 같은 개념은 자체로 인간적 의식이 인간 외적 자연과 인간적 자연으로부터 소외된 결과로서만 이해될 수 있다. 이는 그 자체로 문명의 결과다. 물론 이러한 결과는 엄격하게 실제적이다. 자연과 정신의 이원론에 반영된 실제적인 역사적 경향이 되돌려질 수 없는 것처럼, 이러한 이원론은 자연과 정신의 명목상 근원적인 통일을 위해서 부정되지 않는다. 자연과 정신의 통일을 고집하는 것은 정신적으로 현재의 상황을 벗어나 그에 내재되어 있는 가능성과 경향들에 대한 합의로 나아가는 대신에 무기력한 힘의 일격을 통해 현재의 상황에서 벗어나는 것이다.

그러나 궁극적으로는 자연과 정신의 통일을 명목상 최고의 상태라고 주장하는 모든 철학, 즉 모든 종류의 철학적 일원론은 실제로 자연에 대한 인간 지배의 이념을 고착화하는 데 기여한다. 우리는 앞에서 이러한 이념의 양가적인 성격을 보여주려고 했다. 통일을 요구하는 단순한 경향은 심지어 정신의 절대적인 대립물인 자연의 이름으로 이러한 통일이 정립될 때조차 정신의 총체적인 지배에 대한 요구를 뒷받침하려는 시도다. 모든 것을 포괄하는 개념의 외부에는 아무것도 남아 있지 않기 때문이다. 자연의 우선성을 계획하고 모든 것을 그것에 종속시키는 것은 정신이기 때문에, 심지어 자연의 우선성을 주장하는 것조차도 그 속에 정신이 절대적 지배권을 가진다는 주장을 숨기고 있는 것이다. 이러한 사실을 고려할 때 양극단의 어느 쪽으로 자연과 정신 사이의 긴장이 해소되는지 —— 자연과 정신의 통일이 관념론에서처럼 절대적 정신의 이름으로 옹호되든지 아니면 자연주의에서처럼 절대적 자연의 이름으로 옹호되든지 간에 —— 는 거의 아무런 의미가 없다.

서로 모순되는 이 두 가지 사고 유형은 역사적으로 동일한 목적에 이용되었다. 관념론은 단순히 존립하는 것을 그것이 본질적으로는 정신적인 것이라고 서술하는 가운데 찬양했다. 관념론은 사회의 근본적인 갈등을 자신이 개념적으로 구성한 조화의 배후에 은폐했으며, 존립하는 것이 대립적인 세계에서 상실했던 의미를 그것에 부여함으로써 그것을 신의 지위로 끌어올리는 기만을 자신의 모든 형식 속에서 부추겼다. 자연주의는 우리가 다원주의의 예에서 보았던 것처럼 자연을 지배하는 맹목적인 힘을 찬양하는 경향이 있다. 그런데 이 힘은 자신의 원형을 맹목적으로 행사되는 자연력 자체 속에 지니고 있다. 자연주의는 거의 지속적으로 인류에 대한 경멸, ─ 물론 이것은 고개를 가로젓는 의사의 회의적이지만 온화한 태도에서 약화될 수 있다 ─ 즉 어중간하게 계몽된 사고의 많은 형식의 근간을 이루고 있는 경멸의 요소를 지니고 있다. 인간에게 자신이 자연이고, 자연 이외의 아무것도 아니라는 것이 확실해진다면, 인간은 기껏해야 연민의 대상이 될 수밖에 없다. 오직 자연일 뿐인 모든 것과 마찬가지로 인간은 수동적으로 '치료'의 대상, 즉 결국에는 많든 적든 호의적인 관리에 의존하는 존재일 수밖에 없는 것이다.

정신을 객관적 자연과 구별하는 데 실패하고 과학과 유사한 방식으로 정신을 자연으로 규정하는 이론들은 정신이 또한 비자연이 된다는 것, 또는 심지어 정신이 자연의 반영 이외의 아무것도 아니라고 할 때조차도 '여기 그리고 지금hic et nunc'을 초월한다는 것을 망각한다. 자연과 같은 것이면서 동시에 자연과 구별되는 정신의 성질을 배제하는 것은 곧바로 인간이 본질적으로 맹목적인 자연 과정의 요소이자 객체일 뿐이라는 관점에 이르게 된다. 자연의 요소로서 인간은 자신을 만들어낸 대지와 다를 것이 없다. 대지로서의 인간은 자신의 고유한 문명의 척도에 따르면 중요하지 않다. 문명의 복잡하고 초현대적인 가공품, 자동 기계 그리고 고층 건물은 어떤 의미에서는, 인간이 그에게 별다른 의미가 없는 대도시를 구성하는 재료 이상의 가치를 갖지 않는다는 상황에 비추어 평가된다.

정신과 자연의 관계에 대한 문제에서 실제적인 어려움은 이러한 두가지 실재의 양극성을 실체화하는 것이 어느 한쪽을 다른 쪽으로 환원하는 것과 마찬가지로 허용되지 않는다는 점에 있다. 이러한 어려움은 모든 철학적 사유가 처해 있는 곤경을 보여준다. 철학적 사유는 불가피하게 '자연'과 '정신' 같은 추상적 개념을 사용할 수밖에 없다. 그러나 그와 같은 모든 추상적 개념들은 구체적 현존재에 대한 잘못된 서술을 함축하고 있는데, 이 잘못된 서술은 궁극적으로 그 추상적 개념 자체를 손상한다. 따라서 철학적 개념은 그것이 획득되는 과정을 도외시할 때, 부적합하고 공허하며 그릇된 것이 된다. 궁극적인 이원성을 가정하는 것은 허용될 수 없다. 이것은 최고의 원칙에 대한 매우 의심스러운 전통적 욕구가 이원적 구조와 논리적으로 부합하지 않기 때문이 아니라, 지금 문제가 되고 있는 개념들의 내용 때문이다. 자연과 정신의 두 축은 일원론적 원칙으로 환원될 수 없다. 그렇지만 동시에 자연과 정신의 이원성은 대체로 지적 산물로서 이해되어야만 한다.

헤겔 시대 이후로 많은 철학적 이론들은 자연과 정신을 변증법적 관계로 통찰하려는 경향을 보였다. 여기에서는 이러한 주제에 대해서 사변적으로 사유한 몇몇 중요한 사례들만을 언급하려고 한다. 브래들리의《경험에 관하여》라는 저서는 서로 상반된 개념적 요소들의 조화를 보여주고자 한다. 경험에 관한 듀이의 이론은 브래들리의 이론과 매우 밀접하게 관련되어 있다. 주체를 자연의 일부로 상정하는 가

운데 단도직입적으로 브래들리와 다른 입장에서 자연주의에 동의하
는 듀이는 경험이란 "주체 또는 객체, 물질 또는 정신처럼 배타적이며
고립적인 어떤 것도 아니고, 하나에 다른 하나를 더한 어떤 것도 아니
다"[6]라고 말한다. 이를 통해 우리는 그가 생철학을 탄생시킨 세대에
속한다는 것을 알 수 있다. 이율배반을 극복하려고 시도하는 것처럼
보이는 베르그송[7]의 전체 이론은 지속durée과 생명의 비약élan vital과
같은 개념의 통일을 주장했고, 과학과 형이상학의 이원론 및 그에 부
합하는 비생명과 생명의 이원론을 요청함으로써 분리를 주장했다. 짐
멜은 스스로를 초월할 수 있는 생명의 능력에 대한 이론을 발전시켰
다.[8] 그럼에도 불구하고 이러한 모든 철학의 근간을 이루는 생명의 개

---

6   John Dewey, *Experience and Nature*, Chicago, 1925, 28쪽(원주).

7   베르그송Henri Louis Bergson(1859~1941)은 프랑스의 철학자로 실증주의와 함께
본질 형이상학을 비판하고, 직관에 기초한 형이상학을 제시했다. 그에 따르면 직관
은 일종의 지적 공감이며, 이러한 직관을 통해 우리는 절대적이고 내재적이면서 구
체적인 진리에 이른다. 반면에 분석이나 지성은 상대적이고 외재적인 진리에 이를
뿐이다. 대표적인 저서로는《웃음*Le rire. Essai sur la signification du comique*》(1900)(김
진성 옮김, 종로서적, 1983)과《사유와 운동*La pensée et le mouvant*》(1934)(이광래 옮
김, 문예출판사, 1993) 등이 있다.

8   특히 Georg Simmel, *Lebensanschauung; Der Konflikt der modernen Kultur*, München,
Leipzig, 1918을 참고할 것(원주).
짐멜Georg Simmel(1858~1918)은 독일의 사회학자로 현대 사회의 왜곡된 문화의
정체를 폭로하는 데 크게 기여했다. 그는 특히 문화를 주관적 문화와 객관적 문화로
구별하고, 법률, 과학, 기술, 종교, 도덕, 예술, 학문과 같은 모든 사회적 제도를 객관
적 문화로 규정한다. 그에 따르면 주관적 문화와 객관적 문화는 상호 보완적이면서
상호 제약적인 관계를 형성하는데, 현대 사회에서 객관적 문화는 더 이상 주관적 문
화의 발전에 기여하지 않고 오히려 개인을 억압하고 소외시키는 두려운 존재로 전
락했다. 그 이유는 객관적 문화가 물상화되었기 때문이다. 짐멜의 대표적 저서로는
《사회 분화론*Über sociale Differenzierung*》(1890),《돈의 철학*Philosophie des Geldes*》
(1900) 등이 있다.

넘은 자연의 왕국을 나타낸다. 짐멜의 형이상학적 이론에서처럼 정신이 생명의 최고의 단계로 규정될 때조차 철학적 문제는 세련된 자연주의에 우호적인 방식으로 결정된다. 짐멜의 철학은 동시에 자연주의에 대한 지속적인 저항이다.

자연주의가 완전히 잘못된 것은 아니다. 정신은 정신의 객체인 자연과 분리될 수 없이 결합되어 있다. 이것은 정신의 근원, 즉 자연적 삶의 원칙인 자기보존이라는 목적과 관련해서 타당할 뿐만 아니라, 모든 정신적 행위가 모종의 물질이나 '자연'을 함축하고 있다는 의미에서 논리적으로 타당하다. 그뿐만 아니라 정신은 무분별하게 절대적인 것으로 규정되면 될수록 순수한 신화로 되돌아갈 위험에 빠지게 되며, 정신 속으로 흡수하거나 심지어 창조해낼 것을 요구하는 바로 그 단순한 자연을 모범으로 삼는 위험에 빠지게 된다. 따라서 극단적으로 관념적인 사변들은 자연과 신화의 철학으로 변환되었다. 모든 제한을 벗어난 그와 같은 정신이 그 자신의 생산물로서 자연의 형식뿐만 아니라, 칸트주의에서 볼 수 있듯이 자연의 실체까지 요구하려고 시도할수록 정신은 자기 자신의 특성을 상실하게 되며, 정신의 범주들은 자연적 과정의 영원 회귀를 보여주는 은유로 변환된다. 인식론적으로 해결할 수 없는 정신의 문제는 모든 형태의 관념론을 통해서 드러난다. 정신이 모든 현존재와 자연을 정당화해야만 하고 심지어 그것들의 원천이 되어야만 한다는 요구가 있을지라도, 정신의 내용은 주어진 것이 갖는 완전히 추상적인 형식에서조차 자율적인 이성의 외부에 놓인 어떤 것을 지속적으로 가리킨다. 모든 인식론이 피할 수 없는 이러한 아포리아는 자연과 정신의 이원론이 전통적인 데카르트 학파의 실체 이원론이 의도했던 것과는 달리 정의의 의미에서 규정될 수 없다는 사실을 입증한다. 한편으로 자연과 정신의 두 축은 각각 추상화를 통해 다른 축으로부터 분리되어야만 하며, 다른 한편으로 자연과 정신의 통일은 하나의 주어진 사실로서 그대로 파악되거나 밝혀지지 않는다.

주관적 이성과 객관적 이성

이 책에서 논의된 기본적 주제, 즉 주관적 이성 개념과 객관적 이성 개념의 관계는 앞서 얘기한 정신과 자연, 주체와 객체에 대한 반성적 고찰에 비추어 다루어져야 한다. 1장에서 주관적 이성이라고 불렸던 것은 주체와 객체의 소외를 고려하지 않고, 사물화의 사회적 과정에 스스로를 순응시키는 의식의 태도를 가리킨다. 이러한 태도는 그렇지 않을 경우 주관적 이성이 무책임이나 자의에 빠져들거나 단순한 사고 유희가 될지도 모른다는 두려움에서 비롯된 것이다. 다른 한편으로 오늘날 객관적 이성의 체계는 현존재가 우연이나 맹목적인 운명으로 인도되는 것을 막기 위한 시도다. 그러나 객관적 이성을 변호하는 사람들은 산업과 과학의 발전에 뒤처질 수 있는 위험과 망상임이 증명된 의미를 주장하거나 반동적인 이데올로기를 만들어낼 수 있는 위험에 직면해 있다. 주관적 이성이 통속적 유물론으로 발전하는 경향이 있는 것처럼 객관적 이성 역시 낭만주의를 선호하는 경향을 드러낸다. 그리고 객관적 이성을 구성하려는 헤겔의 가장 위대한 철학적 시도는 앞서 언급한 위험을 고려한 그의 비판적 통찰 때문에 무엇과도 비교할 수 없는 힘을 갖는다. 통속적 유물론으로서 주관적 이성은 냉소적인 허무주의로 전락하는 것을 거의 피할 수 없다. 객관적 이성을 긍정하는 전통 이론은 이데올로기나 기만에 가깝다. 이 두 가지 이성 개념은 비록 둘 사이의 대립이 실재적인 이율배반을 표현할지라도, 두 개로 분리된 독립적인 정신의 존립 방식들을 보여주지 못한다.

철학의 과제는 하나의 이성 개념을 다른 이성 개념과 완고하게 반목시키는 것이 아니라, 상호 간의 비판을 증진시키는 것이며, 그리하여 가능하다면 현실 가운데 있는 두 개념의 화해를 정신적 영역에서 준비하는 것이다. 합리적 독단론의 객관적 이성과 영국 경험론의 주관적 사고 간의 분쟁과 연관해서 칸트가 내세운 준칙, 즉 '비판적 도정만이 여전히 유일하게 열려 있다'라는 준칙은 현재 상황에도 잘 들어맞는다. 우리 시대에는 고립된 주관적 이성이 도처에서 치명적인 결과를 동반한 승리를 거두고 있기 때문에, 비판은 주관주의적 철학의 잔재를 강조하기보다는 필연적으로 객관적 이성을 강조하면서 수행되어야만 한다. 주관주의적 철학의 순수한 전통은 발전된 주관화의 광명 속에서 이제 심지어 객관주의적이거나 낭만주의적인 것처럼 보인다.

그럼에도 불구하고 이처럼 객관적 이성을 강조하는 것이 오늘날 인위적인 신학의 전문 용어에서 철학적 결단이라고 불릴 만한 것은 아니다. 정신과 자연의 절대적 이원론과 마찬가지로 주관적 이성과 객관적 이성의 이원론 또한 필연적이기는 하지만 어디까지나 단순한 가상에 불과하기 때문이다. 두 가지 개념은 어떤 하나의 개념이 강조된 결과가 다른 개념을 해체하기도 하지만, 동시에 다른 개념으로 되돌아간다는 의미에서 서로 밀착되어 있다. 비진리가 발생하는 요인은 단순히 각각의 개념이 지닌 본질에 있는 것이 아니고 하나의 개념을 다른 개념에 대립시켜 실체화하는 데 있다. 그러한 실체화는 인간의 조건 속에 놓여 있는 근본적인 모순에서 비롯된다. 한편으로 자연을 통제하려는 사회적 욕구는 지속적으로 인간적 사유의 구조와 형식을 제약하고, 따라서 주관적 이성에 우선성을 부여했다. 다른 한편으로 사회는 자아가 추구할 수밖에 없는 자기 이익 관심의 주관성을 넘어서는 어떤 것에 대한 사상을 완전히 억압할 수 없었다. 심지어 두 가지 원칙을 분리하는 것과 두 가지 원칙을 분리된 것으로 형식상 재구성하는 것조차 필연성과 역사적 진리의 요소에 의존하고 있다. 이성은 자기비판을 통해 두 가지 대립적인 이성 개념들의 한계들을 인식해야만 한다. 이성은 이율배반적 세계 속에 있는 철학적 이율배반에 이데올로기적으로 승리를 구가해온 모든 이론을 통해 두 가지 개념 사이에서 오랫동안 지속되어온 극심한 대립의 전개를 분석해야만 한다.

우리는 두 가지 개념의 분리성과 함께 상호적인 연관성도 이해해야만 한다. 주관적 이성을 광기로 몰아가는 원칙인 자기보존의 이념은 동시에 동일한 운명 앞에 서 있는 객관적 이성을 보호할 수 있는 이념이기도 하다. 구체적인 현실에 적용해보자면 이것은 주체의 자기보존이라는 목적과 개별적 생명에 대한 존중을 포함한 사회의 객관적 목표에 대한 정의만이 객관적이라고 불릴 만한 가치가 있음을 의미한다. 의식적이든 무의식적이든 객관적 이성 체계를 구성하게 만드는 동기는 자기보존이라는 고유한 목적과 관련해서 주관적 이성이 보인 무기력함을 인식한 것이었다. 이러한 형이상학적 체계는 부분적으로 신화적인 형식 속에서 자기보존이 초개인적인 질서 가운데서만, 즉 사회적 연대성을 통해서만 성취될 수 있다는 통찰을 표현한다.

이성의 질병과 미메시스적 충동

우리가 이성을 덮친 질병에 관해서 말하려고 한다면, 이때 그 질병은 그 어떤 역사적 순간에 이성을 엄습한 것으로 이해해서는 안 되고, 오히려 지금까지 우리가 알고 있었던 것처럼 문명 속에 있는 이성의 본질과 분리될 수 없는 것으로 이해해야만 할 것이다. 이성의 질병은 자연을 지배하려는 인간의 욕망에 그 뿌리를 두고 있고, '치유'는 최근의 증상을 치료하는 데 달린 것이 아니라 근원적인 질병의 본질을 통찰하는 데 달려 있다. 이성에 대한 참된 비판은 필연적으로 문명의 가장 깊숙한 층위를 폭로하게 되고, 문명의 원초적인 역사를 규명하게 될 것이다. 이성이 인간에 의해 인간적 자연과 인간 외적 자연을 지배하는 도구가 되어버린 이래로, 즉 이성의 최초 기원 이래로 진리를 발견하려는 이성의 고유한 의도는 좌절되었다. 이것은 바로 이성이 자연을 단순한 대상으로 만들었고, 그러한 대상화에 있어서 신들과 정신의 개념들 못지않게 물질과 사물의 개념들 속에서도 자기 자신의 본래적 의도를 발견하는 데 실패했다는 사실로 소급될 수 있다. 우리는 오늘날 나치 강제 수용소에서부터 언뜻 보기에는 가장 무해한 것처럼 보이는 대중문화의 영향에 이르기까지 널리 퍼져 있는 집단적 광기가 원초적인 객관화 속에서, 즉 세계를 노획물로 보는 원시인의 계산적인 고찰 속에서 이미 싹트고 있었다고 말할 수 있다. 박해를 논리적으로 다루는 이론의 기초가 되는 광기인 편집증은 이성의 패러디일 뿐만 아니라, 목표에 대한 단순한 추구를 본질로 하는 이성의 모든 형식 안에 어떤 방식으로든 현재한다.

따라서 이성의 광기는 오늘날의 이성을 특징짓는 명백한 기형성을 훨씬 능가한다. 이성은 인간을 통해 생산되고 재생산되는 세계의 질병에 대해 반성해야만 자신의 합리성을 실현할 수 있다. 그러한 자기비판 속에서 이성은 오로지 이성에 의해서만 얻을 수 있는 진리의 원칙을 고수하고 그 밖의 어떠한 동기도 지향하지 않음으로써 동시에 스스로에게 충실하게 된다. 자연 지배는 인간 지배로 전환되고, 그 역도 마찬가지다. 이와 같은 결과는 인간이 자신의 고유한 이성과 이제 막 인간을 파괴하려고 하는 적대적 대립을 창조하고 유지했던 근본적인 과정을 이해하지 못하는 한 당연한 것이다. 이성은 오직 자신의 '자연성'을 구체적으로 의식함으로써만 자연 그 이상의 것이 될 수 있다. 이성의 자연성은 지배하려는 경향에 내재되어 있는데, 이러한 경향은 역설적으로 이성을 자연에서 소외시킨다. 따라서 이성은 화해의 도구가 되는 경우에만 동시에 도구 이상의 것이 될 수 있다. 이러한 노력의 과정에서 진보와 퇴보라는 방향의 변화는 철학이 어떻게 정의되어왔는지를 반영한다.

이성의 자기비판은 첫째, 이성과 자연의 대립이 절박하고 치명적인 국면에 들어섰다는 것, 둘째, 이러한 전면적인 소외의 단계에서도 여전히 진리의 이념이 통용될 수 있다는 것을 전제로 할 때만 가능하다.

고도로 발전된 산업주의의 형식을 통해 인간의 사상과 활동이 구속받는 것, 즉 대중문화라는 포괄적인 기계 장치의 영향하에 개인의 이념이 붕괴되는 것은 이성이 해방될 수 있는 전제 조건을 형성한다. 모든 시대에 걸쳐 좋음은 자신을 태어나게 했던 억압의 흔적을 보여주었다. 따라서 인간 존엄성의 이념은 야만적인 지배 형식의 경험으로부터 생겨났다. 가장 무자비한 봉건주의 시기에 존엄성은 권력의 상징이었다. 황제와 왕은 후광을 지니고 있었다. 그들은 존경을 요구했으며 존경을 받았다. 경의를 표하는 데 소홀한 사람은 처벌을 받았고, 황실을 모독한 사람은 사형을 선고받았다. 오늘날 잔혹한 근원에서 풀려난 개인의 존엄성 개념은 인간적인 사회 조직을 특징짓는 이념들 가운데 하나다.

법, 질서, 정의 그리고 개별성의 개념들은 유사한 발전 과정을 거쳐왔다. 중세 시대의 인간은 자비에 의지함으로써 정의를 외면하는 은신처를 마련했다. 오늘날 우리는 일반화되고 그 가치가 새롭게 평가된 정의를 위해 투쟁한다. 이때의 정의는 평등과 자비를 포괄한다. 개인의 가치는, 아시아의 전제 군주, 파라오, 그리스의 과두정치가에서 르네상스의 대상인과 용병 대장 그리고 우리 시대의 전체주의적 지도자들에 이르기까지, 다른 개별성을 희생시킨 대가로 자신의 개별성을 발전시킬 기회를 가졌던 사람들에 의해 칭송되었다.

역사 속에서 이념은 계속해서 자신의 외피를 벗어내고, 그 이념을 산출해냈던 사회적 체계에 맞서 나아간다. 이것은 대체로 사유, 언어 그리고 정신의 모든 영역이 필연적으로 보편성을 요구한다는 사실에서 기인한다. 심지어 무엇보다 자신들의 특수한 이익을 옹호하려고 노력하는 지배 집단들조차도 종교, 도덕 그리고 학문 속에 있는 보편적인 동기를 강조해야만 한다. 모순, 즉 모든 역사적 진보를 추동하는 모순은 존립하는 것과 이데올로기 사이에서 발생한다. 순응주의가 존립하는 것과 이데올로기 사이에 근본적인 조화를 전제하고 더 사소한 불일치를 이데올로기 쪽으로 수용하는 반면, 철학은 인간들로 하여금 두 가지 사이의 모순을 의식하도록 한다. 철학은 한편으로는 사회가 최고의 가치로 인정하는 바로 그 이념에 따라 사회를 평가하면서도, 다른 한편으로는 이러한 이념들이 현실의 결함을 반영한다는 것을 알고 있다.

이러한 가치들과 이념들은 그것들을 표현해주는 낱말과 분리될 수 없으며, 언어에 대한 철학의 입장은 앞에서 언급한 것처럼 철학이 지닌 가장 결정적인 측면 가운데 하나다. 낱말들의 변화하는 내용과 강조점은 인간 문명의 역사를 설명해준다. 언어는 억압된 것들에 대한 동경과 자연이 처해 있는 곤경을 반영한다. 언어는 미메시스적 충동을 해방시킨다(3장의 '문명과 미메시스적 충동' 참조). 이러한 충동이 파괴적인 행동 대신에 언어라는 보편적인 매체로 변환되는 것은 잠재된 허무주의적인 에너지가 화해에 기여한다는 것을 의미한다. 여기에 철학과 파시즘 사이의 근본적이고 본질적인 대립이 존재한다. 파시즘은 언어를 권력의 도구, 즉 전쟁뿐만 아니라 평화의 시기에도 생산과 파괴에 사용되는 지식을 축적하는 수단으로 취급했다. 억압된 미메시스적 경향들은 적합한 언어적 표현에서 멀어지게 되었고 모든 반대를 제거하는 수단으로 사용되었다. 철학은 언어의 참된 미메시스적 기능, 즉 자연적 경향을 반영하는 언어의 본질적 규정을 실현함으로써 인간이 두려움을 진정시킬 수 있도록 돕는다. 철학은 언어를 통해 고통을 반영하며, 따라서 고통을 경험과 기억의 영역으로 전이시킨다는 점에서 예술과 일치한다. 정신의 왕국 속에서 자신을 비추어볼 수 있는 기회가 자연에 주어진다면, 자연은 자신의 고유한

상을 고찰함으로써 일종의 고요한 상태에 이르게 될 것이다. 이러한 과정은 모든 문화, 특히 음악과 미술의 심장부를 형성한다. 철학은 우리의 모든 인식과 통찰을 언어적 구조와 관계시키려는 의식적인 노력이다. 이 언어적 구조 속에서 사물은 그것의 올바른 이름으로 명명된다. 그러나 철학은 고립된 낱말과 문장 속에서 이러한 이름을 발견할 수 있다고 기대하지 않는다. 이는 동양적 교파들의 이론이 추구한 방법이며, 사물과 인간의 세례에 대한 성서의 이야기 속에서도 여전히 확인할 수 있다. 이에 비해 철학은 오히려 철학적 진리를 발전시키려는 계속되는 이론적 노력 속에서 사물의 올바른 이름을 발견하고자 한다.

존재론 비판과 부정의 철학

모든 참된 철학에 내재되어 있는 이러한 진리 개념, 즉 이름과 사물의 일치는 사유로 하여금 비록 완전히 극복할 수는 없을지라도 형식화된 이성이 타락시키고 훼손시킨 결과에 저항하도록 한다. 플라톤주의와 같은 객관적 이성의 전통적인 체계들은 냉혹한 세계 질서를 찬양하고 그로 인해 신화적인 성격을 띠기 때문에 지지될 수 없는 것처럼 보인다. 그러나 우리는 실증주의보다는 객관적 이성의 전통적인 체계에 더 많은 빚을 지고 있다. 왜냐하면 객관적 이성의 전통적 체계는 진리라는 언어와 현실의 일치라는 이념을 보존해왔기 때문이다. 그럼에도 불구하고 전통적 체계의 대변자들은 자신들이 영원한 체계 속에서 언어와 현실의 일치에 도달할 수 있다고 가정함으로써 그리고 스스로가 사회적 불의의 한가운데 살고 있다는 단순한 사실이 참된 존재론의 구성을 가로막는다는 것을 보지 못함으로써 오류를 범했다. 역사는 이와 같은 모든 시도가 허위임을 입증했다.

전통 철학의 심장이라고 할 수 있는 존재론은 과학과는 달리 몇몇 보편적 이념들로부터 사물의 본질, 실체, 형식을 도출해내려고 시도했다. 이성은 이러한 보편적 이념을 마치 자기 자신 속에서 발견한 것처럼 착각하고 있다. 그러나 우주의 구조는 우리가 우리 정신 속에서 발견하는 그 어떤 제1의 원칙으로도 소급될 수 없다. 사물의 보다 추상적인 특성이 근원적인 것이나 본질적인 것으로 간주되어야만 할 어떤 근거도 없다. 니체는 아마도 존재론의 이러한 근본적인 약점을 다른 어떤 철학자보다도 생생하게 그려냈을 것이다.

철학자들이 갖고 있는 또 다른 특이성Idiosynkrasie 역시 덜 위험한 것은 아니다. 이것은 최후의 것과 최초의 것을 혼동하는 데에서 비롯된다. 그들은 마지막에 오는 것, (…) '최고의 개념들', 달리 말하면 가장 일반적인 것들, 가장 공허한 개념들, 증발해버린 사실성의 마지막 연기Rauch를 최초의 것으로서 출발점에 놓는다. 이런 일은 그들의 경외하는 방식을 다시 한번 표현하는 것에 불과하다. 즉 높은 것은 낮은 것에서 생겨나서는 안 된다. 도대체가 생겨나서는 안 되는 법이다. (…) 이런 식으로 철학자들은 '신'이라는 그들의 놀라운 개념을 갖게 된 것이다. (…) 최후의 것, 가장 빈약한 것, 가장 공허한 것이 최초의 것으로, 원인 그 자체로, 최고로 실제적인 존재자로 규정된다. (…) 인류가 병든 망상가의 이런 미친 짓을 진지하게 받아들여만 했다는 것! 이 때문에 인류는 값비싼 대가를 치렀다![9]

무엇 때문에 논리적으로 앞선 것이나 더 일반적인 성질에 존재론적 우위가 주어져야만 하는가? 그것들이 갖는 보편성의 질서에 따라 등급화된 개념들은 자연 자체의 구조보다는 오히려 인간에 의한 자연 억압을 더 많이 반영한다. 플라톤이나 아리스토텔레스가 개념들을 그것들이 갖는 논리적 우선성에 따라 배열했다면, 그들은 그 개념들을 사물들 속에 숨겨진 유사성을 근거로 이끌어낸 것이 아니라, 오히려 권력관계를 근거로 무의식적으로 이끌어낸 것이다. '존재의 거대한 사슬'에 대한 플라톤의 서술은 그의 철학이 도시국가의 전통적인 이데올로기에 의존하고 있다는 사실을 결코 숨기지 않는다. 논리적으로 앞서는 것이 시간적으로 앞서는 것보다 사태의 핵심에 더 가까이 있는 것은 아니다. 최초의 것 일반을 자연의 본질이나 인간의 본질과 동일시하는 것은 인간을 야만적인 상태로 끌어내리는 것을 의미한다. 현실 속에서 권력 동기는 두말할 나위 없이 인간을 이러한 야만적인 상황으로, 즉 단순한 '현존재'의 상태로 몰아넣는다. 존재론에 반대하는 주요한 논점은 인간이 명상을 통해 자신 속에서 발견한 원칙, 즉 인간이 발견하고자 하는 해방적 진리들이 사회나 우주 자체의 진리일 수 없다는 것이다. 왜냐하면 사회나 우주는 인간의 형상에 따라 창조된 것이 아니기 때문이다. 철학적 존재론은 인간과 자

9　Friedrich Nietzsche, *Götzendämmerung*, in *Gesammelte Werke*, Musarionausgabe, Bd. Ⅶ, München, 1926, 71~72쪽.(《우상의 황혼 ―니체 전집 15권》, 백승영 옮김, 책세상, 2002.)(원주)
　　호르크하이머와 아도르노는 여기서 특이성이라고 번역된 Idiosynkrasie를 니체와는 다른 의미로 사용한다. 이에 대한 자세한 내용은 아도르노·호르크하이머, 《계몽의 변증법》, 김유동 옮김, 문학과지성사, 2001, 146, 264, 269~70쪽을 참조하라.

연 사이의 분리를 은폐하고 곳곳에서 극빈자와 무산자가 허위라고 외치며 비난하는 이론적 조화를 고집하기 때문에 불가피하게 이데올로기적이다.

문명의 위대한 이념인 정의, 평등, 자유는 이와 같이 왜곡될 수도 있지만, 억압 상태에 맞서는 자연의 저항이며, 우리가 소유하고 있는 유일한 공식적 증서다. 그 이념들에 대해 철학은 이중적인 태도를 취해야만 한다. 첫째, 철학은 최고의 무한한 진리로 고찰될 것을 주장하는 이념들의 요구를 부정해야만 한다. 형이상학적 체계가 저 증서를 절대적이고 영원한 원칙으로 서술할 때마다, 그것은 역사적인 상대성을 드러낸다. 철학은 국가, 지도자, 성공 또는 돈과 같은 조야한 정치적, 경제적 우상뿐만 아니라, 인격, 행운, 아름다움과 같은 윤리적, 미학적 가치들, 심지어 자유와 같은 유한한 것에 대한 숭배를, 그것들이 독립적인 최고의 사실이기를 요구하는 한 거부한다. 둘째, 근원적인 문화적 이념은 진리의 내용을 지닌다는 것을 인정해야만 한다. 철학은 이념을 그것이 유래한 사회적 배경에 따라 평가해야만 한다. 철학은 이념과 현실 사이의 단절을 극복한다. 철학은 역사적 맥락 속에서 존립하는 것을 그것의 개념적 원칙과 대면시킨다. 이는 둘 사이의 관계를 비판하고 그 관계를 넘어서기 위한 것이다. 철학은 바로 이러한 두 가지 부정적인 절차를 다양한 방식으로 변화시키는 데서 긍정적인 성격을 지닌다.

부정은 철학에서 결정적인 역할을 수행한다. 부정은 지배 이데올로기가 요구하는 절대성에 대한 부정과 현실이 요구하는 뻔뻔스러운 주장에 대한 부정이라는 양날을 가지고 있다. 부정을 중요한 요소로 가지는 철학이 회의주의와 동일시되어서는 안 된다. 회의주의는 형식화되고 추상적인 방식으로 부정을 사용한다. 철학은 존립하는 가치를 진지하게 받아들이면서도, 가치가 그것의 상대성을 드러내는 이론적 전체의 일부가 된다고 주장한다. 현재적 상황하에서 주체와 객체, 낱말과 사물이 통일될 수 없는 한, 우리는 부정의 원칙을 통해 잘못된 절대성의 파편에서 상대적 진리들을 구원하고자 시도할 수밖에 없다. 회의주의적이고 실증주의적인 철학 학파들은 보편적인 개념에서 구제될 만한 가치가 있을 수 있는 어떠한 의미도 발견하지 못한다. 그들은 자신들의 편파성을 망각하는 가운데 해소할 수 없는 모순에 빠진다. 다른 한편으로 객관적 관념론과 합리주의는 무엇보다도 보편적 개념과 규범의 역사적 근원을 고려하지 않고 그것들이 영원한 의미를 지닌다고 주장한다. 각각의 모든 학파는 같은 방식으로 자신들의 고유한 논제를 확실시하며, 자신의 절차 가운데 어느 한 단계에서 사유를 자의적으로 멈추지 않는 모든 철학적 이론들과 밀접하게 결합된 부정의 방법을 적대시한다.

여기서 생길 수 있는 오해와 관련해서 몇 가지 주의할 점들이 있다. 존립하는 문화의 부정성과 상대성을 이해하는 것이 철학적 사유의 본질이나 긍정적 측면을 포함한다는 언급이, 그러한 지식을 얻으면 곧바로 이러한 역사적 상황을 극복할 수 있다는 것을 함축하지는 않는다. 이렇게 생각하는 것은 참된 철학을 역사에 대한 관념론적 해석과 혼동하는 것을 의미하며, 변증법 이론의 핵심인 이상과 실재, 이론과 실천 사이의 근본적인 구별을 간과하는 것을 의미한다. 지식을 정신과 자연의 화해를 뜻하는 성취와 관념론적으로 동일시하는 것은 자아를 고양하지만, 그것이 아무리 심오한 지식일지라도 이는 자아를 외부 세계에서 고립시킴으로써 자아의 내용을 박탈할 뿐이다. 궁극적인 해방을 향한 내적 과정만을 유일한 목표로 삼는 철학들은 공허한 이데올로기로 끝이 난다. 앞에서 언급한 것처럼 순수한 내면성에 대한 헬레니즘적 집중[10]은 사회가 내적 자기 확신을 위해 필요한 모든 물질적 조건들을 매장하는 권력욕의 정글이 되는 것을 허용했다.

그렇다면 참여주의Aktivismus, 특히 정치적인 참여주의가 정신과 자연의 화해를 실현하기 위한 유일한 수단인가? 나는 이 질문에 그렇다고 대답하기가 망설여진다. 이 시대는 행동을 위해 어떠한 부가적인 동기도 필요로 하지 않는다. 철학은 심지어 가능한 최고의 목적을 위해서조차도 정치 선전으로 변질되어서는 안 된다. 세계에는 필요 이상으로 정치 선전이 넘쳐난다. 여기서 언어는 결코 정치 선전을 벗어나는 것을 의미해서도 의도해서도 안 된다. 이 글을 읽는 몇몇 독자는 이 글이 정치 선전에 맞서는 정치 선전을 서술한다고 생각하고 모든 낱말을 암시, 슬로건 또는 처방으로 받아들일지도 모른다. 철학은 명령을 내리는 데에는 관심이 없다. 이러한 진술조차도 다시금 어떠한 명령 —— 심지어 그 명령이 우리의 생명을 구하고자 하는 것일 때도 —— 에도 복종하지 말라는 어리석은 충고를 암시하는 것처럼 해석될 수 있는 지적 상황은 매우 혼란스럽다. 실제로 이러한 진술은 명령에 대항하는 명령으로 해석될 수 있다. 만약 철학이 무엇인가를 성취해야만 한다면, 철학의 첫 번째 과제는 이와 같은 상황을 극복하는 것이어야만 한다. 반성을 위해 필수적인 집중된 에너지는 성급하게 참여적이거나 또는 비참여적인 기획의 채널로 유도되어서는 안 된다.

---

10 헬레니즘에 관한 호르크하이머의 관점은 이 책 제4장을 참조할 것.

이성의 자기비판

오늘날 심지어 뛰어난 학자들조차도 사유하는 것과 계획하는 것을 혼동하곤 한다. 전통 종교의 가면 속에 숨겨진 사회적 불의와 위선에 충격을 받은 그들은 이데올로기를 현실과 결합하자고 제안하거나, 그들이 즐겨 말하는 것처럼 기술자의 지혜를 종교에 적용함으로써 현실을 우리의 염원에 가깝게 만들자고 제안한다. 그들은 콩트[11]의 정신을 바탕으로 새로운 사회적 교리서를 정립하려고 한다. 린드[12] 는 다음과 같이 말한다.

> 미국 문화가 그것에 실재성을 부여하는 사람들의 인격 속에서 창조적 인 것이 되려면, 가장 분명한 공동의 목적들의 핵심을 발견하고, 최상의 위 치에서 그 핵심을 미국 문화의 구조에 구축해야만 한다. 이러한 목적에는 거대한 집단을 이루는 민중의 깊은 인격적 욕구라는 의미가 부여된다. 이 와 같이 구축된 체계 속에서는 신학, 종말론 그리고 전통 기독교의 잘 알려 진 다른 관점을 위한 어떠한 자리도 허용되어서는 안 된다는 것이 자명하 다. 이처럼 일반적으로 공유된 신념들의 내용과 표현 방식을 탐구할 수 있 도록 돕는 것은 인간적 가치를 데이터의 일부로 인정하는 과학의 책무다. 이러한 책무를 게을리한다면, 과학은 다른 어떤 것도 볼 수 없기 때문에 진 부한 종교적 형식을 고수하는 사람들의 편이 되고 만다.[13]

---

11 프랑스 사회학자인 콩트Auguste Comte(1798~1857)는 사회학을 철저하게 실증주 의적인 방법으로 정립하려고 했다.

12 린드Robert Rind(1879~1949)는 영국의 문학비평가이자 수필가다.

13 Robert Rind, *Knowledge for What*, Princeton, 1939, 239쪽(원주).

린드는 사회학을 평가하는 것과 비슷한 방식으로 종교를 평가하는 것처럼 보인다. 그의 이해에 따르면 사회학은 "생존을 위해 투쟁하는 인간의 목적에 기여하는 바에 따라 존망이 결정된다."[14] 종교는 실용주의적인 것이 된다.

이러한 사상가들은 참으로 진보적인 신념을 가지고 있음에도 불구하고 문제의 핵심을 놓치고 있다. 더구나 새로운 사회적 교리서들은 종교 운동의 부활보다도 훨씬 더 불충분한 것이다. 전통적 형식을 갖추고 있는 종교 또는 진보적인 사회적 의례로서의 종교는 대중에 의해서가 아니라면 적어도 권위 있는 대중 지도자에 의해서 도구로 간주된다. 종교는 현재 또는 미래 공동체의 새로운 의례, 즉 국가나 지도자가 제시하는 새로운 의례를 정치적으로 선전해서는 자신의 명성을 되찾을 수 없다. 종교가 전달하려고 하는 진리는 종교의 실용적 목적 때문에 그 가치를 실추당하게 된다. 인간이 언젠가 종교적 희망과 절망을 '깊은 인격적 열망'이라고, 즉 정서적으로 풍부한 일반적 감정이나 과학적으로 검증된 인간적 가치라고 말할 수 있는 단계에 이르게 된다면, 그때 종교는 인간에게 무의미한 것이 되고 말 것이다. 심지어 종교 이론들을 마치 알약처럼 삼켜버리라는 홉스의 처방전조차도 아무런 도움이 되지 못한다. 권고의 언어는 권고하려고 의도했던 것을 내팽개치고 만다.

철학 이론만으로는 야만적인 경향뿐만 아니라 인본적인 태도 역시 미래에 관철되게 만들 수 없다. 그럼에도 불구하고 철학 이론이,

---

14 같은 책, 177쪽(원주).

특정한 시기에 절대자로서 현실을 지배했지만(예를 들어 현대 시민사회를 지배했던 개인의 이념) 역사의 과정에서 추방되었던 형상과 이념을 공정하게 다룬다면, 철학은 소위 역사의 교정자로 작용할 수 있을 것이다. 과거의 이데올로기들은 단순히 어리석음이나 기만과 동일시될 수 없을 것이다. 이는 프랑스 계몽 철학이 중세적 사유에 대해 내린 판결이다. 과거의 확신을 사회학적이고 심리학적으로 설명하는 것은 그것을 철학적으로 저주하거나 억압하는 것과는 다르다. 과거의 확신은 당대에 가졌던 권력을 박탈당했지만, 오늘날 인류의 도정에 빛을 밝혀줄 수도 있을 것이다. 이러한 기능 속에서 철학은 인류의 기억과 양심이 될 수 있으며, 인류의 도정이 보호 시설 수용자들의 휴식 시간 동안 그들을 의미 없이 감시하는 것과 유사한 것이 되지 않도록 도울 수 있을 것이다.

오늘날 유토피아를 향한 진보는 무엇보다도 사회적 권력의 압도적인 기계 장치가 지닌 힘과 원자화된 대중의 힘 사이의 완전한 불균형으로 인해 저지된다. 널리 퍼져 있는 기만, 잘못된 이론에 대한 믿음, 사변적 사유의 무기력함, 의지의 약화 또는 두려움을 억누른 채 끝없는 활동으로 향하는 의지의 성급한 전환과 같은 다른 모든 것들도 이러한 불균형의 징후다. 만약 철학이 이러한 요인들을 인식하도록 인간을 도울 수 있다면, 철학은 인류에 크게 기여할 수 있을 것이다. 인류를 파멸시키고 인류의 자유로운 발전을 가로막는 모든 것을 고발하는 부정의 방법은 인간에 대한 신뢰를 기반으로 한다. 이른바 건설적 철학에는 참으로 이러한 확신이 존재하지 않고 그 때문에 문화적 붕괴를 저지할 수 있는 능력이 없다는 것이 드러날 수도 있을 것이다. 건설적 철학의 관점에서는 행위가 우리의 항구적 숙명을 성취하는 것으로 보인다. 과학이 미지의 자연에 대한 공포를 극복하도록 우리를 돕는 바로 지금, 우리는 우리가 스스로 만들어낸 사회적 속박의 노예가 되었다. 독립적으로 행동할 것을 요구받는데도, 우리는 여전히 이상향, 체계 그리고 권위를 추구한다. 우리가 계몽과 지적 진보를 사악한 힘들, 악마와 운명의 여신, 맹목적인 운명이라는 미신으로부터 인간을 자유롭게 하는 것, 간단히 말해 두려움으로부터의 해방으로 이해한다면, 오늘날 이성이라고 불리는 것에 대한 고발은 이성이 수행할 수 있는 가장 커다란 공헌이 될 것이다.

호르크하이머의《도구적 이성 비판》은 프랑크푸르트학파의 다른 구성원들의 작업에 하나의 나침판 역할을 수행했다고 할 수 있다. 문학과 사회학을 연계한 뢰벤탈, 음악사회학 연구에 몰두한 아도르노, 문학 평론 및 문화 비판을 주도한 벤야민Walter Benjamin, 문화철학과 사회철학에서 비판 이론의 기초를 세운 마르쿠제Herbert Marcuse, 사회심리학을 발전시킨 프롬Erich Fromm 그리고 국가 이론을 연구한 폴록Friedrich Pollock, 키르히하이머Otto Kirchheimer, 노이만Franz Neumann의 작업은 이런저런 방식으로《도구적 이성 비판》과 연관된다. 물론 이들이《도구적 이성 비판》의 모든 관점을 공유한 것은 아니다. 그럼에도 이들은 호르크하이머가 주장한 비판 이론의 제1과제, 즉 이질성과 타자성을 배제하는 동일성의 철학 체계와 억압적이고 폭력적인 현실을 긍정하고 재생산하는 이데올로기를 비판함으로써 철학이 언어를 빼앗긴 것의 언어가 되어야 한다는 과제를 공유한다. 이런 맥락에서《도구적 이성 비판》의 기본 이념을 각 장의 핵심 논제를 중심으로 정리하면 다음과 같다.

목적과 수단

객관적 진리를 부정하는 주관적 이성의 전면화는 이성을 목적에 합당한 수단을 계산하는 도구로 전락시켰다.

호르크하이머에 따르면 계몽의 기획은 형식화되고 도구화된 주관적 이성의 전면화로 발전했으며, 이로부터 현대 문명의 위기가 등장했다. 여기서 새로운 것은 주관적 이성이 아니라 그것의 전면화다. 전통적으로 주관적 이성은 가르기 능력과 추론 및 연역의 능력을 가리키는 개념으로 목적에는 전혀 관심을 갖지 않고, 오직 주어진 목적에 합당한 수단을 계산하는 것에만 몰두하는 능력이다. 주관적 이성의 유일한 목적은 주체의 이익 관심이나 유용성이며, 궁극적으로는 자기보존이다. 이러한 성격을 갖는 주관적 이성이 전면화한다는 것은 객관적 이성이 전면적으로 폐기됨을 의미한다. 따라서 주관적 이성의 전면화는 자신의 유일한 목적인 자기보존에 유용하지 않은 모든 객관적 진리와 정의 그리고 아름다움의 의미를 부정한다.

주관적 이성은 유용성 이외의 어떠한 객관적 원칙도 인정하지 않기 때문에, 억압적 현실과 그것을 뒷받침하고 있는 이데올로기를 비판할 수 있는 원칙을 갖지 않는다. 따라서 주관적 이성은 지배적 이익 관심에 쉽게 굴복하며, 비합리적인 억압적 현실을 부정하기보다는 그 현실에 적응하는 데에만 관심을 갖는다. 모든 객관적 이념의 의미가 사라진 곳에서는 정의와 자유가 그 자체로 불의와 억압보다 더 좋은 것이라는 진술 역시 전자가 후자보다 유용하다는 것을 입증하지 못하는 한 타당성을 요구할 수 없다. 따라서 "정의가 불의보다 좋다"는 진술은 "빨간색이 파란색보다 더 아름답다"는 진술과 마찬가지로 단순한 기호나 선호의 문제로 전락한다. 심지어 노예 제도의 유용성이 입증될 경우 주관적 이성은 노예 제도를 폐기해야 할 근거를 제시할 수 없다.

　이성을 유용성을 위한 도구로 전락시킨 주관적 이성의 전면화는 모든 것을 도구화한다. 이성의 도구화는 ①이념과 언어를 도구화하며, ②사유를 도구화한다. 보다 엄밀한 의미에서 이성의 도구화는 진정한 의미의 사유를 불가능하게 만든다. 사유와 활동의 차이는 무의미하며, 모든 사유는 유용한 활동이어야만 한다. 그러나 이성의 도구화는 ③활동조차도 도구화한다. 예를 들어 등산이나 산책조차도 노동력을 재충전하는 데 도움이 될 때만 이성적인 것이다. 나아가 이성의 도구화는 ④학문과 예술 그리고 ⑤자연을 도구화하며, 결국 ⑥인간까지도 도구화한다. 결과적으로 이성을 도구적 이성으로 축소하는 것은 자연과 인간 그리고 인간의 모든 문화적 활동을 도구화한다. 따라서 도구적 이성이 전면화한 세계에는 이성과 사유를 비하하는 반지성주의만 남는다. 그런데 호르크하이머에 따르면 전체주의는 유용성과 무관한 것을 사유하는 사람이 사라진 곳에 언제든지 다시 복귀할 수 있다. 이제 이 시대의 유일한 희망은 생각하는 사람, 자유롭게 생각하는 사람들뿐이다.

객관적 이성은 현실에 내재하는 원칙으로서 수단보다는 목적의 규정과 그것의 실현 방법을 지향한다.

　주관적 이성이 수단을 계산하는 주체의 능력이라면, 객관적 이성은 ①객관적 현실에 내재하는 합목적적 이성과 ②그것을 파악하는 주체의 능력을 동시에 가리킨다. 따라서 객관적 이성을 지향하는 철학들은 수단에 앞서 목적 자체에 관심을 집중한다. 호르크하이머에 따르면 플라톤, 아리스토텔레스, 스콜라 철학 그리고 독일 관념론과 같은 전통적 철학 체계들은 객관적 이성의 토대 위에서 건립된 것들이다. 이들 철학은 일체를 포괄하는 총체적 목적, 즉 객관적 이성을 발견하고, 이러한 총체적 이성과 조화를 이루는 인간적 삶의 방식을 규정한다. 전통 철학은 이처럼 객관적 이성 철학으로 종교를 대체하려고 시도한다. 그 때문에 객관적 이성 철학은 종교를 가치중립적으로 바라볼 수 없으며, 언제나 종교에 비판적 태도를 견지해야만 한다. 나아가 객관적 이성 철학은 국가, 도덕, 예술, 정의, 자유, 평등과 같은 객관적 이념에 대한 철학적 정당화를 주요 과제로 삼는다.

객관적 이성의 이름으로 종교를 공격했던 초기 계몽주의 철학은 자신의 의도와는 반대로 교회를 무너뜨리기보다는 오히려 객관적 이성을 사변이나 형이상학, 또는 심지어 신화나 미신과 동일시함으로써 이성 자체를 해체한다. 이성은 더 이상 도덕, 법 그리고 예술의 객관적 이념이 될 수 없게 되었다. 유용성을 상실한 객관적 이성은 자기 자신을 청산할 수밖에 없었다. 계몽의 기획은 이제 주관적 이성의 기획으로 급진전된다. 그런데 앞에서 살펴본 것처럼 주관적 이성의 전면화로 발전한 계몽의 기획은 야만에서 문명으로 발전한 것이 아니라, 새로운 야만적 신화로 발전했다. 참으로 인간적인 사회가 아니라, 인간을 포함한 모든 것을 도구화하는 미신과 광기로 퇴보한 것이다.

그렇다면 도구화된 주관적 이성의 전면화에서 비롯된 야만을 극복하기 위해 이미 해체된 객관적 이성을 부활시켜야 하는가? 호르크하이머의 대답은 '예'이면서 동시에 '아니요'다. 그는 먼저 과거의 객관적 이성으로 도구적 이성의 전면화를 극복할 수 있다고 생각하지 않는다. 그에 따르면 전통 철학에서 객관적 이성은 실체화된 것이며, 실체적 이성의 자기 해체는 내적 필연성에 기초하고 있다. 이성의 자기 해체는 주체가 자연과 공동체의 실체화된 이성의 목적에 종속되는 것에서 해방되는 과정이다. 미성숙에서 자율적 주체로의 발전을 지향하는 계몽은 필연적으로 객관적 이성에서 주관적 이성으로 이행할 수밖에 없다. 호르크하이머는 이러한 역사적 과정을 되돌릴 수는 없다고 분명하게 말한다. 그에게 정신으로 실체화된 객관적 이성을 부활시켜 현대 사회의 문제를 해결하려는 시도는 시대착오적일 수밖에 없다. 그러나 그는 동시에 객관적 이성을 형이상학적 헛소리로 취급하는 것에 반대한다. 오히려 그는 객관적 이성을 그것을 실체화하지 않는 방식으로 복원해야 하고 나아가 강조해야 하며, 이렇게 부활된 객관적 이성과 주관적 이성의 조화를 통해 계몽이 끊임없이 계몽되어야 한다고 주장한다.

호르크하이머는 객관적 이성의 해체나 부활, 혹은 도구적 이성의 전면화가 아니라, 이성의 끊임없는 자기반성과 자기부정이 현대적 야만을 극복할 수 있는 유일한 탈출구라고 말한다. 그러나 그는 이성의 자기반성과 자기부정에 대해 더 이상 구체적으로 언급하지는 않는다. 그럼에도 독자는 이성의 복수성을 제시한다는 측면에서 호르크하이머의 관점이 이성을 실체화하는 계몽주의자들뿐만 아니라 이성을 해체하고 이성의 타자를 실체화하는 포스트계몽주의자들의 관점과도 차별화된다는 사실을 발견할 수 있다. 또한 독자는 이성의 복수성과 관련된 맥락에서 호르크하이머의 비판 이론을 프랑크푸르트 학파 1세대와 2세대의 연결 고리로 파악할 수 있다. 호르크하이머가 제안한 이성의 복수성은 이성의 자기부정 이론에서 하버마스의 의사소통적 이성 이론으로 넘어가는 통로임이 분명하다.

상충하는 만병통치약들

현재의 문화적 위기는 실증주의 철학과 밀접하게 관련된다.

호르크하이머는 인위적으로 객관적 이성을 부활시켜서는 안 된다는 관점을 실증주의와 공유한다. 그러나 실증주의자들이 현대의 문화적 위기가 과학적 방법에 대한 불신에서 비롯됐다고 본다면, 호르크하이머는 자연 과학을 신화화하는 실증주의에서 위기의 원인을 찾는다. 물론 호르크하이머가 자연 과학에 대해 부정적인 태도를 취하는 것은 아니다. 그에 따르면 자연 과학은 사회의 진보에 있어서 긍정적일 수도 있지만 부정적일 수도 있다. 만약 과학이 사회의 발전 과정에서 다른 구성 요소들과 대등한 하나의 구성 요소일 때는 긍정적이지만, 다른 모든 구성 요소를 규정하는 최고의 원칙이 될 때는 부정적이다. 과학이 진리의 중요한 한 가지 요소라는 사실에서 '과학=진리'라는 등식은 성립하지 않는다. 이런 맥락에서 호르크하이머는 실증주의가 철학을 과학으로 환원하는 가운데 과학의 정신 자체를 부정한다고 말한다. 그에 따르면 실증주의는 과학적 방법 또는 절차를 통해 정당화된 것만을 진리로 간주하는 기술 지상주의다.

호르크하이머에 따르면 실증주의는 과학을 실체화한다. 실증주의는 한편으로 과학을 도구 또는 수단으로 규정하는 것처럼 보이지만, 실제로 유용성 이외의 다른 객관적 목적을 인정하지 않기 때문에 어느 순간 과학 자체를 목적으로 규정한다. 실증주의자들은 과학에 대한 확고한 믿음만 있으면, 즉 과학을 변질시켜 문명을 파괴하지 않고 적절하게 사용하기만 하면 문화적 위기를 극복할 수 있다고 말한다. 그들에게 자연 과학적 방법은 세계의 모든 질병을 치유할 수 있는 만병통치약인 것이다. 따라서 그들은 철학을 포함한 모든 학문이 과학적 방법론에 따라 새롭게 쓰여야만 한다고 주장한다. 그러나 호르크하이머는 이와 같은 실증주의가 도구적 이성의 전면화를 이데올로기적으로 뒷받침한다고 비판한다.

호르크하이머는 실증주의가 ①모든 객관적 이성을 부정하고 해체하며, ②유용성과 그것을 보증하는 과학적 방법론을 최고의 유일한 진리 원칙으로 규정하고, 나아가 ③비판적 사유를 부정하고 사실만을 숭배하는 가운데 현실을 긍정하는 지배 이데올로기로 전락할 위험이 있으며, 따라서 ④도구적 이성의 전면화에서 비롯되는 현대 사회의 문화적 위기를 강화한다고 비판한다. 그 밖에도 실증주의는 '과학=진리'라는 자신의 최고 원칙을 과학적 방법으로 정당화할 수 없다. 이런 맥락에서 호르크하이머는 실증주의가 입증해야만 하는 것을 전제하는 선결 문제 요구의 오류를 범하고 있다고 말한다. 엄밀한 의미에서 과학적으로 증명 가능한 것만이 진리라는 실증주의적 진리관에 대한 논의는 과학적 담론이 아니라 철학적 담론의 대상이다. 실증주의는 이 점을 망각하고 있다.

토마스주의는 종교적 믿음과 생활 태도를 유용성의 원칙에 비추어 정당화함으로써 현실에 순응한다.

일반적으로 종교적 세계관을 대변하는 토마스주의는 과학 지상주의를 대변하는 실증주의나 실용주의에 적대적 관계를 형성할 것처럼 보인다. 그러나 호르크하이머에 따르면 서로 상충하는 것처럼 보이는 두 관점은 적대적이기보다는 오히려 은밀하게 서로 타협한다. 실증주의가 모든 형태의 형이상학을 부정하는 가운데 오히려 종교에 대한 비판을 멈춘다면, 토마스주의는 유용성의 원칙에 따라 종교와 신앙을 방어하는 가운데 실증주의와 타협한다. 보다 근본적으로 토마스주의와 실증주의는 현실 긍정의 이데올로기라는 점에서 차이가 없다.

호르크하이머에 따르면 역사적으로 교회는 계몽을 급진적으로 비판하기보다는 타협의 길을 택했다. 계몽이 대부분 교회 내부에서 진행된 것처럼, 교회는 과학과 계몽의 원칙에 부합하는 방식으로 종교를 변형시켰다. 특히 본래의 토마스주의는 당시의 과학적, 정치적 현실이 정체되어 있었고 독단적이었기 때문에 기독교를 그것과 쉽게 조화시킬 수 있었다. 그러나 과학이 발전함에 따라 오늘날에는 종교와 과학의 조화가 더 이상 불가능한 것처럼 보인다. 그럼에도 신토마스주의는 교회의 역사와 교설에 대한 탐구보다는 종교의 세속적 유용성을 입증하는 데 몰두함으로써 실증주의에 동조한다. 신토마스주의는 이처럼 세속적인 목적에 봉사하는 가운데, 유용성이라는 세속적 원칙에 따라 모든 종류의 정치적 기획을 무비판적으로 인준하는 역할을 담당한다. 이 과정에서 신토마스주의는 현실을 지배하는 최고의 힘을 마치 그것이 종교의 절대적 원칙인 것처럼 이데올로기화한다. 실증주의가 과학을 이데올로기화했다면 신토마스주의는 신앙을 사회적 지배 세력에 봉사하도록 만들었다.

호르크하이머에 따르면 토마스주의는 실용주의와 결탁하는 과정에서 현실 부정이라는 종교의 이념을 타락시킨다. 종교적 목적은 세속적인 수단으로 전락한다. 토마스주의는 한편으로 절대적인 것 안에서 부정적인 것을 제거하고 남은 것을 실체화하면서, 다른 한편으로 죄 많은 세계와 실체화된 신을 이원론의 구도 속에서 기계적으로 연결한다. 신토마스주의는 과학과의 갈등을 피하기 위해 실체화된 영적 개념의 영역으로 물러섬으로써 현실에 대한 비판적 사유를 멈추고 점점 더 세속적인 목적에 봉사하게 된다. 그리고 신적 세계에 대해 논의할 때는 지나치게 이상적인 반면, 사회적 실천에 대해 판단할 때는 지나치게 현실적이다. 토마스주의는 이와 같은 독단론으로 진리와 정의를 현실과 동일시한다. 현대의 모든 문화적 위기를 아무런 비판 없이 언제나 치유할 수 있는 너무나 이상적인 상비약을 갖추고 있는 것이다. 결국 실증주의와 마찬가지로 토마스주의 역시 현실 긍정의 철학으로 전락한다.

자연의 폭동

인간에 의한 자연 지배의 역사는 인간에 의한 인간 지배의 역사다.

계몽주의 시대에 인간의 유일한 목적은 자기보존이다. 인간은 계몽의 최종 결과로서 추상적 자아를 지니게 되는데, 이것은 하늘과 땅 위에 있는 모든 것을 자기보존의 수단과 도구로 변형한다. 이 과정에서 자연은 공허한 자연, 단순한 물질로 격하된 자연, 다른 어떤 목적도 없이 지배되어야 하는 단순한 물질적 소재로 전락한 자연이 된다.

호르크하이머에 따르면 자아 개념은 모호한 연합들로 묶여 있다. 자아는 ①자연과의 투쟁에서, ②다른 인간과의 투쟁에서 승리하기 위해 실체화된 개념이다. 그런데 자아는 이처럼 자기 밖의 타자와의 전투에서 승리하기 위해 자기 자신의 충동, 즉 인간의 내적 자연까지도 억압한다. 여기서 호르크하이머는 외적 자연과 내적 자연을 구별하고 다시 외적 자연을 인간적 자연과 비인간적 자연으로 구별한다. 나아가 인간이 내적 자연을 억압함으로써 외적 자연과의 싸움에서 승리하지만, 이러한 승리는 자연으로부터 인간 주체를 해방시키기는커녕 붕괴시키고 만다고 진단한다. 자연 지배를 통한 인간 해방은 곧바로 인간에 의한 인간 지배로 귀결된다는 것이다.

'자연 지배 → 인간 지배'의 구조는 크게 두 방향에서 설명할 수 있다. 첫째, 인간에 의한 외적 자연 지배는 내적 자연이라고 할 수 있는 신체에 대한 억압을 수반한다. 잘 알려진 것처럼 자연 지배의 역사는 자연에서 생명과 언어를 빼앗고, 자연을 단지 자기보존이라는 인간의 목적을 위한 수단으로 간주하며, 동시에 기계처럼 조작 가능한 도구로 취급한다. 비인간적 자연에 대한 이와 같은 지배 방식은 인간적 자연에도 동일하게 수행된다. 인간은 자연을 기계처럼 다루듯이 인간 자신도 도구적 이성에 의해 작동되는 기계처럼 다룬다. 인간의 몸은 도구적 이성의 지배를 내면화해야만 한다. 이로부터 인간에 의한 인간 지배의 두 번째 형태가 드러난다. 즉 자연 지배의 메커니즘을 성공적으로 내면화한 사람이 그렇지 못한 사람을 지배한다. 인간은 자기보존과 성공을 위해 현실에 철저하게 순응하는 기계로 변해야만 한다. 이런 이유 때문에 현대 사회에서 성공한 사람은 성공하지 못한 사람보다 더 철두철미하게 기계적으로 살아간다. 이제 그의 일차적 관심사는 신체에서 들려오는 내면의 소리, 즉 자연을 기계적으로 다스리는 것이다.

반이성적 자연의 폭동은 자연을 해방시키기보다는 이성에 의한 자연의 억압을 영속시킨다.

호르크하이머에 따르면 자연 지배를 위해 인간의 내적 자연을 억압하면 할수록 인간의 마음속에서는 억압의 주체인 이성과 자아에 대한 원한 감정이 점점 더 커진다. 신화적 세계에서 문명은 인간의 타고난 미메시스적 충동으로부터 시작되었지만, 도구적 이성이 지배하는 계몽주의 문명은 미메시스적 행동 방식을 억압하고 이를 합리적 행동 방식으로 전환시킨다. 그 과정에서 미메시스적 충동은 합리성에 적대감을 갖는다. 그런데 민중은 이중적인 억압에 희생된다. 민중은 한편으로 자신의 자연적 충동을 스스로 억압해야만 하고, 다른 한편으로 보다 성공적으로 내적 자연을 통제한 사람, 즉 지배자들의 지배를 받는다. 결과적으로 민중은 도구적 이성의 희생자가 된다. 이 과정에서 철저하게 억압된 자연의 원한 감정은 폭동의 잠재력으로 발전한다.

여기서 호르크하이머는 현대의 파시즘이 이와 같은 자연 폭동의 잠재력을 이용하여 자신들의 지배를 더욱더 공고히 한다는 점에 주목한다. 그에 따르면 현대적 파시즘 안에서 합리성은 내적, 외적 자연을 억압하는 것에 만족하지 않고, 자기 자신의 체제에 자연 폭동의 잠재력을 포섭함으로써 보다 철저하게 자연을 착취한다. 예를 들어 나치는 독일 민족의 억압된 자연의 원한 감정을 자연 폭동으로 이끌어냈다. 나치는 특히 도구적 이성에 의해 희생된 민중들, 예를 들어 노동자, 농부, 주부 그리고 영세 수공업자와 자영업자들이 나치적 합리성의 요구에 종사하도록 그들이 합리성에 대해 가진 원한 감정을 자연 폭동으로 이끌어낸다.

호르크하이머에 따르면 문명을 지배하는 전체주의적인 세력에 의해 민중들의 자연 폭동이 조작된다. 그러나 나치의 통치 방식에서 볼 수 있는 것처럼 이러한 방식으로 조작된 자연 폭동은 억압된 자연을 해방시키는 것이 아니라, 오히려 억압을 영속시키는 데 기여했다. 도구적 이성의 전면화에 대항하는 자연적 인간들의 야만적 폭동은 표면적으로는 이성을 비하하고 자연을 순수한 생명력으로 추앙했지만, 결과적으로는 이성의 도구화를 촉진했으며, 자연을 잔혹한 폭력으로 발전시켰다. 이처럼 사악한 방식으로 파시즘은 자연과 이성을 동일시한다. 이런 맥락에서 호르크하이머는 반이성적 자연 폭동은 도구적 이성의 지배를 극복할 수 없다고 본다. 이성을 거부하는 자연 폭동은 자연을 해방시키지 못하고 자연에 족쇄를 채우는 데 이용될 뿐이기 때문이다. 호르크하이머에 따르면 자연과 이성의 진정한 화해는 반이성적 자연의 폭동을 통해서가 아니라, 겉으로 보기에 자연의 대립물인 독립적 사유를 해방시키는 것에서 시작된다.

개인의 상승과 몰락

원자적 개인주의 시대에 진정한 개인은 사라진다.

전통적인 사회 통합의 이념이 더 이상 설득력을 갖지 못하고, 인간이 자신의 삶과 공동체의 운명을 분리해 이해하기 시작하면서 인간은 개인으로 탄생했다. 이제 공동체와 분리된 개인은 냉혹한 전쟁터에서 자신을 지켜야만 한다. 개인으로 탄생한 인간은 끊임없는 소멸의 위험 속에서 자기보존을 유일하고 절대적인 목적으로 간주한다. 그런데 호르크하이머에 따르면 개인의 유일한 목적이 자기보존인 사회에서는 보존되어야 할 개인이 사라지고 만다. 그에 따르면 개인이 자기보존의 목적을 실현하기 위해 자연과 사물에 대한 지배를 강화할수록, 그는 오히려 사물에 의해 지배되고, 그에 따라 진정으로 개인적인 특성을 상실하게 되며, 결국 도구적 이성의 자동 장치로 변질되고 만다. 사물화가 강화됨에 따라 개인은 몰락하고 마는 것이다. 특히 모든 것을 도구화하는 현대 문명은 개인을 기능적으로 반응하는 단순한 세포로 위축시킨다.

호르크하이머에 따르면 기능적 연관 관계 아래에서 관리되는 개인들 간의 차이는 사소하거나 무의미하다. 개별성의 몰락은 사회적 역할이나 지위와 관계없이 나타난다. 최고의 지휘권을 가진 지배자들은 자신들의 권력 구조에 의해 구속당한다. 노동자들도 예외가 아니다. 노동자의 노동력은 기술의 요구에 종속되고 노동조합을 통해 관리되며, 노동자의 의식은 문화 산업에 의해 조작된다. 노동자는 어느 때보다도 큰 물질적 풍요를 향유하고 보다 풍부한 지적 훈련을 받지만, 노동 시간이나 여가 시간 동안 그들의 눈과 귀와 근육에 산업주의적 행동 양식을 주입하는 대중문화에 의해 길들여진다. 노동자들의 의식은 억압적 사회 질서에 저항할 힘을 상실한 미성숙 상태를 벗어나지 못한다. 그들은 불평등과 억압조차도 거부할 수 없는 사실로 여기고 숭배하는 실증주의자가 된다. 그들은 더 이상 사유하지 않으며 따라서 저항하지도 않는다.

호르크하이머에 따르면 현대 사회는 위기의식을 조장함으로써 개인을 통제하고 관리한다. 대중문화는 개인에게서 사회를 완전히 원자화하는 기계 장치에 맞설 수 있는 모든 가능성을 박탈한다. 대중문화는 한편으로 개인에게는 어떠한 안전지대도 없다는 위기의식을 전파하면서, 다른 한편으로는 위기를 극복한 영웅적 개인을 선전한다. 개인은 불투명한 미래적 전망 속에서 문화 산업이 제공하는 영웅적 개인의 모형에 스스로를 일치시키는 가운데 개별성을 상실한다.

호르크하이머는 원자화된 개인이 쉽게 획일화된다고 말한다. 그에 따르면 완전히 고립된 원자적 개인은 현대적 환상이고 신화다. 호르크하이머는 근본적으로 개인화와 사회화의 동근원성을 주장한다. 따라서 그는 개인의 진정한 해방은 사회에서 개인을 분리하는 해방이 아니라, 대중문화에 의해 조작된 개인의 원자화에서 사회를 해방시키는 것이라고 말한다.

철학의 개념

철학은 언어를 잃어버린 것들의 언어가 되어야 하고 억압적 현실과 이데올로기를 끊임없이 비판하는 부정의 철학이어야만 한다.

호르크하이머에 따르면 철학은 탈역사적이고 탈맥락적으로 정의되어서는 안 된다. 역사적 요소를 제거하고 시대 초월적으로 정의된 철학은 억압적 현실에 무관심하게 되고 결국 현실을 긍정하게 된다. 철학은 도구나 처방전이 아니다. 철학은 역사적 맥락을 통찰하면서 언어의 표현되지 않은 진술에도 관심을 가져야 한다. 나아가 철학은 언어를 빼앗긴 것들의 언어가 되어야 한다. 특히 현대 문명의 언어는 억압적 이성에서 미메시스적 충동을 해방해야 한다. 언어라는 보편적 매체로 변환되지 않은 미메시스적 충동은 자연의 폭동으로 발전한다. 파시즘이 언어를 통해 미메시스적 충동을 자연의 폭동으로 이끈다면, 철학은 억압된 미메시스적 충동과 화해된 언어를 말한다.

철학은 예술처럼 언어를 통해 사물과 생명의 올바른 이름을 발견하여 그것의 의미를 표현하고, 말하지 못하는 모든 것들의 목소리가 되고, 이름 없는 것들의 이름이 되고, 자연과 인간이 받는 고통을 경험과 기억의 영역으로 전달해야만 한다. 이런 맥락에서 호르크하이머는 긍정의 철학을 비판하고 부정의 철학을 주장한다. 그에 따르면 회의주의와 실증주의는 현실 긍정의 철학이며, 객관적 관념론과 합리주의는 이념 긍정의 철학이다. 반면에 부정의 철학은 끊임없는 자기부정의 과정을 거쳐 이념과 현실 사이의 단절을 극복한다. 부정의 철학은 ①억압적 현실의 요구와 ②지배 이데올로기의 요구를 동시에 부정한다. 그러나 여기서 요구되는 끊임없는 부정은 전면적 부정을 의미하지 않는다. 부정의 철학은 존립하는 가치를 진지하게 받아들이면서 그것의 상대성을 폭로한다. 부정의 철학은 엄밀한 의미에서 회의주의나 허무주의가 아니다. 부정의 철학은 이론의 측면에서는 염세주의적이지만, 실천의 측면에서는 오히려 낙관주의적이다.

부정의 철학을 지향하는 호르크하이머의《도구적 이성 비판》은 자연과 인간을 도구화하고 파멸로 이끄는 도구적 이성의 전면화에 대한 고발이다. 호르크하이머에 따르면 오늘날 이성이 수행해야 할 가장 중요한 임무는 이성이라고 불리는 것들의 비이성적인 태도를 고발하는 것이다. 그러나 이성이라고 불리는 것에 대한 고발은 이성의 해체를 통해서가 아니라, 오직 이성의 자기비판을 통해서만 가능하다.

찾아보기

옮긴이 박구용

전남대학교 철학과를 졸업하고 독일 뷔르츠부르크대학교에서 박사학위를 받았으며,
현재 전남대학교 철학과 교수로 재직 중이다. 주요 저서로《Freiheit, Anerkennung und
Diskurs》,《우리 안의 타자》,《부정의 역사철학》,《문파, 새로운 주권자의 이상한 출현》,
《아토포스 광주》등이 있고,《정신 철학》(공역) 등을 우리말로 옮겼다.

도구적 이성 비판

제1판 1쇄 발행   2006년 10월 10일
제2판 1쇄 발행   2022년 8월 10일
제2판 2쇄 발행   2023년 9월 30일

지은이   막스 호르크하이머
옮긴이   박구용
펴낸곳   (주)문예출판사
펴낸이   전준배
출판등록   2004.02.12. 제 2013-000360호
           (1966.12.2. 제 1-134호)
주소   04001 서울시 마포구 월드컵북로 21
전화   393-5681
팩스   393-5685
홈페이지   www.moonye.com
블로그   blog.naver.com/imoonye
페이스북   www.facebook.com/moonyepublishing
이메일   info@moonye.com
ISBN   978-89-310-2283-4 04080
           978-89-310-2274-2 (세트)

잘못 만든 책은 구입하신 서점에서 바꿔드립니다.

🙠문예출판사®   상표등록 제 40-0833187호, 제 41-0200044호